主编简介

范 锋 男，1983年出生，江苏靖江人。江苏师范大学党委宣传部副部长，浙江大学思想政治教育专业法学硕士，南京航空航天大学马克思主义学院博士在读。长期从事校园新闻宣传、校园文化建设工作研究。

茅静华 女，1976年出生，江苏南通人。2002年毕业于江苏师范大学文学院，获硕士学位。现任职于江苏师范大学校长办公室。从事高校思想政治教育、校园文化建设研究。研究成果见《中国高等教育》《中国教育报》等。

高 洁 女，1982年出生，江苏徐州人，2004年毕业于徐州师范大学信息传播学院广播电视新闻专业，2011年获得徐州师范大学文学院艺术学硕士学位。现任《江苏师范大学报》编辑部主任，长期从事高校思想政治教育工作和学生管理研究。

高校校园文化建设成果文库

守正传承 以文化人

范 锋 茅静华 高 洁◎主编

光明日报出版社

图书在版编目（CIP）数据

守正传承　以文化人／范锋，茅静华，高洁主编．--北京：光明日报出版社，2018.4

ISBN 978-7-5194-4104-3

Ⅰ.①守… Ⅱ.①范…②茅…③高… Ⅲ.①高等学校—校园文化—建设—研究—中国 Ⅳ.①G647

中国版本图书馆CIP数据核字（2018）第059075号

守正传承　以文化人
SHOUZHENG CHUANCHENG YIWEN HUAREN

主　　编：范　锋　茅静华　高　洁	
责任编辑：许　怡	责任校对：赵鸣鸣
封面设计：中联学林	责任印制：曹　浄

出版发行：光明日报出版社
地　　址：北京市西城区永安路106号，100050
电　　话：010-67078251（咨询），63131930（邮购）
传　　真：010-67078227，67078255
网　　址：http://book.gmw.cn
E - mail：xuyi@gmw.cn
法律顾问：北京德恒律师事务所龚柳方律师

印　　刷：三河市华东印刷有限公司
装　　订：三河市华东印刷有限公司

本书如有破损、缺页、装订错误，请与本社联系调换

开　　本：170mm×240mm			
字　　数：386千字		印　张：21	
版　　次：2018年5月第1版		印　次：2018年5月第1次印刷	
书　　号：ISBN 978-7-5194-4104-3			
定　　价：78.00元			

版权所有　　翻印必究

本书编委会

主　编：范　锋　茅静华　高　洁
编　委：(按姓氏笔画排序)
　　　　　王月军　叶　慧　刘　洁　李晓宇
　　　　　陈　雪　郑晓坡　周若涵　徐韦华

前　言

本书编委会

校园文化是学校的灵魂和标志。走过66年光辉历程的江苏师范大学，地处两汉文化发祥地徐州。学校以立德树人为己任，深入培育和践行社会主义核心价值观，吸纳吴韵汉风之精华，荟萃北雄南秀之灵气，崇德厚学，励志敏行，走出了一条独特的校园文化建设之路，形成了淮海经济区知名的"江苏师大现象"。

学校以学习宣传贯彻党的十九大精神和习近平新时代中国特色社会主义思想为思想文化建设的主线，创新理论学习形式、拓展理论学习外延、完善理论学习制度，先后出台实施系列学习文件，向全校党员推荐阅读和观看的百本优秀图书和百部影视片，创新了校院两级中心组和班级中心组学习模式，邀请专家学者来校解读党的理论和中央精神。校党建与思想政治教育工作理论研究会充分发挥理论研究和阐释作用，组织校内理论专家、学者定期开展理论研讨和论文评选活动，推出一批理论研究成果，其中马克思主义理论研究、社会主义核心价值观研究、中国国家形象研究等课题获得国家社科重大、重点项目。学校不断加强意识形态领域的引导和管理，开展师生思想动态研判工作，牢牢把握住了意识形态的领导权、主动权。学校成立了马克思主义学院，加强马克思主义学科建设，利用新媒体平台创新思政课教学模式，逐步建成一支高水平思想理论课教师队伍，一批理论研究成果相继涌现，有力地巩固了马克思主义在意识形态领域的指导地位。精神文明建设卓有成效，学校荣获首批"全国文明校园"荣誉称号，以优异成绩通过"江苏省文明单位""徐州市文明单位"创建工作考核，在校园内营造文明新风。

学校以社会主义核心价值观为引领，积极开展主题教育活动。把培育和践行社会主义核心价值观作为不断加强和改进大学生思想政治教育工作的主心骨,全力推动社会主义核心价值观内化于心、外化于行、内化于制。深化对核心价值观的解读阐释,举办系列讲座和研讨会,开设道德论坛、国学大讲堂,两位专家登上央视百家讲坛宣讲传统文化。出台实施《江苏师范大学国歌奏唱暂行办法》《江苏师范大学关于进一步加强和改进研究生思想教育工作的意见》等文件,开展"导航青春"主题教育、"中国梦·师大梦"主题教育、校庆日活动、学雷锋主题实践月、中国共产党成立90周年纪念、纪念抗战胜利70周年、纪念辛亥革命100周年、"情系师大"建校60周年主题征文、烈士纪念日等活动,实施"大学生文明修身工程",开展向张丽莉、李吉林、曹瑾、杨向明等同志学习活动,组织师生开展送知识、送文化、送艺术下乡、下部队公益活动,选树中国青少年科技创新奖、中国大学生自强之星、年度人物等一批先进典型,全面构建社会主义核心价值观认知、认同、践行机制。

学校持续提升校园文化活动品位,丰富师生校园生活。加强校园文化活动的统筹协调与顶层设计,在进一步完善校园"十佳歌手""舞蹈大赛""主持人大赛"等常规活动赛制的基础上,还紧跟时代、贴近实际,创新性地开展了元旦嘉年华、话剧大赛、"走下网络、走出宿舍、走向操场""敬文杯"书画作品大赛等系列品牌活动。连续两年参加徐州市礼仪大赛并取得最好成绩,连续五年开展校园廉洁文化周活动、高雅艺术进校园活动,引入中央音乐学院交响乐团、话剧《蒋公的面子》等高水平剧目,承接省高雅艺术进校园项目,走出去宣传展现学校艺术教育成就。荣获大学生艺术展演活动一等奖,展现了在校大学生的精神风貌和艺术水准。

学校以弘扬汉文化为主题,打造校园文化精品。连续六年举办汉式研究生毕业典礼,编创推广中华五禽操得到教育部认可,组建汉乐团、编导汉乐表演,推动校际间文化交流。成立《江苏师范大学校史》编写委员会,编写出版《江苏师范大学校史》。以学校更名为契机,建立理念识别系统,确定办学宗旨、发展战略及其目标,明确提出学校精神,修改确定校训、校歌、校花和学校宣传标语。建立视觉形象识别系统,从外观上对学校的各种视觉因素进行全面统一的规划和设计,确定了校标、校名标准字体及组合方式、标准色,编印《印象师大》《前进中的人文社会科学》并予以宣传、推广、应用。充分挖掘地域文化精髓,特别重视两汉文化的研究开发价值,发挥汉文化研究院、淮海发展研究院、大学科技园等在校园文化建设中的作用,承担江苏省、徐州市重大文化建设工程,形成《徐州简史》《汉学大系》《徐州古方志丛书》等一批标志性成果。

学校重视环境育人效果,建设优美人文环境。建设教育名言石刻园、设计教育名言碑园、建设泉山校区玉泉河风光带、修缮云龙校区古典建筑、完善贾汪校区文化活动场所功能,增加校园文化活动设施,对校园道路、桥梁、建筑、园林进行命名,营造浓厚的环境育人氛围。在软件建设方面,学校新媒体传播格局基本形成,官方微博、微信建成并高效运转,全校各校属单位和学生组织共建设官方微博个、微信平台300余个。出台相关细则加强校属各单位及学生组织官方微媒体登记管理,成立江苏师范大学新媒体中心,开展校园网络文化节、微哨应用推广与创意开发大赛、微博微信"毕业季"主题宣传活动、新年"心"动系列活动、"我心中的江苏师大"原创微博作品大赛,丰富校园网络文化生活。和谐校园建设持续推进,连续评选三批和谐学院、和谐处室、和谐班组。文化载体建设再上新台阶,校报、广播台、电视台、宣传阵地发挥巨大传播作用,对外宣传工作力度明显加强,《人民日报》《光明日报》《科技日报》《中国教育报》等重要媒体刊发我校发展成就文章100余篇。

当前,江苏师大学校文化建设的首要任务是:落实全国全省思想政治工作会议精神,认真学习贯彻习近平总书记重要讲话精神,培育和践行社会主义核心价值观,积极弘扬中华优秀传统文化和革命文化、社会主义先进文化,以全局的视野、全面的布局、全员的参与,以文化人、以文育人,扎实推动校园文化建设迈上新台阶。

目　录
CONTENTS

第一篇　理论探索 ·· 1

培育互信平等的先进协同文化 ·· 3
推进四个融入，大力加强高校传统文化教育 ·································· 8
整齐门内　提撕子孙
　　——家训文化与家庭建设 ··· 14
文化自信：道路自信、理论自信和制度自信的深沉根基 ················· 20
高校雅文化教育的缺失与重构 ··· 27
校园文化创意产品：大学品牌文化传播的重要载体 ······················· 31
守护在线之德：网络文化乱象的伦理反思 ··································· 35
论大学和谐校园文化构建的几个基本问题 ··································· 45
浅谈如何推进高校校园文化建设 ·· 51
网络文化自觉：构筑中国文化强国梦 ·· 54
高校文化建设与"和谐校园"构建 ·· 61
文化传承创新——大学发展的内在逻辑 ·· 66
论大学生文化消费及其教育引导 ·· 71
校园文化建设视域下的学生社团功能论略 ··································· 77
传承优秀家风：涵育社会主义核心价值观的有效路径 ··················· 82
吴韵汉风：江苏南北特色文化的和合之道 ··································· 91

第二篇　实践育人 ·· 101

江苏师范大学构建"立体式"实践教学体系 ·································· 103
论家庭建设 ··· 104
大学生社会主义核心价值观培育的维度分析
　　——基于网络微文化视角 ··· 107
文化冲突视角下的网络群体性事件分析 ····································· 112
高校学生公寓文化的价值意蕴及构建 ·· 123
刍议多元文化背景下大学生领导力教育的两个维度 ····················· 127

新媒介时代大学生数字化阅读素养的内涵与培养 …… 133
新时期侠义文化对大学生志愿服务的影响 …… 142
陶行知生活德育的精神内涵及其现代启示 …… 147
健全师德建设长效机制　提高师德师风建设水平 …… 152
教育奠基　实践搭台　文化铸魂　网络布局
　　——培育和践行社会主义核心价值观四维工作格局 …… 156

第三篇　校史校训 …… 159

江苏师范大学校史 …… 161
江苏师范大学校训 …… 169
江苏师范大学校园精神 …… 170
江苏师范大学校徽 …… 171
江苏师范大学校歌 …… 172
江苏师范大学校花 …… 174
江苏师范大学校树 …… 175

第四篇　经验成果 …… 177

江苏师范大学理想信念教育助推学生成长成才 …… 179
在传承中培育　在实践中养成
　　——江苏师范大学积极培育践行社会主义核心价值观 …… 183
江苏师范大学积极推进优秀传统文化教育融入育人全过程 …… 187
江苏师范大学以师德建设引领教师成长 …… 190
四位一体　凝练特色　努力创建学习型党组织 …… 193
构建"大服务"格局　打造"全息化"效应立体式推进高校服务型
　　党组织建设 …… 196
"四抓四强化"激活基层党建
　　——江苏师大探索高校青年教工党支部建设新模式 …… 200
强化新兴媒体服务功能　追求"润物无声"宣传效果
　　——江苏师范大学新媒体建设经验谈 …… 202
江苏师范大学建设书香校园工作经验 …… 205
传统体育的"华丽回归"
　　——记江苏师范大学体育文化创新之路 …… 210
创编中华五禽操　传承中华体育文化
　　——江苏师范大学创编推广中华五禽操 …… 213

文化薪火照亮精神恒途
　　——江苏师范大学积极弘扬汉文化系列活动相关做法 …………… 216
江苏师范大学实施"榴光溢彩"少数民族学生引领工程 …………… 219
江苏师范大学探索青年志愿服务新模式 ………………………………… 220
江苏师范大学扎实推进卓越人才培养工作 …………………………… 221
江苏师范大学微信讲述"好故事" ……………………………………… 222

第五篇　活动案例　225

江苏师范大学举办特别成人礼过"雪山草地"纪念长征胜利80周年 ……… 227
"自我造血"为留守儿童带来免费足球
　　——江苏师大"快乐足球"公益项目探索志愿服务新模式 ………… 229
中华传统文化经典诵读示范活动举行 ………………………………… 230
江苏师大给毕业生发"大学账单" ……………………………………… 231
舞出手鼓交汇中的知性美
　　——江苏师范大学健身舞蹈协会活动侧记 ………………………… 232

第六篇　人物榜样　235

美女教授和她们的任性青春 …………………………………………… 237
"神经语言学"领头人杨亦鸣 …………………………………………… 242
不忘初心矢志前行——记李海涛教授的绿色环保梦 ………………… 245
"故纸堆"里的守望者
　　——记江苏师范大学周棉教授 ……………………………………… 247
家国常在心间
　　——江苏师范大学教授陈延斌开展家庭家风建设研究侧记 ……… 249
把党员丰碑树在人心
　　——江苏师范大学已故教师费承铿的追求 ………………………… 252
"魔法校长"
　　——记江苏师范大学附属实验学校校长周慰 ……………………… 253
"守望家园"杯徐州生态卫士冯照军老师 ……………………………… 256
掼蛋达人宿舍　8名女生成功考研 …………………………………… 259
丽人亭亭,有女如萍
　　——中国青少年科技创新奖获得者傅丽萍 ………………………… 261
海燕独飞　傲视群雄
　　——十佳自立自强大学生吴巧艳 …………………………………… 264

用一种简单的态度去赢得世界
　　——全国大学生数学竞赛数学专业类一等奖获得者钱欣洁 …………… 267
生活因努力而精彩
　　——校十佳大学生朱敬娜 …………………………………………… 270
用九年时间成为三胞集团最年轻高级副总裁
　　——我校校友岳雷的故事 …………………………………………… 273

第七篇　制度建设 …………………………………………………… 275
江苏师范大学校园文化建设"十三五"专项规划 …………………… 277
江苏师范大学校内出版物管理办法（试行）………………………… 282
江苏师范大学新媒体管理办法（试行）……………………………… 286
江苏师范大学新闻宣传工作规程 ……………………………………… 289

第八篇　育人环境 …………………………………………………… 295
校名校训碑 ……………………………………………………………… 297
钟楼 ……………………………………………………………………… 299
敬文图书馆 ……………………………………………………………… 301
"启"雕塑 ………………………………………………………………… 303
静远楼 …………………………………………………………………… 304
教育名言石刻园 ………………………………………………………… 305
孔子像 …………………………………………………………………… 306
玉泉河风光带 …………………………………………………………… 307
艺术楼群 ………………………………………………………………… 308
文科楼群 ………………………………………………………………… 310
田家炳工学院 …………………………………………………………… 311
牡丹园 …………………………………………………………………… 312
科文楼群 ………………………………………………………………… 313
苦战石 …………………………………………………………………… 314
云龙校区大门 …………………………………………………………… 315
紫藤长廊 ………………………………………………………………… 316
读书雕塑 ………………………………………………………………… 317
大学科技园 ……………………………………………………………… 318
贾汪校区红楼 …………………………………………………………… 320
桃李报春雕塑 …………………………………………………………… 321

第一篇 01
理论探索

培育互信平等的先进协同文化*

作为建设创新型国家战略背景下的高等教育发展战略,高等学校创新能力提升计划通过发挥高校人才、智力优势,建立高校、科研机构、企业的协同创新战略联盟,服务国家重大战略需求及重大科技项目,有效汇聚了创新要素,逐步构建了较为完备的协同机制和较为成熟的协同模式,已初步形成了高校协同创新的强大优势。如何使高校协同创新发挥更为稳健的后续势能,除机制、模式等硬性支撑之外,还需要培育、构建先进的协同文化,提升协同创新软实力,以先进的协同文化反哺协同组织,促进协同创新的持续、快速发展。

一、培育先进协同文化的价值意义

文化是组织的灵魂,也代表着组织的核心竞争力。作为多元协作的共同体组织,拥有怎样的共同体文化,在某种程度上决定了合作的深度、持久度以及合作者的贡献度,进而影响到协同的水平与绩效。美国的硅谷是大学、创新企业和风险投资相结合的典范,开创了协同创新形式的先河。而今,"硅谷文化"所包含的"文化簇集""能者在上、宽容失败、精诚合作冒险精神、分享财富"等,业已成为举世公认的先进协同文化的特质。纵观其发展历史,"支撑高科技企业成功的源泉正是一种深厚的文化氛围和内涵"。因此,培育先进的协同文化,也是为推动协同创新开掘核心能量之源。

先进协同文化是培育创新的良性土壤。协同创新,协同是基础和形式,创新是终极目标。创新需要开放、宽松的文化氛围。先进的协同文化以共同的协作目标集聚各方的创新力量,充分尊重协同各方的发言权和决策权,包容协同各方自身的文化特性,鼓励大胆尝试和实践,为培育创新提供丰沃的良性土壤,从而对身处其中的组织产生积极的文化感染力,有效激发协同各方的创造力和潜能,进而实现创新效益的最大化。

---

* 本文作者:华桂宏、茅静华

先进协同文化是协同创新的软动量。协同创新的实现需要系列软硬动量予以支持。硬性动量的重要性已成为共识并在近年来得到了快速发展,而文化作为动力系统软性要素的关键仍存在较大的建设空间。先进的协同文化将统一协同各方的价值共识,有效消除因协同各方的文化差异而产生的冲突和阻滞,克服偏狭的利益本位观,做出相应的文化调适,形成荣辱与共、休戚相关的协同意识,为协同创新提供绵绵不绝的内驱力。

先进协同文化是协同创新可持续发展的驱动器。协同创新是高等教育长期的发展理念和战略,因而必须消除只求眼前效益的短视观念和行为,实现其可持续发展的长期目标。先进的协同文化能够有效整合异质文化,重塑新的、成熟的共同体文化,并与协作创新的效益目标保持战略上的高度一致从而耦合自治与市场的双重逻辑,以健康、积极的协同生态面对市场竞争,塑造良好的公众形象,提升组织美誉度和影响力,放大品牌效应,对"有形资产的积累和扩充产生极其强大的推动力",以实现快速、可持续发展。

二、先进协同文化的共同特质

不同协同组织形成的文化具有鲜明的个性特征,如前文提到的硅谷的"文化簇集"等。但因协同这一合作形式的一致性,先进的协同文化也有着许多共通之处。综合考量我国高校协同创新发展进程及目前协同文化的缺失,先进协同文化应包含以下共同特质:

互信基础,平等原则。在众多文化特质中,互信是塑造整体协同文化的基础。没有信任,整体合作协同所依赖和共享的文化、责任、技能知识与共同利益都将失去存在的依托,协作无从谈起。互信将促使协同各方在面对矛盾与冲突时保持相互理解、积极沟通的状态,达到有效协同的目标。平等原则是指协同各方相互尊重对方的地位价值及各自利益,摒弃话语霸权和身份歧视,实现权力分享和专业合作,营造促进协同创新的融洽、互依关系。

共生形态,兼顾个性。协同文化的共生形态是由协同创新的形式决定的。协同创新涉及知识、资源、行为、绩效的全面整合,协同各方在此共同体下共存、合作。先进的协同文化应具有强大的包容性,兼具共同体内各方文化的优越性,鼓励特色文化的发展,从而达到协同文化的整体影响力大于协同各方文化影响力之和的"1+1>2"效应。

共同愿景,多赢目标。共同愿景是协同创新所要实现的终极目标和根本动力来源。先进的协同文化应包含协同各方具有共同的合作愿景,即各方利益均最大化实现的"多赢"目标。目标的一致性是支撑各方价值和愿景实现的共同基础,目标的明晰度则与协同各方对愿景的热情、承诺、资源投入、效力程度成正比关系,并形成明显的正反馈场域。

责权明晰,机制健全。这一特质既是先进协同文化的要素,同时也应成为与其相匹配的运行机制。协同各方在协作过程中,由于彼此之间在行为准则、规范、程序、制度和体制等方面的不同,易导致衔接的错位,从而导致矛盾,难以顺利合作。因此,先进的协同文化应以形成普遍约束协同各方的制度为保障,明确责权及利益分配。整体责任系统和公平利益分配的构建一方面为协同技能的权变式应用提供了体制保障,一方面也为协同文化的重塑和推进奠定了制度基础。

三、培育先进协同文化的策略建议

基于先进协同文化的价值意义及共同特质,提出以下构建策略:

1. 合理分配利益,加强制度效力

文化的形成和被认同需要完备高效的制度体系作为保障,先进协同文化的构建同样如此。由于协同创新联盟(中心)的协作形式、运作方式和目标愿景的特殊性,在进行相关制度建设时,应重点把握三个关键点。

其一,建立以人际信任机制、内部契约机制及风险分担机制为主体的互信机制。建立信用评级系统,采用信用评价方式对协同各方进行评估,作为选择合作伙伴的参考依据;寻找第三方见证平台,制订契约,明确协同各方的责任权力、成果分配、知识产权等;制订风险分担条款,在面对利益损失时协同各方应承担的责任比例。

其二,构建合理的创新成果利益分配机制。依照协同各方的投入量以及贡献程度分配利益,同时适当增加承担风险较大的组织在利益分配中的比重,秉承谁贡献谁受益的原则,调动协同各方的创造力,进一步推动协同攻关。切不可搞平均主义或抹杀个人的创造性贡献,以免挫伤协同各方的积极性。

其三,建立科学的评价体系和问责机制。协同创新的评价考核有别于高校对教师的学术水平的考量(主要依据其科研成果的数量、级别),应以创新质量、贡献大小为衡量标准,制定相应的评价体系。此外,还要建立相对应的问责和监督机制,对协同创新过程的各个环节进行同步跟进,及时总结经验、调整方案;对于协调不力造成的重大损失应进行问责,强化协同各方的责任意识。

2. 加强引导融合,统一价值共识

协同创新在多组织间开展的多层面合作,涉及知识、资源、行为、绩效的全面整合,必然面临多元文化的冲突与矛盾,进而影响协同创新的进程。因此,消除冲突阻滞、全面整合融汇、重塑核心文化是构建先进协同文化必经的三个阶段。

第一阶段:初步形成共识。协同各方来自不同的行业部门,分属不同的社会体系,因而具有不同的组织文化特点。在协同创新的新环境下,需要首先确立共同的协作目标,统一共识,彼此尊重,互相信赖,形成良好的协同氛围。

第二阶段:冲突趋向融合。在达成初步共识的基础上,作为协同创新的主体,高校应发挥文化引领作用,采取相应的措施推动多元文化之间的互动,利用文化差异,有效配置协同各方所拥有的各类资源。这一阶段较前一阶段更为漫长、艰难,必须不断加强协同各方的沟通,根据实际调整文化互动策略,预防文化冲突加剧和矛盾升级。

第三阶段:拓创重塑文化。当经过碰撞互动,达到多元文化的趋向融合之后,协同组织将面对新文化的拓创期。在此阶段,协同文化将作为协同创新中心(联盟)的组织文化要经历质变意义上的新生,这种高黏合度的新文化将引导协同各方开始在真正统一的价值观、道德规范和行为准则下全速推进协同进程,全力创造创新成果。

应该强调的是,培育先进协同文化所经历的这三个阶段虽在时序上存在大概的先后划分,但就各自面对的问题、任务而言又会有交叉和重复。因此,作为高校协同创新中心的主导——高校,应在协同文化建设方面统筹把握,应时变策。江苏师范大学近日出台了《江苏师范大学协同创新中心文化建设办法》,提出了建设目标(全面开放、互惠共赢)、价值导向(相互尊重、开放包容)及根本任务(创新创造、永续发展);明确了培育先进协同文化的八项具体任务:营造协同创新文化氛围、打造良好学术生态环境、倡导全面开放的学术文化、构建协同创新的科研机制、树立开放包容的价值取向、建立贡献至上的激励机制、营造创新和谐的工作环境以及确立学术权力的核心地位。具体任务几乎涵盖了先进协同文化建设的全过程,全面细致,可操作性强。

3. 聚力传播推广,塑造文化形象

协同文化的生命力来自吸收组织内部各方文化之长,融合为更适应时代和历史发展潮流的新文化。而要使协同文化保持旺盛的生命力、产生强大的影响力,还有赖于努力塑造其良好的公众文化形象,并对此进行传播和推广。

一方面,利用高校宣传优势,打造传统媒体(校报、广播站、电视台等)与新媒体(网站、微博、微信)为一体的宣传集群,形成传播合力,展示推广协同精神、文化理念,宣传协同创新的最新成果;建立与高层次外媒的长期合作关系,对影响力大、代表性强的最新成果、先进事迹、典型人物进行专题报道。联合高校宣传部门,建立重大新闻发布机制及针对突发新闻事件的应急机制,及时化解新闻危机,回应公众关切。

另一方面,全面输出协同文化。协同共同体文化一旦经由重塑趋向成熟稳定,就会显示其对协同创新的巨大影响力和推动力。协同组织应进一步凝练其文化核心理念,对自身文化进行全面输出,提升协同创新软实力,扩大知名度和辐射圈。由此,重塑先进的协同文化是协同创新的最高形式,输出协同文化则是提升协同创新能力和水平的必然途径。

推进四个融入,大力加强高校传统文化教育*

中华优秀传统文化博大精深,源远流长,延续着我们国家和民族的精神血脉,是凝聚国魂、振奋民心的深沉的力量。传承中华文明、复兴和传播优秀传统文化,以文载道、以文化人,是中国特色社会主义大学的责任和使命。深度挖掘、辨析和研究传统文化资源,寻求有效路径进行优秀传统文化教育,使之与当代中国高等教育实现价值、功能上的同频共振,不但是党和国家的要求,而且也已成为诸多高校的共识和目标。江苏师范大学依托自身学科、教学和科研的特色与优势,以高度的文化自觉主动适应民族复兴对传统文化教育的新要求,积极推进传统文化教育融入科学研究、日常教学、校园文化建设和传承传播实践,覆盖人才培养的各个环节,正逐步形成科学完备、特色鲜明的优秀传统文化教育体系,并取得了教育实效。

一、推进传统文化教育融入科学研究

科学研究是大学的重要职能之一,也是高校进行传统文化教育的关键依托。以高水平的科学研究引领传统文化教育向科学化、现代化、专业化、纵深化发展,以求进一步探究并激发传统文化产生现代价值,使教育常有新内容、新亮点、新动力。

其一,高水平研究成果,打造传统文化教育理论之新。以科学先进的理论成果为引领,保障传统文化教育的政治方向和意识形态的正确性,是切实加强传统文化教育的关键之所在。学校通过高水平研究基地的建设和高质量研究成果的推出,不断为传统文化教育输送理论支撑。省部级研究基地"中国特色社会主义理论研究中心",不但承接国家社科重大项目"当代中国马克思主义哲学创新学术史研究",而且和中央编译局合作,编撰出版了《马克思主义经典作家论文化》,该基地专家近年在《中国社会科学》《哲学研究》《马克思主义研究》等权威期刊上发

---

* 本文作者:岑红

表的研究成果,不但在学术界具有较大影响,而且为学校的传统文化教育提供理论依据;学校地处两汉文化发祥地徐州,依托丰富的地域文化资源开展基础性传统文化研究,打造汉文化研究传承的"江苏师大范式"。学校早在2007年就建立了汉文化研究院,之后被江苏省认定为省哲学社会科学重点研究基地。该基地承担了国家社科基金重大项目"汉学大系"的研究,以两汉文化为核心,探究就大汉民族和文化的发展和传承,考量传统文化最重要组成部分的基因图谱和传承脉络,计划出版相关专著100部。这些成果,已经为传统文化的教育提供了新的学术依据;为进一步挖掘传统文化中能够配合核心价值观培育的丰富资源,学校组织专家教授,组建"优秀家庭、家训、家风研究基地",承担国家社科基金重大项目"中国家训文献资料整理与优秀家风研究",编纂《中华家训文献集成》等专著,为传统文化教育在核心价值观层面发挥作用提供了有益有效的学理素材。

其二,高水平团队建设,凸显传统文化教育内容之新。近年来,江苏师大注重培育高水平创新型研究团队,特别是与传统文化教育相关的科研团队,对传统文化资源进行充足发掘、充分阐释和深入研究,强化传统文化教育的学理深度,引领传统文化教育内涵式发展、可持续发展。以学校近年来深入开展的经典诵读活动为例,即是依托学校的省级优势学科——汉语言文学而渐成声势、形成品牌的。学校语言学科历史悠久,实力雄厚,拥有国家重点学科培育点——语言学及应用语言学,以及首批国家特色专业、国家级优秀教学团队——汉语言文学教育;学科带头人杨亦鸣教授是中国首位和目前仅有的一位语言学及应用语言学专业"长江学者"。该学科团队主持了包括国家社科基金重大项目在内的多项国家级课题,取得了包括中国高校人文社会科学研究优秀成果一等奖在内的一大批高端成果。依托这一优势学科,学校围绕语言能力及教育进行了一系列专题研究,建构了"母语素质"的概念,提出了"强化高师学生母语素质,提升公民语言能力"的理念,并构建了母语素质"两维四面三层"的塔形结构。这些高端的学术成果被有效地运用于传统文化的话语承载,运用于学校承担的教育部"国培计划"的经典诵读项目,并引领了经典诵读这一传统语言文化活动的勃兴。

其三,高水平园区建设,体现传统文化教育的实践价值之新。2010年,学校为加快文化研究的成果转化,启动建设省级大学科技园——汉文化创意产业园。该园区既是产学研一体化的研制开发中心,又是教学科研的实习基地和各类人才的培训中心,文化创意产业不仅是其特色,而且逐渐形成园区最具活力的业态。园区中不但有汉文化研究院、淮海发展研究院、"一带一路"研究院等新型智库,还有凤凰传媒师大分社等文化企业入驻。通过产业园孵化的我校大学生创业项目"徐州鼎杰文化创意有限公司"被评为全省64个最具潜力大学生创业项目。通过园区建设,使传统文化教育能够与大学生创新创业相契合,使学生们能够在实践中体会传统文化的现实价值,体会学有所用、学以致用的精神。

二、推进传统文化教育融入日常教学

课程教学是高校进行传统文化教育的最重要、最基本的途径。江苏师大围绕"以提高自主学习和探究能力为重点,培养文化创新意识,增强传承弘扬中华优秀传统文化的责任感和使命感"的教育目标,科学设置课程,创新教学模式,力求实现教学效果的最优化。在设计传统文化相关课程过程中,坚持"多、精、新、融"原则,不断完善传统文化课程教育过程,构建了科学合理的传统文化的课程教育体系。

其一,公选课多,选择面广。学校开设了中国优秀传统文化系列公选课程,内容涵盖文学、哲学、艺术、体育、历史、政治等多个学科,数十门课程,尽最大能力满足各类专业的学生需求。中国文化概论、国学智慧、古典音乐欣赏、戏曲鉴赏、中华民族精神、传统文化与女性等课程成为选课热门,广受学生欢迎。

其二,专业课精,认同度高。学校在政治学、社会学、法学、历史学、新闻学、文学等专业中开设中华传统文化必修课,打造了诸如《孟子的文化精神》《经典诵读》等国家精品课程,以更为细致、系统、深入的专业教学增强学生的文化认同度,加深其传统文化的学养。

其三,推陈出新,开发整合。在依托学科和专业优势开设系列传统文化课程的同时,学校注重新课程的开发与原有资源的重新整合。在经典诵读的课程体系设置中,学校一方面充分利用现有课程资源,对中文、广播电视新闻学、播音主持、对外汉语、师范类等专业相关课程的授课内容进行适度调整,进一步强化经典的讲解及诵读和书写技能的训练、考核;另一方面以教改立项的形式支持语言诵读类新课程的开发,组织编写教材,并设一定学分,逐步纳入人才培养方案,以培养大学生的语言文字应用能力和综合素质。2009年,受教育部体育卫生与艺术教育司委托,江苏师大依据东汉末年名医华佗创编的五禽戏,结合青少年身心特点而研发了"中华五禽操",设计出幼儿、小学1~3年级、4~6年级、初中、高中等5套不同的动作样式。"中华五禽操"作为学校原创的传统文化教育课程,广受学生的喜爱和好评。

其四,渗透融合,拓宽疏浚。优秀传统文化博大精深,内容丰富,仅仅依靠专门课程的教育教学难以使其润泽整个教育教学过程。我校探索将传统文化教育与各门课程教学有机结合,形成渗透融合,使传统文化教育更广泛、更深入地贯穿到学科教学的各个环节之中。如依托"思想政治理论课"的教学平台,在课堂教学中,有机融入传统文化的精髓,对学生进行富有中国特色文化内涵的价值观教育、革命传统教育,以达到协同教育的效果;此外,学校积极开发网络教育平台,录制传统文化网络课程,并将相关资料、音频、视频等上传到网络,进一步促进学生的独立学习和自主教育。

三、推进传统文化教育融入校园文化建设

文化是大学的灵魂,具有对大学生进行价值观、人生观教育,培养其道德情操、文化素养的"隐性德育"功能。将传统文化教育融入校园文化建设,充分发挥其柔性浸润作用,有利于强化大学生对中华传统文化的情感认同,从而真正接受、真正热爱。江苏师大将传统文化教育充分融入到校园文化建设中,形成了以汉风文化、家风文化、师德文化为特色的师大文化,使传统文化在大学生中真正内化于心,外化于行。

其一,丰富内涵,拓展外延,实现古代与现代的圆融唱和。江苏师大在校园文化建设中,注重汲取传统文化精髓,拓展其外延,使其与当代文化相适应,推动其在大学校园里重生、重塑,焕发现代魅力。一是以传统文化涵育现代品格。致力打造具有汉风特色的校园文化品牌。在校园内,开设"两汉文化讲堂""润德讲堂""国学周""汉风学社""孟子文化节"等文化项目,并创办汉乐团、汉舞团,让学生在传承创新的校园文化实践中体会中华文化的博大精深。二是以廉洁文化、家风文化传承高尚的家国情怀。开展"写家书,集家训,传家风"系列活动,校报开辟"我的家训故事专栏",将优秀家书、家训故事汇编出版。由学校师生主创的廉洁教育微电影《家书》获得省检察机关预防职务犯罪微电影大赛"十佳作品"等奖项。三是以师德文化确立行为规范。学校连续17年举办师德建设月活动,注重挖掘、培养教师中师德高尚、贡献突出的典范人物,凝练其中感人至深的精神力量,并结合传统和现代的为师之道,做富有文化意蕴的诠释和弘扬,力求使我校的师德文化有传统、有内涵、有创新、有传承,真正肩负起师范大学师德建设的永恒使命。为此,学校还举办了"咖啡时光·教授有约"57期,让名师与学生面对面传道授业、心对心解惑交流。出版《问道》《论道》《弘道》师德文化系列图书。利用新媒体平台,推出"时针上的江苏师大"系列主题微信,深入挖掘师生工作生活的感人瞬间,广泛传播师大好声音。

其二,古为今用,以古润今,实现内容与形式的完美统一。学校发挥人文社科优势,不断创新传统文化教育形式,通过不同的文化载体,形成亮点众多、感召力强、影响力广泛的生动局面。一是仪典文化。我国自古是礼仪之邦,诸多仪典承载着中华文明的精神和风范。而当今现实生活中各类仪典的建构,不但可以借鉴其丰富的形式资源,更是对优秀传统文化精神的传承。学校一直注重通过仪典文化建设,对学生进行教育。值得一提的是首创并已举办5届的"汉式研究生毕业典礼"。典礼融合汉唐国学礼仪,以庄严和规范的形式,力求毕业研究生通过仪式,在走上社会之际,进一步明晰爱国报国、尊师重道、感恩敬亲、担责履任等精神内涵。仪式汲取新世纪以来方兴未艾的汉服运动精华,设计"汉服学位服",并配有汉乐团在旁演奏华美的乐章,场面恢宏,毕业生们表示印象深刻、终生难忘。该仪式既弥补了纯西式的毕业典礼无法体现中国文化特色与中国精神的遗憾,又充满中国学生毕业典礼应有的精神意涵和社会意涵,使古老的文化传统与现代仪式文明水乳交融,相映生辉。二是书院文化。传统文化中的书院文化,亦有诸多可借鉴运用的形式资源。2014年,学校开办"雅润女子学堂",结合师范生专业特色开设女红、雅乐、学思、修身四个主题坊,以高雅润泽人生为宗旨,以"博雅艺能"为学习内容,以"专家指导,朋辈互助,技能互换"为教学模式,提高学员认识美、创造美、践行美、传播美的能力;三是社团文化。学校鼓励学生创办文化内涵丰富的社团并积极开展活动,目前,学校拥有各类与传统文化相关的社团30余家,其中,悠然诗社、雷雨剧社、汉风导游社、舞龙舞狮协会等已成为闻名国内高校的明星社团,多次获得国家级奖项;四是节庆文化。学校常年举办传统文化校园活动,已形成"中华母语节""我爱记诗词""汉风武韵"等品牌项目,引领校园里的传统文化复兴热潮,使学生在传统文化的浸润与洗礼中接受教育,增强文化认同与文化自信。

四、推进传统文化教育融入传承传播实践

"知者行之始,行者知之成"。传统文化教育,最终要落实到"行"的环节,以达到实践固化认知和传承传播中华文化的双赢效果。江苏师大充分发挥中华传统文化的桥梁纽带作用,鼓励和组织师生走出校门、国门,推广、传播传统文化的核心理念,推动国人道德和文化素养的提升,在国际社会中提高中国声音"分贝",刷新中国形象"颜值"。

其一,走出校门,服务传承。学校注重传统文化的传承推广,并将其作为服务社会、传播文化的重要范式。一是引导学生,以文化服务社会。拥有近20年历史的"汉风导游社",在徐州汉文化景区、小龟山汉墓、汉画像石馆等著名汉文化景区都建立了实践基地,历史、旅游、文化产业等专业的学生利用课余时间在景区担任讲解员,让国内外游客能够通过解说,更好地感受汉文化的博大精深;二是鼓励教师,以学识弘扬文化。我校教师编写的《徐州简史》,被徐州市委市政府定为徐州市中小学生和公务员的必读书籍;我校专家教授举办的云龙书院,以公益的形式传播传统文化,注重传统文化在提升市民素质素养中的作用,已逐渐打造成传播传统文化的高端阵地。

其二,走出国门,交流传播。中华优秀传统文化是我们的国家名片,大力传播中华文化,提升中国文化软实力,是高校义不容辞的责任。近年来,学校积极推动落实中国文化"走出去"战略,全力促进传统文化的国际传播与交流。学校在美国迈阿密、澳大利亚墨尔本都设有孔子学院,直接担负推广中华文化的职责。2016年,学校与马来西亚拉曼大学合作,设立全球首家海外孟子学院,传播中华优秀传统文化,弘扬中华文化的独特价值观,增强当地华人华侨的民族文化认同;依托我校文艺和体育的特色优势,多次根据国务院侨办的委托,组织队伍,参加"四海同春"等中华文化展示展演活动;学校的新型高端智库"一带一路"研究院,不但出版《沿"一带一路"国家语言手册》,而且于今年三月,与巴基斯坦旁遮普大学合作,建立了江苏师范大学"一带一路"研究院旁遮普大学分院,为双方的文化交流和中华文化的传播,打造了新平台。

"文化是民族的血脉,是人民的精神家园。"要保持血脉不断,精神不灭,需要一代代人共同努力,接续奋斗。坚定文化自觉,提振文化自信,高校责无旁贷。江苏师大将继续以传承和创新传统文化为己任,深入推进传统文化教育,为实现中华民族伟大复兴凝聚更为广泛、更为坚实的精神力量。

整齐门内　提撕子孙

——家训文化与家庭建设

作者:《光明日报》(2015年08月31日16版)
时间:2015年4月12日上午
地点:徐州中汇国际会议中心
访谈嘉宾:

陈　瑛　中国伦理学会名誉会长、中国社科院哲学所研究员
陈延斌　江苏师范大学伦理学与德育研究中心主任,国家社科基金重大项目"中国传统家训文献资料整理与优秀家风研究"首席专家
孙云晓　中国青少年研究中心副主任、研究员,中国青少年研究会副会长
李　伟　宁夏大学副校长、教授、中国伦理学会副会长
主持人:梁枢(光明日报《国学》版主编)

一

主持人:各位好!借"中国传统家训文化与优秀家风建设"国际学术研讨会的机会,约请大家座谈一下家训文化与家风建设问题。习近平总书记在今年春节团拜会上特别强调,不论时代发生多大变化,不论生活格局发生多大变化,我们都要重视家庭建设,注重家庭、注重家教、注重家风。传统家训文化是中国传统文化的重要组成部分。我的第一个问题:"家"这个概念,中西方有何区别?为什么只有中国人的家形成了绵延不断的家风与家训传统?

陈延斌:中国的家庭与西方不一样。爱琴海是古希腊文明的摇篮,古希腊的城邦国家是在打破血缘氏族的基础上建立起来的。生活在海洋国家的希腊人靠贸易为生,这种贸易活动必然是在城镇聚居,因而社会组织就不可能基于家族利益,而是以城邦为中心来组成社会。这样的传统形成的西方家庭基本是父母与未婚子女组成的两代人的核心家庭,孩子一成年就从家里分离出去,他们重团体生活、宗教生活而相对轻家庭生活。中国不然,中国社会是在血缘氏族基础上建立起来的,而且作为大陆国家,世代以农立国,农民祖祖辈辈生活在同一片土地上,

安土重迁。中国传统家庭多是由三代人组成的主干家庭,家庭又组成家族,像唐代江州陈氏家族人口达到数千人。这种血亲关系将"孝"视为最核心的家庭伦理规范,而这种经济的原因则将家族利益看得至高无上,发展出了家族制度。也就是说,血亲关系是家国同构社会的基础。这种纽带把家庭与家族联结在一起,而不必依靠法律和行政管理的强制。这种家族产生以后,为了维系族人正常生活,延续宗族,就有了家庭管理、成员关系调节、子女教育等问题,这就有了家教、治家家范和宗规、族训,形成了家族的家风。所以家训、家风是随着家庭、家族产生发展而出现的。

另外,家国一体、"普天之下,莫非王土"的宗法社会,也使得注重家训教诫成了我国的一贯传统。早在《周易·家人》卦辞中就已经提出了"教先从家始""正家而天下定"的主张,此后传统社会就一直将身修、家齐视为治国、平天下的前提和根本,而家训的产生发展正是适应了这种社会需要。可以说,这种家和家庭教化的力量支撑了中国数千年的发展。

主持人:可以说中国人的家是一个"孝共同体"。

陈延斌:非常正确!中国人的"家"、甚至"国"正是建立在以"孝"为核心的共同体基础上的。孝老敬长是永远都需要的,孝是家庭伦理的基石,"移孝作忠"才成了家国同构的基础。可以说,中国传统文化的核心是家文化,而孝文化又是家文化的根,因而也是中国文化的根,数千年来支撑着中国人的基本价值观。

李伟:"孝共同体"这个说法很形象,传统社会家庭生活、社会生活的进行都离不开这个共同体。今天时代虽然变了,但孝道文化还是需要的,这也是社会道德、社会建设的基础。

二

陈瑛:过去的"家"是等级制度的家,是上下级关系的家。我母亲从小被裹了小脚,她对等级森严的封建家庭痛恨得不得了。我们现在需要的不是等级制度的家,而是充满活力、保证每个人幸福的家,这个家的内涵性质就发生了变化。现代家庭应该打破等级制度,孝道要分析,谁对就听谁的。

主持人:等级是一个需要梳理的问题。有两种解读:一个是秦汉以后的尊卑结构,一个是西周的尊亲结构。尊尊亲亲作为西周社会"诏王取万民"的国策,二者是相互依存的。其要旨在于尊要亲亲,亲要尊尊。汉儒讲独尊,把尊尊亲亲给分开了,亲亲成了族内原则,尊尊则是族外原则,对皇帝要无条件地尊重。尊亲的传统与结构于是变成了尊卑结构。不过这时候,中国文化其实底层还是尊亲结构。

陈瑛：后来越来越专制、越来越不平等，其实最早先秦的时候还是对应的。

陈延斌：是的，你看《礼记·礼运》篇的"十义"，这些道德规范都是对等的，不是单方面的，所谓"父慈、子孝、兄良、弟悌、夫义、妇听、长惠、幼顺、君仁、臣忠"，只是到了封建社会后期尤其明清以后才片面强调下对上的义务。

李伟：周的时候就是尊亲，周以后开始就有变化了，但根还是尊尊亲亲，不然的话，没有血缘，就谈不上祖先崇拜嘛。刚才讲的家庭里边的家祭是很重要的，祭祖先，慎终追远，没有这样的东西，这个信仰的体系就变了。

陈延斌：我们北方地区的风俗仍然是除夕那天，全家族的人要到祖先坟墓上祭扫，怀念先人，慎终追远。

主持人：陈瑛先生的话语中，还有一点需要辨析。对于家，中国人其实每个人心里都有一句话，但由于时代局限，只说出了前半句，后半句一直藏在心里，没有机会说出来。我试着把这句话完整地表述出来：尽管旧式家庭桎梏人性，令人厌恶，但是对于中国人的生命，家是多么重要，成为丧家犬是多么可悲。在中国文化中，家一直是各种价值的一个承载，是核心。这是跟西方一个显著不一样的地方。我们今天说家训、家教，其实还是在用另一种形式来解读家的重要性。

三

李伟：一个家应该怎么维护好？您说家应当怎样？家这个组织，谁来管理，谁来负责？国家治理过程中当代家庭的组织建设才是重点。在家庭组织建设背景下来考虑家训家风家教就会更全面一些，传统家训要转化才能变为对今天有用的东西。我觉得有些问题要好好研究，比如当代家庭建设在国家治理现代化中的地位和作用是什么？当代家庭建设中传统家教家训的当代价值在什么地方？什么社会力量能够促进当代家庭建设？什么样的家庭能够作为社会的家庭示范？

孙云晓：现代的父母非常渴望学习如何进行家庭教育。这是因为近年来中国家庭教育思想出现自由思想的极端化，放任的结果是孩子特别难管。心理学研究认为，发展最理想的孩子一定是主动性与自制力平衡发展的孩子，其中自制力与家教家训存在非常契合的地方。从调查数据看，广大青少年认为他们最需要有一个温暖的家。我们刚刚完成的调查显示，自制力与家训家教是有关联的，家庭教育的需求是很强烈的。他们认为传统家训文化既有珍贵的价值又有糟粕，它里面有对人性的束缚，所以弘扬家训文化要与时俱进。另外，就国家层面来说，中国缺少支持家庭的政策、法律。从青少年发展的需求上，家庭教育的需要上，家训文化是非常有必要的，同时也不得不与时俱进、批判性的继承。

陈瑛：首先要建立民主、和谐、文明的家庭，培养孩子应该有这样的家庭环境。

陈延斌:在我看来,中国家庭的根基没有动摇,家仍然是一个精神家园,有人担心在"洋节"冲击下,我国的民族节日要消亡,我觉得不可能。春节时全国几亿人大迁移,就是为了回家过年,这在全世界绝无仅有。中国的"家"字,宝盖头下面的"豕",人们往往解释为房子里面养的猪,实际上它还有一个意思,即猪是祭祀的祭品,是"牺牲"。正如习近平总书记所说,"使千千万万个家庭成为国家发展、民族进步、社会和谐的重要基点",需要着力加强家庭建设。

主持人:需要注意的是,中国的孝共同体不是手段而是目的。孝共同体是有底线的。

陈延斌:是的。我们对孝文化、孝共同体的定位与认同要走出"现代主义语境",今天的家庭生活中谈民主、自由也要以尊重、维护、发扬孝共同体为底线。因为这是中国人幸福感、归宿感的源泉,也是社会这个大共同体建设所不可或缺的。

四

主持人:怎样认识传统家训文化在今天的作用和价值?请大家围绕这个问题讨论一下。

陈延斌:这就涉及家庭这个小共同体与国家、社会这个大共同体之间的关系。今天的国家、社会这个大共同体的稳定、繁荣仍然要以家庭这个小共同体的建设为迁移和基础。从这个意义上说,家训文化的存在仍然具有很强的合法性,中国需要家文化。虽然中国的家庭现在已经核心化、小型化了,但家庭依然是社会的细胞,仍然延续抚养、教化、赡养的功能,家庭建设搞好了,我们的社会才能和谐。

我们今天谈家训,它有两个方面的含义,一个是文献文本,一个是动态的活动,即家训的教化。这种教化对于良好家风的形成非常重要。例如宋代名臣包拯清廉公正,不畏权贵,他生前立下家训,"后世子孙仕宦,有犯赃滥者,不得放归本家;亡殁之后,不得葬于大茔之中。不从吾志,非吾子孙",并命儿子将家训刻在堂屋墙壁,以昭后人。包拯的言传身教,养成了清廉公正的家风,并被包氏后人继承弘扬。《人民日报》几年前报道,包氏家族后代的三百多户、一千五百多人中,没有出现贪赃枉法或者因犯罪而被关押的。再如浙江浦江郑氏家族,在良好家风熏陶下,家人子弟勤劳节俭,奉公守法,乐善好施,热心公益。这个大家族跨越宋、元、明三代,受到了三个朝代皇帝的表彰,朱元璋还题词"江南第一家"。这个大家族360多年聚族同居,173位为官者无一贪赃枉法,浦江县将其作为廉政教育基地。这些家族如此义居,可以说很大程度依赖于家训教化、约束长期培育的良好家风。

陈瑛:家风优劣对家庭、家族盛衰起着非常重要的作用。

陈延斌:这启示我们如今在家庭这个小共同体建设中,从小就要注意给孩子以规范和熏陶,要在孩子年少时、在他品德没有形成的时候,立下一些规矩。不立规矩不成方圆,家长要注意这种教化。我们传统家训里面好多东西依然有很重要的价值。比如强调家长率先垂范,倡导尊老敬长、勤俭持家、邻里和睦、乐善好施等。还有他们的教化方法,这些在今天看来仍然有其可借鉴的价值。

这里就有传统家训文化如何实现现代性转化,与今天对接的问题,所以我这几年一直倡导建立一门"家训学",有这样一个学科,我们就可以对这些问题进行系统的梳理、研究,它有哪些东西在内容上、在载体上、在途径方法上是可以借鉴的。有这个学科便于传统家训文化的现代转化。

陈瑛:家训文化是最具中国特色的文化,内容非常丰富,相当集中地反映着中国传统精神、优秀的价值观。曾经对于中国的文化,对于中华民族的发展和繁荣作出过重大贡献。需要认真研究,弘扬其精华。这种"家训学"的研究以唯物史观为指导,认真总结我国历史上家风家训的历史经验,全面系统;深入现实,深入群众,搜集今天家风家训的实际做法,经验教训,科学分析并上升到理论高度。

孙云晓:建立中国家训学最需要科学精神,要有敬畏之心,也要有批判性继承的理性态度。

李伟:家训的核心是家德,家训是家庭道德教育的核心内容和教育的主要路径。由于地理、历史、文化的原因,中国少数民族的家训家规在其传统文化中居于重要的地位。一方面,少数民族家庭和家族与民族的内聚性联系较紧;另一方面,由于一些少数民族没有文字,因此往往是通过家训、家规等俗文化的方式来进行家庭道德教育。

孙云晓:家训文化是中国传统文化极具特色并有深厚底蕴的组成部分。为什么古代的家训到现代依然有价值,就因为家庭生活是有规律的,家庭教育也是有规律的,孩子的成长也是有规律的。它所有有价值的部分都是它符合了规律的部分。

陈延斌:对,虽然小型化了,家庭仍然是社会的基本单位。中国社会是家国同构,国是家的扩大,家是国的缩小。至今我们还说"家是最小国,国是最大家",祖国是家园,世界是大家庭。中国人对家庭最充满深情厚爱,因此,从这个意义上说中国传统文化中家文化是核心,而以"整齐门内、提撕子孙"为宗旨的家训则是家文化的核心,好多东西都是以这个往外发散的。不仅如此,家训教化是传统文化大众化、世俗化的重要途径,另一条途径是蒙学。自宋代始,一些学者自觉地将治家教子的训诫与儿童开蒙教育结合起来,甚至有些家训著作本身就成了私塾蒙馆对儿童教育的启蒙读本,如朱柏庐的《治家格言》等,这大大推动了以儒学为代表的传统文化的社会化。此外,由于父母与子女间的血缘关系和父母在孩子心目中的位置,比起师友所传授的思想,家训教化是更有效的教育方式,其教诲更能潜移默化、入耳入心。

五

主持人:今天,在大量的农民工家庭中,家这种支撑的力量还存在吗?如何推进他们的家庭建设?

孙云晓:今日中国,许多家庭有崩溃之危险,农民工家庭就是这样一个弱势群体。但是,农民工对家庭又非常看重,春节返乡潮就是一个证明。如果政府和社会给予农民工更多的支持,他们的家庭还是有希望逐步完善的。

陈瑛:作为血缘关系联系的组织和群体,家庭在今天、明天,甚至遥远的将来,都会存在。当然,它的具体形式和活动方式、社会作用会随着时代变化。无论如何,在今天的中国,不论是城市还是乡村,不论是传统型家庭还是农民工家庭,仍然会在经济、政治、文化教育中,发挥巨大的组织、保证作用。

陈延斌:现在不少农村都有值得注意的现象,父母给儿子盖了楼房,办了婚事,自己就被赶到一边的小屋子住了。父母年龄大了,有些儿子媳妇根本不尽赡养责任,甚至打骂虐待老人,刚才梁主编说在孔子故里媳妇竟然当街打婆婆。这就需要政府相关部门一方面加强教育引导,传播现代孝道观念,同时像韩国那样建立孝道法规,从法律上予以规范、保障,严惩这些不孝顺的子孙,营造优良家风民风,切实促进农村家庭建设。

文化自信:道路自信、理论自信和制度自信的深沉根基*

文化自信建立在文化自觉基础上,是对本民族文化精气神的坚定信念和高度认同。党的十八大以来,习近平总书记在多个重要场合强调要增强本民族的"文化自信",并在建党95周年大会的讲话中将其与十八大报告提出的"道路自信、理论自信和制度自信"并列,共同纳入中国特色社会主义实践范畴,强调"坚持不忘初心、继续前进,就要坚持中国特色社会主义道路自信、理论自信、制度自信、文化自信,坚持党的基本路线不动摇,不断把中国特色社会主义伟大事业推向前进"。2016年5月17日,习近平总书记在主持召开哲学社会科学工作座谈会讲话中,他就特别深刻地阐述了"文化自信",并认为"坚定中国特色社会主义道路自信、理论自信、制度自信,说到底是要坚定文化自信,文化自信是更基本、更深沉、更持久的力量"。习近平总书记的这些讲话将"三个自信"拓展到"四个自信",进一步明确了文化自信在中国特色社会主义建设中的地位,开辟和拓展了中国特色社会主义建设理念的新境界,对全面深化改革,实现中华民族伟大复兴的中国梦具有重要的意义。

一、文化自信的实质

文化是人的基本需求。没有文化的浸润和滋养,人的本质就难以凸显。文化自信是人的文化需求得到满足后的一种高度认同心理,是建立在文化自觉基础上的一种文化心理状态。文化自信是一个民族发展的重要精神动力和活力源泉,是更基础、更广泛、更深厚的自信。它在顺境中能够强化人们的文化认同、民族认同和国家认同,在逆境中能提升人们克服困难的信心,凝聚破除险阻的力量。在中国特色社会主义建设实践中,坚定中国道路、弘扬中国精神与汇聚中国力量,都离不开文化自信的力量。文化自信是对5000多年文明发展中孕育的中华优秀传统

---

* 本文作者:田旭明

文化、在党和人民伟大斗争中孕育的革命文化和社会主义先进文化的坚定信念、充分肯定和积极践行，并对它们的未来发展保持高度的信心。在当代中国，我们党之所以如此高度重视文化自信，说到底就是要在建设中国特色社会主义道路的实践中亮出中国的发展成就，展现出一种客观且积极的心理状态，彰显出一种坚定的政治信念，表达出一种引以为豪的精神标识，凸显出一种精明的改革智慧。因此，文化自信的实质可以概括如下：

第一，文化自信是一种积极的心理状态。文化自信与文化自负、文化狂妄截然不同，是对本民族文化传统积淀、文化转型、文化传播的一种理性认知和坚定信念，是一种客观的积极的心理状态。众所周知，自信本属于心理学范畴，多指在面对困难和挑战时仍然能保持一种乐观向上的心态，不惧危险，坚信能乘风破浪。中华民族是一个文明古国、文化大国，拥有着丰厚的文化资源，而且曾一度影响着世界。儒家文化圈的形成就是证明。历史哲学家雅斯贝尔斯描述的公元前800年至公元前200年的"轴心期"，是人类精神的觉醒和重大发展期，其中就包括中华民族的文化。虽然中华文化在近代遭遇到现代化挑战和西方文明的冲击，但始终绵延着核心精神和内在基因。诚如有的学者所言："尽管中国社会几遭动荡，天灾人祸连绵不断，尽管它也不断地汲取外来的营养，但它自成系统；虽然它随着时代的发展而几经变革，但由于其内部的自身调节机制，使它在近两千年中保持着明显的连贯性。"[①]中华文化积淀着中华民族最深层的精神追求，代表着中华民族独特的精神标识，虽然存在一些与当今时代不相符和不相容的因子，但其总体上不失为一笔丰厚的伦理道德文化遗产，对今天中国的物质生产、制度体系、科学技术、军事国防、外交政策、民众生活等都产生了广泛的影响。可以说，中华民族丰厚的文化资源是真正属于我们自己的文化财富，这让我们在今天这样一个需要文化发展的时代拥有了文化"底气"。这种"底气"是催生中华民族文化自信的重要基础。但不可否认，随着全球化巨浪滚滚，市场经济蓬勃发展，资本逻辑的多方位渗透，传统文化在今天面临着诸多困境，反文化的暗礁和潜流四处隐藏，"洋奴文化""封建遗存残渣文化"等时而泛起，"文化沙漠""文化霸权""文化畸形"等文化焦虑挥之不去。在这种背景下，我们党大力强调坚定文化自信，其实就是表明中国在走向现代化的进程中，面对多元文化的激荡和冲撞，会积极主动且有能力利用丰厚的文化根基去推动民族文化的转型与创新，实现从文化大国到文化强国的转变，决不让中国人精神家园变得荒凉和贫瘠，更不会让异质文化吞没本民族文化的特殊性和主体性，以至于丧失民族尊严和凝聚力。

---

① 杨善民、韩锋：《文化哲学》，山东大学出版社2002年版，第188页。

第二，文化自信是一种应然的价值诉求和期待。文化自信不仅反映人们的文化心理状态和精神生活质量，还体现了人们对特定对象的情感和价值诉求。"仓廪实而知礼节，衣食足而知荣辱"，当物质条件薄弱时，精神生活会存在一定的游离和向外驰逐；而当物质生活发展到一定程度且富足后，向外驰逐的精神应该回归本位，找回自我，得到自觉。也就是说，物质生活殷实后精神生活不能变得更贫乏，人们对精神生活的需求和质量也变得日益提高，这其中就必然包括文化自信。一个充满文化自信的民族，必然是精神生活充实、饱满、幸福的民族。相反，如果置身于一个文化多元化世界，对本国文化的核心精神和话语体系进行抨击、否定，甚至认为其劣于其他文化体系，那么必将陷入文化迷茫、文化无根、文化自卑的窘境，情感世界会逐渐坍塌，价值空间会出现虚无，民族意志会被淹没，进而导致整个精神世界干枯和精神生活干瘪。改革开放以来，中国各项事业取得了快速发展，创造了无数个"中国奇迹"，中国摆脱了贫穷落后的状态，正在努力实现全面建成小康社会。这些发展成就缔造了"中国信心"，使中国在日益激烈的综合国力竞争中更加"硬气"。然而在现实生活中，一些西方人士习惯以"只生产商品、不生产精神"来抹黑中国发展，更有一些人以"精神倒退""道德爆炸""道德崩溃""跛腿发展"等词来形容中国30多年的改革。在这种背景下，我们党大力强调坚定文化自信，就是为了证明中国特色社会主义坚持物质文明和精神文明的协同发展，中国改革的目的不仅要致力于物质追求，增强硬实力，彰显物质发展自信，还要实现文化大发展大繁荣，对内提升中国文化的内聚力和亲和力，对外提升中国文化的辐射力和影响力，从而增强中国特色社会主义价值观自信。这种文化自信是发展中国特色社会主义应有的价值诉求和期待。诚如习近平总书记所言："当高楼大厦在我国大地上遍地林立时，中华民族精神的大厦也应该巍然耸立"，"只有物质文明建设和精神文明建设都搞好，国家物质力量和精神力量都增强，全国各族人民物质生活和精神生活都改善，中国特色社会主义事业才能顺利向前推进"。①

第三，文化自信是一种坚定的政治信念和价值守护。中国特色社会主义文化建设必须坚持马克思主义指导和社会主义核心价值观的引领。马克思主义是社会主义建设的指导思想，任何时候都不能动摇，背离或放弃马克思主义，我们党就会失去灵魂，迷失方向。社会主义核心价值观是社会主义核心价值体系的核心，是兴国之魂。改革开放以来，伴随着体制转轨、经济利益格局调整和文化多元化，一些人对马克思主义信仰弱化了，认为共产主义理想离我们太遥远，马克思主义已过时，甚至出现了"讲马克思主义有人嘿嘿冷笑，讲社会主义代替资本主义有人

---

① 《习近平总书记系列重要讲话读本》，学习出版社、人民出版社2016年版，第187页。

嘲笑,讲共产主义有人哈哈大笑"的怪诞、消极现象。在文化交往实践中,一些西方敌对势力利用宗教、媒体、科技、非政府组织等推行文化霸权,加强对我国思想文化领域的渗透和侵蚀,展开各种显性与隐性的舆论和意识形态攻击,致使"国内少数人盲目认为中华民族复兴必须走西方现代化的发展道路,必须以西方资本主义思想作为指导"①。国内一些人也鼓吹历史虚无主义、新自由主义、普世价值等思潮,企图抹黑党的历史,削弱我国主流意识形态的凝聚和整合功能,抹杀社会主义核心价值观的民族性,淡化民众对中国特色社会主义道路的认同。在这种背景下,我们党提出增强文化自信,并将其作为"坚持不忘初心,继续前进"的重要内容,就是要表明我们党会永远坚定对马克思主义的信念,并做社会主义价值观的忠诚守卫者,决不轻信那些拥有华丽外表的妖魔化言论,也不会让各种错误的思想文化干扰、破坏我们的精神家园,更不会因为那些看似"诱人"的异域文化而放弃对本土文化的自信。诚如习近平总书记所言:"保持全党在理想追求上的政治定力,自觉做共产主义远大理想和中国特色社会主义共同理想的坚定信仰者、忠实实践者。"

二、文化自信:道路自信、理论自信和制度自信的基石和源泉

关于文化自信与道路自信、理论自信和制度自信的关系,习近平总书记早在2014年澳门大学考察时就指出:五千多年文明史,源远流长。而且我们是没有断流的文化。建立制度自信、理论自信、道路自信,还有文化自信。文化自信是基础。这里将文化自信作为"三个自信"的基础,具有深远的意义。没有共同的文化自信,"三大自信"就会失去共同的文化根基、文化血脉和社会心理支撑。

第一,文化自信是道路自信的精神支撑。中国道路是近代以来各种救国救民道路之后中国人民的理性选择。在这条道路的指引下,中国成功地走出了具有自己特色的现代化道路,经济、政治、文化等各项事业取得了快速发展,使得中国模式成为全球现代化图景中一道亮丽的风景线,推翻了一些西方学者关于"现代社会只有一个体系,那就是以美国为领导的西方社会体系"的判断。中国道路生长于和成长于中华民族优秀文化的土壤,中国道路每前行一步,都凝聚着中华民族精神和时代精神。没有中国文化的滋养,中国道路的思想基础、民族气息就会弱化。因此,没有对中国文化的自信,道路自信就是一句空话。与此同时,中国道路前行的实践中,改革是主题,而改革必然会引发利益的分化、重组,以及各种思想

---

① 王永贵:《意识形态领域新变化与坚持马克思主义指导地位研究》,人民出版社2015年版,第67页。

观念的碰撞或对抗,需要一种强大且具有统摄力、整合力的文化价值观的力量去整合这些差异,化解矛盾,达到"和而不同、聚同化异"。在这种背景下,必须建立强大的文化自信体系,将中华文化所倡导的"和谐共生、贵和尚中、以义为上"等价值理念充分渗透到民众内心深处,并外化为一种自觉的行为,从而化解改革实践中的各种风险和矛盾,展示中国道路的优越性和自信。

第二,文化自信是理论自信的坚强根底。理论自信就是对中国特色社会主义理论体系的自信,而中国特色社会主义理论体系是马克思主义中国化的成果和结晶,这就意味着理论自信实质就是对马克思主义中国化的自信。马克思主义中国化,除了马克思主义与中国国情、具体革命、建设和改革实践相结合外,还包括与中国文化的结合、共鸣、共振。马克思主义之所以能够中国化,一方面,与中国传统文化有着相通之处,如儒家的"仁政爱民""大同社会"、道家的"圣人无常心,以百姓心为心"、佛家的"普度众生""众生平等""极乐世界"与马克思主义所倡导"人的自由全面发展""共产主义"理想蓝图等有着一定的共通之处。这种共通为马克思主义中国化提供了可能和前提。因为任何一种异质文化要传播到一个地区,就必须与该地区的文化传统相契合,并被其接受。另一方面,马克思主义能引领和推动中国传统文化实现创造性转化和创新性发展。马克思主义以其科学性、批判性的思维和方法论为传统文化推陈出新、综合创新提供了思路。正因这两种原因,马克思主义才能顺利实现中国化,才能产生一系列新的中国化的马克思主义理论。在这种背景下,只有坚定文化自信,对本民族文化保持高度认同,才能积极推动马克思主义与中国文化的结合,促使新的理论不断产生,并对这种理论保持高度自信,达到"姓马"和"信马"的统一。相反,如果对本民族文化缺乏自信,片面认为传统文化乃国人之精神枷锁,倡导与西方文化盲目接轨甚至全盘西化,不仅会加快自身精神家园固堤的破溃,直接导致对马克思主义与中国文化结合及其成果的怀疑和不自信,而且会在无形中对马克思主义与中国文化的结合产生阻抗心理和行为,进而逐渐逼迫马克思主义中国化的历史进程退场。因此,在当代中国,坚定理论自信,首先必须坚持文化自信,文化自信是理论自信的坚强根基。

第三,文化自信是制度自信的深层源泉。制度自信是对中国特色社会主义制度的认同和信念。这种自信,说到底其实就是文化自信,因为文化是制度之母,制度是文化的表征,文化是制度形成和发展的深层源泉,制度凝结着相应的文化要素,其存在和发展离不开特定的文化环境支撑,需要有相应的文化为其提供指导和奠定基础,并与相应的文化在价值导向、核心精神方面保持适应。缺少文化支撑的制度,即使设计非常完美也只是一纸空文,难以实施。从这个意义上来说,中国特色社会主义制度是在中国特色社会主义文化的浸润和涵养中形成和发展起来的,其内涵、特质、价值取向等必然都体现了中国特色文化的气息和要求,如中国共产党领导的多党合作与政治协商制度、民族区域自治制度就体现了传统文化中"和而不同、国家整体利益至上"的理念。"中国特色社会主义制度运行的基础是良好公民文化的建设,是社会主义核心价值体系引领下的文化发展,是文化软实力在制度建设上的功能体现。"[①]如果没有对中国特色文化的自信,制度自信就是一句空话。当前,一些人受西方自由主义思想的影响,总是不断鼓吹西方的多党制、选举制、议会制、联邦制等,企图淡化民众的制度认同和自信。这些人之所以有此理念,主要还是因为对中国的国情和文化传统缺乏深度了解,对中国文化价值观不自信。因此,制度自信源于文化自信。坚定和提升文化自信是增强制度自信的活力源泉和不竭动力。

三、以文化自信增强道路自信、理论自信和制度自信的着力点

在文化多元化、意识形态竞争激烈化的时代,我们必须以高度的文化自觉来增强文化自信,并发挥其在道路自信、理论自信和制度自信中的作用,进而提升中国价值自信。

首先,提升文化免疫力。习近平总书记曾强调,不同国家、民族的思想文化只有姹紫嫣红之别,而无高低优劣之分。每个国家、每个民族不分强弱、不分大小,其思想文化都应该得到承认和尊重。这表明了每个民族文化存在与发展的合理性。然而在现实生活中,每个民族的文化既有自己的"坚强"之处,也有"脆弱"之处。"脆弱"之处往往也是各种文化病毒容易侵袭和感染的地带。如果被侵袭或感染,不仅会破坏文化脆弱之处,还会波及坚强之处,进而扩散至整个文化肌体,最终很可能导致本民族文化肌体被文化病毒催生的新的文化肌体取代。如此一来,本民族的精神家园就会荡然无存。在这种背景下,文化免疫力提升就显得尤为重要。在当代中国,各种封建遗存的残渣、资本主义腐朽思想等,想方设法通过各种渠道死灰复燃、伺机渗透,目的就是干扰和破坏中国特色社会主义文化、社会主义精神文明建设,降低社会大众对中国文化发展的信心,进而削弱他们对社会主义制度的认同。因此,要保护优秀传统文化,辨识和抵制各种消极文化,提升中国特色社会主义文化的免疫力,增强中国文化的自我保护能力和安全系数,从而强化民众对中国文化建设的信心。

其次,增强文化的内聚力。在一个民族国家里,民族成员对本民族文化是否

---

① 肖贵清、刘玉芝:《中国特色社会主义制度体系的逻辑分析》,载《马克思主义研究》,2012年第8期。

自信,关键取决于民族文化本身是否具有很强的内聚力。内聚力即吸引力、向心力、亲和力的统称。如果文化缺乏内聚力,必然无法起到精神引领、道德感染、凝聚人心、聚合民气、整合民意、振奋人心的作用,这也就意味着文化软实力无法体现出来,不能承担社会发展"杠杆"和"火车头"的角色。如此一来,民族成员自然对民族文化失去信心,丧失认同。因此在当代中国,要坚定民众的文化自信,为道路自信、理论自信和制度自信提供强大的精神支撑和道德支持,就必须在现有基础上进一步增强中国文化的内聚力。当前,深受历史思维和现代化景观的影响,"复古""西化""全盘推倒""过时"等思维在传统文化现代化与现代文化价值塑造的过程中仍有不同程度的存在,对中国文化内聚力提升造成了一定的障碍。在这种背景下,我们决不能一味回归传统走"复古"道路,也不能一味否定传统,倡导现代化而走向"西化"道路,而是必须在传统文化与现代文化之间建立一种张力机制,保持传统与现代之间的平衡,使中国文化始终内含优秀基因和保持先进特质。与此同时,充分挖掘传统文化和现代文化精髓,使其渗透到各行各业,内化为人们心中牢固的价值认同,从而迸发出促进物质生产、调节社会、守护精神家园的强大道德正能量,进而增强民众对中国文化的信心。

  再次,强化文化的凝聚张力。在文化全球化语境中,如果一个民族的文化对其他民族文化具有很强的张力,即影响力和感召力,反过来一定会增强本民族成员的文化自信。在中华民族发展历史上,中华儿女之所以对老祖宗留下的文化遗产保持着高度礼敬和认同,与中华文化远播海内外和走向世界有着直接关联。在当代中国,增强中国文化对外的凝聚张力,就必须打造中国特色对外话语体系,讲好中国故事,传递好中国声音。诚如习近平总书记所言:"要加强国际传播能力建设,精心构建对外话语体系,发挥好新兴媒体作用,增强对外话语的创造力、感召力、公信力,讲好中国故事,传播好中国声音,阐释好中国特色。"①与此同时,要坚持典范辩证法,侧重于特殊性到普遍性的思维,将中国文化的"民族特色"和"本土价值"推向全世界,使其恩泽世界其他民族,推动和谐世界的构建,从而促使中国文化价值在世界范围内崛起,增强中国文化在世界文化图景中的分量和话语权,进而提升中国文化的凝聚张力,强化中华民族的文化自信。

---

① 《习近平谈治国理政》,外文出版社2014年版,第16页。

高校雅文化教育的缺失与重构[*]

在晚清政府1901年下诏"各省所有书院于省城均改设大学堂"之后的百年时间里,中国的高等教育系统一直进行着改革,西方文化思想和教育观念在一批国外留学归国教育家的倡导下迅速涌进了国内,中国大学成了"欧美模式的凯旋"[①]。开始于1999年的高校扩招,以及"211工程"和"985工程"等名牌高校的创建等,虽然为更多人提供了高等教育的机会,但同时也对大学自身的调节能力提出了严峻考验:大学人文精神日益缺失;经济化和工具性日益扩张;规模与质量平衡问题日益凸现。实际在教育、科研和服务成为大学三大基本职能的今天,传统中国的书院文化也有其独特的参考价值。因此,将蕴含着几千年中华文明精髓的雅文化根植于高校校园文化之中就显得尤为重要。

一、雅文化教育规范了学生的道德行为

"大学之道,在明明德,在亲民,在止于至善"(见《大学》)。这里的"大学"是指大的学问,虽然不是现代意义上的大学含义,但也提出了"明德""至善"等问题;而教育的首要目标就是培养德行为先的人才,追求真、善、美的理想境界,这与作为教育理想审美的雅文化是相通的;但雅又是无法灌输的,所谓儒雅教师、文雅学生、高雅学校等都要通过优良文化环境的长期润养,自主生长。这就要求现在的大学校园文化建设首先要设立一个雅和有序的文化环境,这样才能培养出德善兼备的教师和学生。

作为雅文化大学校园建设的典型,北京大学的"一塌糊涂"(博雅塔、未名湖、图书馆)和清华大学的"荷塘月色"早已淡出了物质存在的功利性,成为北京大学、清华大学师生员工的精神皈依和灵魂栖息地。长期置身于这样的文化环境中,学生不仅可以怡养性情、愉悦身心,更能增强对雅、美和静的感悟能力,迅速提升道

---

[*] 本文作者:赵琼
[①] 陈平原:《中国大学十讲》2版,复旦大学出版社2002年版。

德行为的品位。现代许多大学新校区建设在追求雅和美的基础上,都有自己独特的规划与理念,例如清华大学深圳研究生院将清华大学的文化(严谨、勤奋、求实、创新)带入了深圳;浙江工业大学新校区更是移植了"西湖十景"等地缘文化。这些都提示了大学校园不仅是知识的海洋、学习的源泉,也是感受科学与人文气息、追求博雅志趣的地方。雅和有序的物质环境和精神氛围不仅可以引导创新人才培养的方向、激活学生的创造潜能和人格的形成,还可以用几千年的美德与和善思想熏陶感染学生,引导他们树立正确的世界观和人生观。

二、雅文化教育缺失引发了学生德行失范

许多高校在世俗商业文化、消费文化等各类亚文化的冲击下缺少合理的对策,导致对校园文化软环境建设力度不够,造成了学生道德行为的失范。

(一)浓厚的商业气息培养了大批职业人

高校扩招十多年来,高等教育逐渐形成产业化趋势。高校在各种社会亚文化面前大门洞开,不再是那个宁静的精神皈依场所,非理性的生活思维方式慢慢在校园孳生,渐趋侵蚀着校园的各个角落。

笔者对某高校 120 名学生(男 35 人,女 85 人)的问卷调查结果表明:读过《战争与和平》的有 16 人,完整看过《红楼梦》连续剧的有 9 人,听过贝多芬《命运》交响曲的有 21 人,知道中国古筝名曲《高山流水》典故来源的有 33 人;但这 120 名学生却无一例外地知道"非诚勿扰""屌丝"等。这种巨大反差反映了目前高等教育存在的严重危机,大学生普遍缺乏文化艺术修养,迫切需要接受那些厚重的、富含人文关怀文化思想的熏陶,特别是被称为经典的高雅文学艺术作品,这样大学生才能够较为自觉地追求宁静与高雅,追求真善美。

(二)泛滥的非主流文化模糊了价值判断标准

面对社会各种亚文化的诱惑,许多大学生在缺少正确思想政治引导的情况下难以跟随校园主流文化,容易对高雅与低俗、真善美与假丑恶等失去正确的价值判断标准。考试作弊成为流行时尚,打架斗殴成为炫耀资本,甚至赌博、盗窃、抢劫、行凶等现象时常在高校发生,各种道德行为失范以及违法犯罪现象正侵蚀着这片原本宁静的"净土"。通过高校校园一些流行的文化用语,很容易感受到现今大学生的精神追求与价值判断及其折射出的社会文化心态。这就要求高校管理者在加强校园硬件建设的同时,一定不能忽视校园文化的软环境建设,尤其要加强传统雅文化的长效建设。

三、高校雅文化教育的重构策略

（一）发挥"名师、名篇、名景"的引领作用

高校雅文化教育的重构固然不能缺少明确的、端正的办学指导思想和管理理念，更离不开"名师、名篇、名景"引领，特别是建立一支高素质的教师、管理队伍，培养一支热爱高教事业、德艺双馨、富有创新精神和实践能力的教育教学"名师"队伍，并发挥其引领示范作用，这样就很容易形成良好的教风、学风和校风。

"名篇"不仅包括古今中外的各类文学作品，也包括经典的舞蹈、声乐、绘画、体育、雕塑、建筑等。在各种声色充斥生活角落的媒体时代，现代大学生更容易被各种感官享受所诱惑，不再有兴趣通读《红楼梦》、倾听《高山流水》、欣赏《命运》交响曲等，而这些恰恰是雅文化教育不可忽略的重要组成部分。

大学雅文化教育还需要关注景观设置。校园景观是学生入校以后的第一印象，往往容易在心底扎根，这对校园景观建设提出了更高的要求。校园景观设置要以人本、自然为立足点，根据不同活动场所充分考虑人的生理和心理需求，尽力达到和谐统一，达到人与自然的亲和，当然还可以设置传承学校传统、移植地缘文化的合适场所，加强师生的人文主义教育。

（二）实施"知雅、行雅、性雅"教育工程

雅文化教育主要通过作为校园主人公的师生员工来实现的，而"知雅、行雅、性雅"又是一个渐进的过程。这就必须从"知雅"教育入手，开展与"名篇"相一致的"国学经典诵读"活动，打造充满雅文化气息的书香校园。还要着力构建雅美文化课程，尤其与艺术品德修养相关的各类校内理论课或实践实训课，让学生在知识技能、情感态度和价值观等方面协调发展，让师生一起走进经典文化的殿堂，领略千百年来的雅文化精髓，使雅文化熏陶达到最佳效果。

"知雅"氛围的营造为"行雅"的养成提供了外部条件。当周边主流文化环境呈现的是雅与美，置身其中的行为主体就会不由自主地受其熏陶和感染，自然地说雅话、交雅友、读雅书、行雅事。

"行雅"行为习惯的养成为"性雅"的培育提供了肥沃土壤，"性雅"是大学校园雅文化教育的最高境界。自古道家、佛家哲学就讲究养性、养心，南宋以后，儒家哲学思想逐渐吸收佛家心性本体说和道家自然人性论，并加以创造性地发展，强调内省修养，突出主体思维，贯彻日常实践，培养理想人格，进而影响着中国哲学与文化发展的方向。学校可以以"清雅"管理为手段，以培养雅师、雅生、雅课为目标，进而创造一个雅和有序的学习、生活环境。

四、结语

高校文化代表着学校的形象,是其赖以生存和发展的根基和血脉①;而高校雅文化教育则是教师、学生等个体在长期的教学、科研、管理、学习以及其他各项工作和活动中所形成的。因此,雅文化教育必须将中国古代书院文化精髓与"欧美模式的凯旋"有效融合在一起,力图通过传统雅文化的塑造对校内行为主体进行雅的熏陶和培养,能够让学生在雅美的环境中共同经历与成长,进而成为有丰富内涵修养、有优雅外在气质的雅士。

---

① 张文秀、孙红、康学梅:《高校文化建设对大学生养成教育的影响及对策》,载《教育与职业》,2014年第14期。

校园文化创意产品：大学品牌文化传播的重要载体*

现代社会是一个品牌消费、品牌竞争的时代。作为一个集人才培养、科学研究、社会服务、文化传承于一体的教育组织，大学同样具有品牌效应。如果一所大学的知名度与美誉度均较高，那么，该校的生源必定非常火爆，对优秀教师人才的吸引力也会非常大，大量的优质教育资源更是会不断地聚集于此，如北京大学、清华大学等国内知名院校比其他大学就具有了更大的品牌优势，在学校的招生、人才招聘和教育资源汇聚等方面都大大优于其他高校，因此，名校的发展也就具有了更大的竞争优势。所以，对一所大学而言，实施品牌战略，强化品牌建设，不断塑造和提升自身的品牌知名度、认知度、认同度与忠诚度等，对自身的发展是非常重要的。

一、校园文化创意产品，大学品牌文化传播的重要载体

国内著名品牌专家余明阳曾说过："品牌的一半是文化。品牌是文化的载体，文化是品牌的灵魂。"品牌的价值主要体现在它的符号价值和象征价值，实际上就是它蕴含的文化价值。搞好品牌建设的关键点之一就是采取一切有效手段抓好品牌文化建设。

大学是文化的发源地、辐射源和蓄水池，是文化的创造者、传播者；文化是大学的灵魂，是大学最显著的特征，大学开展品牌建设的重中之重是搞好品牌文化建设。大学品牌文化通常包含四个层面，即物质文化、制度文化、行为文化和精神文化，其中，精神文化是大学文化的核心和最高表现形式。这四个层面，各自有其内在的文化内涵，同时又不可分割，彼此间相互影响、相互制约、相互促进。大学开展品牌文化建设，就是要在这四个层面上全面推进、全面融合。

校园文化创意产品的开发，是搞好大学品牌文化建设的重要手段。文化创意产品是指文化创意产业中产出的任何制品或制品的组合，从产品形态来看，它主

---

* 本文作者：樊传果、杨木生

要包含文化创意的内容与硬件载体两大部分。文化创意的内容是文化创意产品的核心价值所在,也是有别于其他类型产品最显著的特征,但它通常难以独立存在、展示,必须依靠具体的硬件载体而存在。文化创意产品实质上是对文化资源的再开发、再利用、再创造,其核心属性是文化价值和经济价值,主要满足人类较高层次的精神消费需求或附加值生产需求。

大学校园文化创意产品是依据本校独特的文化资源创意开发的、具有浓郁的本校特色。它与市场上其他类型的文化创意产品的最大区别是其承载、反映的内容是学校独有的精神文化和物质文化,包括大学的视觉标识文化、办学理念和教育理念、倡导的人文精神与科学精神、突出的创新研究成果、杰出的大师或校友、校园内独特的建筑园林景观或其他代表性文化符号等。

大学校园文化创意产品的开发,既能满足广大师生的精神消费需求,又能很好地承载、传播大学精神文化,起到了"以物化文""以文化人"的作用。每所高校少则几千名多则数万名师生,每年要消耗、使用数以亿计的学习用品、生活用品、工作用品,同学间、教师间的人际交往,学校与社会的交往,每年的校友聚会、游客旅游参观等,都需要大量的具有学校文化象征的礼品或纪念品,消费规模非常庞大。如果这些用品都成为大学精神文化传播的重要载体,使广大师生耳濡目染地接收大学精神文化的熏陶,并能由此透射出大学独特的文化感染力、凝聚力和震撼力,潜移默化地影响一届又一届学生。这种影响比空洞地说教、灌输要更持久、有效。另外,伴随着广大师生广泛的社交活动,这些文创产品也将被越来越多的公众接触、了解,甚至消费使用,学校的品牌文化也将随之得到有效传播,无形中提升了知名度和影响力。所以,大学校园文化创意产品的开发和推广能对大学的品牌文化建设起到不可估量的作用。

纵观国外许多世界一流大学,如哈佛大学、麻省理工学院、牛津大学、剑桥大学等,学校师生使用的大量学习用品等都是带有标志性元素符号的文化创意产品,深受本校师生与校友甚至游客的喜爱。在校师生可以从校园文创产品的使用中获得对学校品牌文化理念的接受、认知、认同;校友们从中可获得对母校强烈的自豪感、荣耀感,唤起对母校不可泯灭的回忆和深深的爱戴;社会大众亦可从中感受到大学人文精神和科学精神的魅力,受到其精神文化的熏陶和品牌文化的感染。

二、校园文化创意产品开发,必须植根于学校独特的文化资源

文化创意产品最根本的特征是产品的文化价值和美感价值,其最突出的产品属性不是产品的功能属性,而是符号象征的意义。"文化商品化,商品文化",是文化创意产品产生过程最形象的描述。消费者之所以购买、消费文化创意类产品，看重的是其中蕴含的符号象征价值和美感价值。

开发校园文化创意产品，不仅是学校品牌文化传播的需要，也是发展学校文化产业，为学校带来可观经济效益和社会效益的需要。但目前国内有90%以上的高校都没有清晰地认识到开发校园文化创意产品的价值意义，因此，也就没有高度重视校园文化创意产品的开发，更不会成立校园文化创意产品研发机构和销售公司。少部分开发了校园文化创意产品的学校，也大都是"贴标签式"的，即委托一些生产企业在其产品上简单地印制上本校的标志或名称，产品种类单一且缺乏文化创意，属于最常见的"无性繁殖"，把校园文化创意产品的开发简单化、庸俗化了。

实际上，高校可以开发的文化创意产品种类很多，如笔、笔记本、便笺纸、胶带纸、笔筒、书包等学习用品；文化衫、运动服、校服、箱包、相框、装饰品等生活用品；信封、信纸、档案盒、文件袋、笔记本、校旗、桌旗、挂旗、手提袋、公文包等工作与宣传用品；各类漆器、陶器、玉器、瓷器、木雕、炭雕、竹雕、绘圆、刺绣等纪念品与礼品等。但是需要注意的是，无论哪种用品作为校园文化创意产品进行开发，都必须深深植根于本校独特的文化资源，承载本校代表性的文化符号，充分反映本校的精神文化。

每所大学独特的文化资源及代表性元素符号都很多，不同的学校之间差异性也很大。校园文化创意产品的开发应主要从以下几方面考虑：首先，学校的标识文化。广义的标识文化是指大学的形象识别系统，包括理念识别系统、行为识别系统和视觉识别系统。狭义的标识文化是指学校的视觉标识，如学校标志或校徽，以及其应用系统等，学校视觉标识（主要是校徽）、校训、学校愿景与使命、学校办学理念与口号、学校倡导的人文精神和科学精神、标志性建筑物或景观等，是一所大学独特的、最具代表性的文化符号，也是最能反映一所大学独有的精神文化、视觉文化的，是开发校园文化创意产品要重点考虑使用的符号。其次，学校杰出大师与校友，即学校发展历史上做出过重大贡献，在国内学界、教育界或学术界有突出影响的校领导、学术大师或知名校友等，也是学校重要的文化资源，是进行校园文化创意开发时要重点考虑使用的。前清华大学校长梅贻琦先生有一句名言："大学者，非有大楼之谓也，有大师之谓也。"又因学校的核心功能是培养人才，所以，一所大学培养出多少杰出人才，也是衡量这所大学教育质量高低的重要标志。再次，学校重要的科技发现或国内外有重大影响的科研成果，也是学校突出的、具有代表性的文化符号。科学研究是大学的核心功能，科研水平的高低主要看其标志性科研成果。最后，学校教师或学生创作的、具有较高艺术价值的艺术作品，如绘圆、书法、摄影、陶瓷、雕刻、雕塑、戏曲、电影、电视、诗歌、小说、散文、音乐、舞蹈及其他实用工艺美术、创意设计等。文化创意产品突出的特征之一是具有较高的艺术美感力,其产品形态和承载的内容都是艺术作品的再应用或再创造,也是一所大学精神文化建设成果的突出体现。开发校园文化创意产品,既要依托于大学丰富的高质量的艺术作品,同时又要发动全校师生进行文化产品内容与形态的再创意设计,其过程本身也是大学精神文化建设与品牌文化传播的过程。

总之,做好校园文化创意产品的开发,不仅可以极大地促进学校精神文化建设,而且是学校品牌文化传播的重要手段,有助于提升学校的品牌影响力与品牌价值。

守护在线之德：网络文化乱象的伦理反思*

20世纪90年代以来，随着经济体制的加快转变，社会阶层的快速分化，利益格局的不断调整，特别是网络新媒体的兴起，使得人们的生活方式和需求呈现出丰富多彩的特征。随着主体意识的觉醒和价值重心的转移，人们的文化思维、价值观念和价值取向从单一走向了多元，从虚幻走向了务实。整个社会的价值理念和价值取向随着个人的选择、喜好、条件等呈现出多向化、多层次、立体化的态势，最终形成了精英文化与大众文化、草根文化，高雅文化与低俗文化相互交织的复杂文化场域，对人们的生产生活、思维方式以及传统文化的当代发展都产生了重大影响，网络文化就是在这种背景下产生的。随着网络的普及，人们纷纷通过网络表达诉求、聊天交往、寻求享受，使得网络文化迅速发展。网络文化在丰富人们精神文化生活的同时，也形成了诸多令人焦虑的文化乱象，如混乱和失真的网络信息、低级趣味的色情文化、低俗和庸俗的审丑文化、追求娱乐至死的网络恶搞、变异和荒诞的网络流行语、情绪化的狂欢炒作、非法的人肉搜索等。这些文化乱象远离了真善美，是病态的文化取向，不仅没有升华人的生命境界，反而演变成伤害人的异己力量。若不能有效抵制和消解，就会使其变成传播负面价值观的"助推器"，制造社会混乱或信任危机的"帮凶"，践踏人伦或社会道德良知的"黑手"，从而引发系列社会危机。因此，本文尝试通过乱象去发现本质，并从伦理学视角进行批判和反思，努力发掘网络文化建设的伦理智慧，期望探索出让网络文化回归至真、至善、至美境界的有效路径，从而守护我们的网上精神家园。

一、网络文化乱象的伦理焦虑

近年来，各种网络文化乱象充斥着人们的眼球，让人眼花缭乱，虽然给学习压力大和工作繁忙的都市人带来了暂时性的娱乐享受，但其本质上是一种文化失范，给当代社会带来了一系列伦理危机。

---

* 本文作者：田旭明

(一)亵渎和冲击了主流价值观及价值评判标准

一个国家的发展,必须拥有自己的主流价值观,否则,这个民族就是没有权威、没有信仰、没有神圣的"空心实体",必然导致道德怀疑主义、道德相对主义盛行,全体民众的精神家园也会难以守护。诚如黑格尔所言:"一个有文化的民族竟没有形而上学——就像一座庙,其他各方面都装饰得富丽堂皇,却没有至圣的神那样。"①主流价值观在任何一个国家的发展中都具有统摄、引领和规范作用,其权威性来自历史文化传统的沉淀和人民大众的普遍认同。在当代中国,以社会主义核心价值观为主导的主流价值观旨在引导人们崇德向善,追求真实,向往美好,积极进取,维护社会和谐,具有凝聚和感化人心的强大权威力量,是当今时代各种思潮和价值取向的引领者和整合者。但是,在现代化的资本逻辑运行和全球化时代,我们的主流价值观时常受到各种杂音或消极文化的干扰,致使其合理性在部分人心中开始动摇,甚至被怀疑或否定,进而滋生信仰危机和精神乱象,出现诸种违背主导文化价值观的怪诞行为。网络消极文化就是其中一个。就拿"丑文化"来说,近年来,一些雷人的审丑狂人借助网络掀起了一场场网络审丑闹剧。从公布自己性体验的木子美、网上晒"靓"照的芙蓉姐姐,到频频在媒体上提出"令人咋舌的高标准征婚条件"来展现超级自信的凤姐,再到极品乞丐犀利哥和"浴室征婚门",这些借助媒体来博取观众眼球的荒诞无稽动作和低俗丑陋行为,完全忽视社会认可的"美是内在的、美是高尚的、美是神圣的"理念,是对审美理念的亵渎和审美价值判断标准的混淆,本质上是一种"低俗、媚俗、庸俗"的不健康文化。此外,一些网络恶搞现象,如对《西游记》的恶搞,对电影《闪闪的红星》的恶搞,是对人们已经认定的经典思想和主流文化价值观的颠覆"动摇着深邃,动摇着凝练,动摇着精粹,动摇着恒定,以其空间绝对和时间相对的文化价值取向,消释哲学理性在社会文化中的核心地位和长久价值,甚至从根本上否认有文化的灵魂及其长久价值"②。其目的就是娱乐观众和自己,甚至期望达到"不疯不成魔""语不惊人死不休"的怪诞意图。网络上还传播有针对中国改革的一些错误思潮或消极价值观(如历史虚无主义等),这是对主流意识形态以及党的方针政策的挑战,企图消解改革和主导文化的权威性。因此,在网络文化乱象的狂轰滥炸下,不同群体纵情狂欢,一定程度上导致了传统被蔑视、权威被颠覆、主流价值观和价值评判标准遭受着巨大冲击,引发了一系列时代阵痛。

---

① [德]黑格尔:《逻辑学》上卷,杨一之译,商务印书馆1996年版,第2页。
② 胡潇:《守望精神家园—文化现象的哲学叩问》,湖南大学出版社2011年版,第216页。

(二)加剧了社会道德困境

改革开放以来,在资本力量和市场竞争机制的作用下,物质生活水平得到了极大提高,人们普遍享受到了巨大的物质利益。但与此同时,资本逻辑以及资本增值的负面效应也凸显出来。马克思曾经说过,资产阶级在它的不到100年的阶级统治中所创造的生产力,比过去一切世代创造的全部生产力还要多,但"它无情地斩断了把人们束缚于天然尊长的形形色色的封建羁绊,它使人和人之间除了赤裸裸的利害关系,除了冷酷无情的'现金交易',就再也没有任何别的联系了。它把宗教虔诚、骑士热忱、小市民伤感这些情感的神圣发作,淹没在利己主义打算的冰水之中。它把人的尊严变成了交换价值,用一种没有良心的贸易自由代替了无数特许的和自力挣得的自由。总而言之,它用公开的、无耻的、直接的、露骨的剥削代替了由宗教幻想和政治幻想掩盖着的剥削"①。在当代中国,资本力量和市场经济负面效应引发的道德困境和滑坡已经令社会大众普遍陷入了焦虑状态。功利化、世俗化、个人中心主义的思想冲击着人们固有的精神家园,人的价值观、道德观和责任观受到严重威胁,使得现代人滋生出了浮躁、急功近利的心理,原本被视为神圣的、可敬的生活理想、价值准则和信仰追求遭到亵渎反叛。诚如王泽应教授所言"现代性的狂飙、理性的泛滥,并没有给我们带来预想的成功与喜悦,相反却出现了'道德谋划'的失败,现代人始终未能确立起现代道德精神的生长点。"②在这种遭遇下,诸多道德失范和滑坡现象不断发生,如见利忘义、见死不救、罔顾公德等,近年来发生的"小悦悦"事件以及毒奶粉、毒胶囊、毒馒头、地沟油等事件都是最好的见证。此外,环境的恶化给人们生活带来的巨大隐患以及自然和社会对人的生存的多重挤压,使得现代人觉得缺乏安全感、公正感和归属感,这在一定程度上也加剧了社会道德困境和人们的道德焦虑。可以说,现代化和资本增值逻辑的确引发了诸多道德问题,使我们普遍陷入了精神的"普遍困境",离海德格尔所追求的"诗意般地栖居在大地上"的梦想很遥远。而网络文化乱象的愈演愈烈,无疑成为加剧这些道德焦虑和困境的"黑手"。网络文化乱象中的色情文化、垃圾信息、迷信思想、网络恶搞、舆论暴力等,不仅污染了网络环境,破坏了网络虚拟空间的公共理性和道德,还加剧了现实生活中的道德失范。如大量虚假的、仿真的、片段的、零碎的、模糊的、没有根据的信息阻碍着人们进行科学甄别与道德判断;色情文化,如色情电影、色情信息、色情图片、色情文字、视频裸聊、卖淫社区等,引诱人们陷入性幻想,引发了更多强奸和性骚扰等不法、不德行为;网络

---

① 《马克思恩格斯文集》第2卷,人民出版社2009年版,第34页。
② 王泽应:《伦理学》,北京师范大学出版社2012年版,第366页。

恶搞和舆论暴力常常忽视事实真相,采用言语攻击、恶意诋毁、群起声讨、人肉搜索、张贴"大字报"等方式给当事人造成极大的心理和精神压力。因此,网络文化乱象以满足大众好奇心,追求娱乐至死和集体狂欢为目的,不惜丢弃崇高和神圣,罔顾社会道德责任,忽视道德标杆,给本来已经充满道德焦虑的现代人的精神家园带来了更多的"可离"和"不相容"因素,这无异于"雪上加霜"。

(三)加重了人的异化

众所周知,文化是人的本质力量的对象化。人类在创造文化的过程中已经感受到文化能丰富人的生活,提升人的生命价值,升华人的生命境界。但在现实生活中,随着技术的发展和个人本位主义意识的不断膨胀,现代人面临着一种文化异化的窘境,即人在创造文化的过程中,表面上是自由的,但无形当中却遭受着诸多文化力量的控制和摆布,价值判断标准丧失,主体性涣散,陷入了彷徨焦虑和身心疲惫的迷惘。网络文化的乱象丛生,在消解主流文化权威性的同时,也凭借其刺激性、娱乐性、狂欢性等特质,激发了一些人感觉世界的猎奇欲、占有欲、表达欲、窥探欲,使他们对网络产生了高度的依赖。这种高度依赖使主体沉迷于虚拟世界,越来越远离真实生活,久而久之,使自身与他人的距离疏远,并形成理性迷失,引发价值断裂、迷失和混乱,"不再追求终极性和超越意义,也不再渴望到达道德的彼岸,而是一味追求如何通过特定的世俗手段达到目的……在这种环境中,人们不再关注心灵趋向,只关注欲望的满足和消费的实现,个人丧失在金钱名誉虚荣的漩涡中,成为物欲的奴隶,生命意义逐渐枯竭,对自身生存的价值目标逐渐模糊,剩下的只是一副被掏空的肉体皮囊"①。在现实生活中我们经常看到:很多都市年轻人通过沉醉于网络游戏来释放自己的紧张情绪,通过穿虚拟服装、似真的亲吻和爱抚、模拟开豪华跑车、淋漓尽致的裸聊和裸演、娱乐至死的言语恶搞等放浪形骸、恣意妄为的方式来狂热地进行自我宣泄,寻求安慰与刺激。但殊不知,"自我的虚拟性过分张扬,自我的现实性与虚拟性之间的平衡就有可能被打破,正常的自我人格将不存在,自我的精神生活将严重失衡"②。当自我从虚拟空间回到现实,发现差距如此之大,现实如此"骨感",不免心灰意冷、闷闷不乐,转而继续遨游虚拟空间,让现实自我被虚拟自我取代,久而久之,一些人沉迷网络,荒废了学业,耽误了工作,丧失了现实的价值目标和价值评判标准,沦为网络工具的"奴隶"。此外,我们身边经常出现的"雷人"的网络流行语、标题党不仅扰乱了网民的道德判断,还破坏了网民公共理性素养的培养。就拿"屌丝"的风行来说,在生活

---

① 田旭明:《审召文化:伦理危机及其救赎》,载《内蒙古社会科学》,2013年第5期。
② 谢俊:《虚拟自我论》,中国社会科学学出版社2011年版,第5页。

中，人们对于身体隐私部位往往都是羞于提及、讳莫如深，可如今有关生殖器的网络词语被很多人津津乐道，成为宣泄、自嘲、调侃、娱乐、快乐的工具。在笔者看来，这是对精英文化的挑战，是对传统意义上"高尚和神圣"的解构和嘲讽，反映了当下部分青年的焦虑、无奈和苦中作乐。当"屌丝"现象大面积蔓延并形成强大共鸣时，一些人彻底丢弃了曾经的雄心壮志，不再追求崇高、神圣、理想、幸福等经典的人生目标，转而信奉"潇洒地走,过把瘾地活着"的人生信条，情愿在世俗生活中甘于平凡甚至随波逐流。这种心态一旦遇到生活挫折和打击便失去勇气，久而久之还会产生不健康或不理性的行为，如抑郁自闭、自残等。总之，网络文化的发展，在丰富人们生活的同时，也似乎打开了"潘多拉魔盒"，殖民网上群体，形成威胁人类和谐生存与发展的异己力量。当人们沉浸在网络文化乱象创造的花花世界中，其精神状态就如梅洛——庞蒂所描述的那样"在每一个知觉中，在每一个判断中，我使感觉功能或实际不是我的文化连接起作用。我在各方面被我自己的行为超越，被淹没在普遍性之中。"①

二、网络文化乱象的伦理病灶

网络文化乱象丛生，其病灶在于网络技术、网络主体和社会环境存在诸多伦理风险或困境。

（一）网络技术本身的伦理风险

科学技术自诞生以来，与伦理道德之间的张力就一直存在，如克隆技术曾经引发的生命伦理反思就体现了这一问题。诚如相关学者描述的那样："现代科技专家只充当了'半个上帝'……即如何像全知全能的上帝那样创造出前所未有的工程或奇迹。而那本古老《圣经》的另一半，那与人的文化遗产、生活意义、生存目标和价值有关的另一半，反倒成了与现代生活无关的、陈旧的东西。"②随着人类进入了网络时代，人们在享受网络带来的海量信息和身心愉悦的同时，仍然要面对网络技术与伦理道德之间的张力和悖论及其引发的风险。我们今天面对的大量网络文化垃圾，在某种程度上也是网络技术的伦理风险引发的结果。众所周知，网络具有虚拟性、匿名性与无边界性。在网络平台上，人们用虚拟、匿名的身份扮演自己的角色，并和无数个陌生人建立了各种关系，如同崔健在歌曲《假行僧》中描述的那样，"我要人们都看到我，但不知道我是谁"。与此同时，网络还消除了现实生活中人与人之间的职业、财富、社会地位、文化水平等差别，并使人与

---

① ［法］梅洛—庞蒂：《知觉现象学》，姜志辉译，商务印书馆2001年版，第451页。
② 李河：《得乐园·失乐园：网络与文明的传说》，中国人民大学出版社1997年版，第193页。

人之间的交流直接转化为人与机器的交流。因此，一些人大胆地用着虚拟或伪装的身份，扛着自由的大旗，无拘无束、毫无顾忌、随心所欲地去传播信息，与人聊天，结交朋友。在这个过程中，一些网民为了不断享受精神刺激和狂欢化体验，经常释放很多非理性的文化因素，如散播谣言，口出脏话，疯狂"人肉搜索"，借助微博、论坛、微信等工具调侃、恶搞甚至恶意践踏他人，严重破坏了网络文化生态。

（二）网络主体的道德缺失和价值偏差

社会永远是人的社会，所以社会危机往往直接指向人的危机。网络空间中的文化乱象与网络世界中人的道德主体缺失及价值偏离有着直接关联。曾经的网络造谣大V秦火火曾公开扬言，网络炒作必须要"忽悠"网民，煽动他们的情绪与情感。曾经轰动网络的"北京车展最美清洁工""干爹888万带我包机伦敦看奥运""郭美美炫富"等事件的幕后炒作者杨秀宇（网名"立二拆四"）在接受审判时宣称，起初炒作是为了想传递正能量，但后来发现网民的口味"越来越重"，为了迎合他们的审丑、娱乐等趣味，便开始疯狂策划炒作。因此，网络文化乱象的产生必须要问责网络主体。当前，由于我国网络教育体制不够健全、网络法制建设还不完善、网民素质整体不高等原因，导致网络主体道德责任缺失、价值理念偏离等现象日益突出。一方面，网络主体"你我共生"的伦理共同体意识缺乏。随着利益追求最大化理念和个人本位主义的膨胀，网络社会中的一些网民、网络运营商、网络媒体为了获得点击率，满足自己的娱乐私欲和利益，不惜忽视社会道德责任，罔顾人伦道德的普遍性和公共空间的"你我共生"性，打破网络空间中人与人之间"同呼吸、共命运"意识的和谐。这种自我中心意识"将满足感集中在个人身上，使得他或她的周遭人成为纯工具性的"①，最终导致很多网络参与者陷入原子式个人主义的泥淖而难以自拔，引发了诸多纯粹娱乐和愉悦自己却忽视他人感受和社会环境的狂欢、非理性行为，从而滋生了今天我们看到的许多网络文化垃圾。另一方面，网络主体自由理念的偏差。网络的平等性、开放性、宽松性、匿名性为我们提供了一个自由的精神乐园，但自由是相对的，自由不是无纪律、无规范，自由也不是个人性格的随意张扬和过分彰显。但一些网民进入虚拟空间后，面对花花世界和销魂荡魄的场所，误以为这是个绝对自由的天地，可以尽情地、无顾忌地、任性地张扬个性，发泄情绪，表达想法，甚至集体狂欢，于是有了许多非理性的情绪化网络言语、网上牢骚、网上泄愤、网络恶搞、舆论暴力等乱象。殊不知"冲动是魔鬼"，个体自由的过度与自由主义理念的泛滥污染了网络文化空间，引发了一系列伦理道德问题，就像陈曙光教授所说的那样："他们在自由主义泛滥的洪流中，丧

---

① ［加拿大］查尔斯·泰勒：《本真性的伦理》，程炼译，上海三联书店2012年版，第71页。

失了最基本的道德意识和社会责任感,只顾痛饮网络无政府主义的美鸡,麻醉在自我集体的无限狂欢之中,在'代码'和'符号'的暴政中,在'虚我'和'真我'的伦理矛盾中,沉沦于受虐和施虐的快感。"①此外,现实生活中一些网络媒体、网络经营商和网民的趋利生产、私欲膨胀、享乐本能的放纵以及面对困难和挫折时的逃避现实,都导致他们喜欢在虚拟环境中寻找"眼球效应"、商业利益以及暂时性的平衡、慰藉、庇护和愉悦,于是就产生了惊世骇俗的标题、粗制滥造的信息、捏造的事实、雷人的标语、愤怒的情绪、娱乐至死的恶搞、恶意的围攻等低下、浅薄、失真、粗鄙以及格调低下的网络文化垃圾,严重污染了网络环境。

(三)社会矛盾引发的心态失衡和心理焦虑

网络文化乱象发生在网络虚拟世界,但其最深根源往往在现实社会。可以说,网络文化危机其实就是现实世界危机的体现和反映。当下,我国正处在社会转型期,改革正式进入攻坚期和深水区,高速的经济增长使人们的总体经济生活水平得到了提高,但随着社会利益格局的调整,社会分层断裂化,一系列社会矛盾也凸显了出来,如贫富差距、环境恶化、食品安全危机、教育和医疗资源分配不公、就业压力、官员腐败等。这些社会问题制约了人们对幸福生活的追求,使很多人普遍产生了被剥夺感,因此不仅时刻触动着人们的敏感神经,让人产生心理焦虑,还使底层的对抗意识和怨言不断积累,引发了心态失衡。现在社会上的"仇富、仇官"等心理就是这种心态的体现。一旦发生在生活中的一些事件点燃这些社会问题和矛盾的导火线,人们就会普遍缺乏安全感,感到格外恐慌、焦虑、无助、怨愤。为了舒缓自己身心,并给当前处境找到一种"合理"的解释,人们迫切需要表达自己的诉求,发泄自己的情绪,但现实社会缺乏足够表达言论自由、政治意愿的空间,于是一些人就聚集在虚拟社区,借助网络这个自由的公共平台,随心所欲地发帖子、发微博,制造情绪化言论,如夸大其词、大肆谩骂、散播谣言、恶意攻击,甚至妖魔化对象,制造极端言论,期望引起官方或其他群体的关注,达到通过虚拟表达来征服现实问题的目的,从而消除心理恐慌,缓解精神焦虑,达到精神慰藉。如同弗洛伊德在描述焦虑时所说的那样,"有些病人的症候采取强迫动作的方式,似乎显然可免去焦虑……我们知道他的焦虑隐藏在强迫动作之下,而其所以做这动作,只是为了要逃避恐怖之感。"②众所周知,在全民麦克风时代,随着人们民主和权利意识的增强,利用网络技术,依靠微博、BBS、博客、QQ等虚拟平台赋予的多中心、多源头、随机性的信息揭露和表达权,揭露社会现实问题,表达利益诉求,本是

---

① 陈曙光:《网络乱象的伦理拷问》,载《伦理学研究》,2014年第3期。
② [奥]弗洛伊德:《精神分析引论》,高觉敷译,商务印书馆1984年版,第326页。

社会进步的体现。但若失去理性,借揭露社会矛盾和问题及表达合理诉求的名义,纯粹娱乐恶搞、宣泄情绪、哗众取宠,"以赢得一次'平等对话'的机会而自豪,以对方加为关注而沾沾自喜,甚至不惜在微博中贴出与名人的合影博取眼球,沽名钓誉"①,以达到满足自我、娱乐自我、发泄私欲的目的,那就等同于在制造网络文化垃圾。

三、网络文化乱象的伦理治理

网络文化乱象及其引发的伦理危机,是网络技术的危机,现实社会的危机,社会的人的危机。对此,必须站在更高的高度上认真审视网络文化乱象的根源与走势,探索出一套富有战略性、可操作性强且为人们普遍认同的对策。为此,我们应该从宏观和微观入手,发挥道德哲学的批判性功能,借助伦理自律、他律、教化机制,搞好预防、控制和惩治工作,逐步消解网络文化乱象引发的焦虑。

(一)推动主流价值观的网络培育和传播

网络负面文化的横行霸道,意味着主流价值观在网络虚拟世界的权威性减弱和有效性不够。因此,必须让符合我国国情,且被人民大众普遍认同的主流价值观在网络空间得到迅速传播,并实现落地生根。就当前来说,主要是要积极推动社会主义核心价值观的网络培育和传播,筑牢网络文化主心骨,抵抗一切消极亚文化。具体而言,我们要利用网络传播规律,利用网络文化资源创造出反映社会主义核心价值观内容的网络文化产品(如积极向上的网络游戏、网络小说等);借助网络信息流通空间建设弘扬社会主义核心价值观的网络平台(如建立主题网站等);依靠网络传播优势,利用官方网站、自媒体、境外友好网站宣传社会主义核心价值观。通过营造社会主义核心价值观全面融入虚拟社区的氛围,提升主流价值观在网络世界的话语权和主导权,从而有效抵御各种文化乱象。

(二)强化网络主体的责任伦理和共同体意识

要杜绝网络文化乱象的丛生,就必须促使网络媒体、网络管理和经营者及广大网民强化责任伦理和共同体意识,即倡导"尽己之责"的伦理精神、"勇于担当"的道义精神、"恪尽职守"的天职意识、"关怀人类"的人本精神以及"你我一体"的共生意识,从而共同呵护网络空间。唯有如此,才能彻底消解由于网络参与者的道德主体缺失和价值迷失引发的网络文化异化危机。责任伦理和共同体意识是现代伦理学的重要视域,被广泛应用到当今社会各行各业的职业道德教育中。唐凯麟教授曾指"有职业道德修养的劳动者,能够正确对待金钱和财富,能够正确认

---

① 龙其林:《大众狂欢———新媒体时代网络文化透析》,浙江古籍出版社2014年版。

识和处理个人和企业之间的利益关系,能够正确认识和处理个人求利的需要和社会整体发展的需要之间的系。"①只有具备高度的责任伦理自觉,将个人利益与他人、社会乃至国家的利益紧密联系在一起,才能彻底唤醒人们内心深处的"你我共生"的命运共同体意识和集体记忆。因此,治理网络文化乱象,就要在全社会开展以"责任伦理"和"共同体"为核心的网络伦理教育和宣传,充分利用家庭父母长辈的蒙养教育、学校的德育教育以及社会媒体的正面宣传,建立学校、家庭和社会相互配合的教育网络,从小培养公民的网络责任和共同体意识,提高他们理性选择网络文化的素养,引导和鼓励他们自觉维护网络文化的纯洁性,从而营造健康、和谐的网络环境。

(三)建立可操作性强的法律制度和伦理规范

秦火火、郭美美等人的结局表明了依法打击网络文化乱象的现实必要性。近年来,我国先后制定了相关网络法规,如《互联网信息服务管理办法》《互联网电子公告服务管理规定》等,推动了我国互联网立法工作。与此同时,相继开展了打击网络谣言、网络标题党、网络色情信息等专项行动,如2014年4月至11月,在全国范围内统一开展了打击网上淫秽色情信息的"扫黄打非·净网2014"专项行动。以上依法治网工作对治理网络文化乱象取得了一定效果,但与人民群众的期望相比,针对网络文化乱象的法制建设工作还有很多不足。今后要继续加强相关法律制度建设,着力于建立一套集预防、审查准入及监管、问责、惩处于一体的可操作性强的法律制度,并严格落实下去,彻底打断、打散网络文化乱象背后的利益链,坚持一查到底,绝不姑息。此外,通过顶层推动、民意调查、专家论证等方式,建立一套形式简洁、思想深刻、内涵丰富、可操作性强且为社会大众普遍认同的网络伦理规范,并将其纳入法制轨道,在全社会开展普及教育。

(四)提升政府管理网络文化的政治伦理自觉

我国网络管理模式基本上是政府主导型。因此,面对正在酝酿或已发生的网络文化危机,必须发挥政府的作用。如果政府置之不理或处理不当,就会引发更大规模的网络文化危机。以网络舆论危机为例,很多公共事件发生后,一些舆论便开始在网络传播,其中不乏谎言、谣言、恶言,而有的地方政府认为"家丑不可外扬",害怕民众知道真相危及社会稳定,于是采取"封、堵、压"的"鸵鸟政策",迟迟不发出权威声音,人为造成权威部门与民众之间的信息鸿沟,结果引发舆论危机狂潮,使民众情绪和社会秩序很不安定,政府公信力也因之受损。曾经的"湖南凤凰少女跳楼事件""7·23温州动车事故"、北京"7·21特大暴雨灾害"等事件之

---

① 唐凯麟:《西方伦理学经典命题》,江西人民出版社2009年版,第270页。

所以引发各种网络小道消息和谣言,导致网络舆论危机,与有些地方政府部门的回应迟缓有着直接关联。由此可以看出,治理网络文化乱象,应该提升政府管理网络文化的政治伦理自觉。一方面,政府要主动出击,敦促相关部门时刻关注网络态势,及时甄别、判断和回应事关群众利益的网络信息。另一方面,要对网络文化产品的生产、消费、交换以及网络文化的传播加强监管,依法处置和打击制造、传播网络文化垃圾的网络媒体、网络运营商、网络技术生产商和网民,并及时向社会公布,接受群众监督。

(五)积极推动公平正义伦理的实践转化

网络文化乱象与现实社会中的官员腐败、分配不公、贫富差距拉大、就业难、看病难、上学难、购房难等各种问题有着直接关联。因此,要消解网络文化乱象,就必须努力改善民生,切实保障社会公平正义。这就要求我们的顶层和地方必须秉承以人为本的理念,直面现实社会中群众最关心、最担心的问题,打击老百姓痛恨的"为官不廉、为富不仁、强奸民意"等现象,集中力量解决好老百姓关心的住房保障、子女上学、医疗改革等问题,使改革成果和红利真正惠及广大百姓。唯有如此,人民群众生活的幸福指数才能真正提高,现有的社会矛盾和风险才会缓和或消除,人们才会减少在网上发牢骚、闹情绪、泄私愤,从而减少网络文化乱象的发生,自觉维护网络社会的健康发展。

论大学和谐校园文化构建的几个基本问题*

社会主义先进文化和和谐社会的构建,离不开和谐文化的精神引领和深层支撑。大学作为一个特殊的社会机构,不仅承担着人才培养、科学研究和社会服务的神圣职责,而且肩负着文化的积淀与传承、创新与发展的重要使命,构建具有大学自身特色的高品质的和谐校园文化,是引领和推动和谐社会文化与和谐社会发展与完善的根本动力。但从目前我国大学和谐校园文化的研究现状来看,大学和谐校园文化的本质内涵仍众说纷纭,大学和谐校园文化的科学定位仍存在误区,大学和谐校园文化的层次结构仍不够明确,大学和谐校园文化的运行机制仍莫衷一是,大学和谐校园文化的构建策略仍缺乏系统,这势必影响大学和谐校园文化作用功能的充分发挥,制约大学和谐校园文化实践效果的优化提升。因此,为了更好地构建大学和谐校园文化,使大学和谐校园文化真正从理论形态走向鲜活实践,极有必要正本清源,对有关大学和谐校园文化的上述几个基本问题加以厘定和明确。

一、大学和谐校园文化的意蕴问题

进行大学和谐校园文化构建,基本的逻辑起点在于认识和把握其内涵意蕴,否则大学和谐校园文化就难以有效构建。从已有研究成果来看,大学和谐校园文化的内涵意蕴尚存在着不同的理解,其中比较有代表性的观点如下:其一是"精神境界说"。如有学者认为,所谓和谐校园文化,就是以崇尚与追求和谐为价值取向,融思想观念、思维方式、精神状态、行为规范、校园风尚等为一体,反映师生员工对和谐校园的正确理解、基本理念及理想追求,烘托出的一种教书育人的崭新精神境界[1]。其二是"群体文化说"。如有学者认为,和谐校园文化是指在和谐社会建构背景下,校园文化系统中各种要素处于一种协调融合、和谐共生的状态,是

---

* 本文作者:曹海滨、张典兵
[1] 王金华:《试论大学和谐校园文化构建》,载《高等工程教育研究》,2007年第6期。

以学校的可持续发展为根本旨归,以师生员工为主体,以社会主义核心价值体系为主线,以先进和谐的精神文化为核心,以独特典雅的物质文化、民主高效的制度文化和理性诚信的行为文化为依托,所表现出来的具有时代特征的一种群体文化。① 其三是"和谐状态说"。如有学者指出,所谓和谐校园文化,是指校园文化构成系统中各个层面、各个关联与参与主体之间所呈现出来的一种相互协调和促进、共同发展和进步的和谐状态。② 上述这些论述虽然认识的视角和侧重点有所不同,但却都无一例外地确认和谐校园文化的人本性、精神性、先进性和和谐性,都强调校园文化各构成要素之间的整体协调与和谐运转。

综上所述,笔者认为,所谓大学和谐校园文化,是指大学在长期办学过程中由师生员工创生和积淀形成的、校园文化各要素相互依存、相互渗透、相互促进、均衡有序、和谐共生的一种最佳状态和精神品格。首先,大学和谐校园文化是学校文化的一种特定形式,它既不同于作为国家行政机关的组织文化,也不同于作为社会基本构成单元的社区文化,更不同于作为营利性组织的企业文化,具有非强制性、非松散性、非营利性等基本特征。其次,大学和谐校园文化是对大学校园文化"非和谐"状态的反向观照,只有在深刻反思和批判大学校园文化诸如行政化、官本位、功利化、各自为战、价值混乱、精神缺失、管理失范等"非和谐"现象的基础上,才能更好地理解和把握大学和谐校园文化的精神实质。第三,大学和谐校园文化是和谐校园构建的根本。大学和谐校园的实质在于文化和谐,其构建的根本就在于和谐校园文化的形成。由此可见,大学和谐校园文化不仅是大学和谐校园构建的核心内容和基本目标,而且也是大学和谐校园构建的有效路径和实践策略。最后,大学和谐校园文化是社会文化大系统之下的子系统,属于一种"亚文化"形态,它一方面要受社会文化的影响和浸染,深深地打上了社会文化的烙印;另一方面它也会以"文化育人"的特殊方式反作用于社会文化,引领社会文化不断走向和谐。

二、大学和谐校园文化的定位问题

大学和谐校园文化的定位问题,事关大学和谐校园文化构建的方向和成效,因而具有"基础性""先导性"和"全局性"的重要作用。大学和谐校园文化的科学定位应注意把握以下几点:

---

① 陆岩、乔长水:《和谐校园文化的内涵分析》,载《思想政治教育研究》,2008年第2期。
② 孙孝科:《大学和谐校园文化:意蕴及其表征》,载《南京理工大学学报(社会科学版)》,2011年第1期。

（一）大学和谐校园文化应定位于先进性和引领性

和谐是人类美好的期望和永恒的追求,和谐校园文化不仅代表了高等学校文化的发展方向,代表了高等教育内在的基本规律,而且也代表了社会主义社会文化发展的未来趋向,代表了时代的文明进步,因而具有极为突出的先进性。高等学校作为人类文化集中传播的重要场所,它不仅是人类科技创新与新文化运动的策源地,而且也是真正意义上健全人格和精神境界修炼的发动机。大学和谐校园文化始终处于学校文化和社会文化发展的前沿,以创造新文化的胸怀与气魄,引领学校文化和社会文化发展的正确方向,实现高素质、高水平人才的培养,并不断推动人类社会的文明与进步。

（二）大学和谐校园文化应定位于主体性和人本性

大学和谐校园文化构建者是教职员工,其享用者也是教职员工,特别是学生。首先,校长必须发挥自身的主体性,承担起和谐校园文化传承创新的神圣使命,使和谐校园文化构建成为学校提升办学层次和核心竞争力的有效手段,有意识地把和谐校园文化纳入学校管理活动之中。其次,教师也要调动自身的主体性,一方面紧紧抓住"传道、授业、解惑"这一基本职责不放松,通过人类优良文化因子向学生传递,为和谐校园文化的形成提供支撑;另一方面则要重视自身知识素养的累积、能力素养的提升、道德修养的涵养以及高尚人格的模塑,为和谐校园文化注入无言的榜样力量。最后,学生既是教育的对象,也是教育的主体和和谐校园文化的载体,是和谐校园文化构建的价值与目的之所在,充分发挥学生的积极主动性,不断以社会主义先进文化引领学生进行文化选择、文化创新和文化内化,也十分有助于大学和谐校园文化的形成和发展。

（三）大学和谐校园文化应定位于创造性和发展性

大学不仅要把人类积累几千年的知识经验和文化成果传递给年轻一代,而且还担负着科学研究和文化创造的时代功能。创造是大学和谐校园文化的核心和灵魂,是大学和谐校园文化所具有的区别于其他文化形式的最突出的精神品格,离开了创造便不可能有大学和谐校园文化的发展与生长。不仅如此,大学和谐校园文化也能突出大学办学理念和发展目标,彰显大学核心价值观念和竞争力,激励教师和学生在课堂教学活动中发挥主观能动性,创新教育教学的价值、方法和路径,从而实现大学教育教学质量和办学效益的稳步提升。

三、大学和谐校园文化的结构问题

关于大学和谐校园文化的结构问题,从已有研究来看主要有"要素说"和"关系说"两种观点:"要素说"认为,和谐校园文化作为一个有机的系统整体,是由诸多反映校园文化特质的要素构成,如校园物质文化、校园精神文化、校园制度文化、校园行为文化、校园心理文化、校园生活文化等,这些要素相互依存、和谐有序,共同促进和谐校园文化的形成与完善;"关系说"则认为,如果依据和谐校园文化层次与主体及其关系来划分,大学和谐校园文化主要是指大学及与其相互关联组织的大学与社会、大学与大学、大学与二级学院、二级学院之间的关系形式,以及由此所形成的党群与干群关系、师生关系、师师关系、生生关系等所呈现出来的一种和谐状态。[1]

从大学和谐校园文化的实践来看,"要素说"无疑更有助于认识和把握和谐校园文化的内容结构,但要素也不能越多越好。大学和谐校园文化的构成要素主要应包括精神文化和谐、制度文化和谐和物质文化和谐。首先,精神文化集中反映了一所学校的个性与风貌,是学校文化价值理念的深层内核,因而精神文化和谐是大学和谐校园文化的核心内容和最高层次。其次,制度文化是指学校的各种规章制度,它集中体现了一所学校特有的管理理念、运行效度及人文情怀。物质文化不同于精神文化和制度文化,它是一种有形的文化形式,是校园文化外显的物质形态,也是精神文化和制度文化的重要载体。

四、大学和谐校园文化的运行机制问题

运行机制一词最早来源于自然科学界,后逐渐引申到社会科学领域。所谓运行机制,主要是指在人类社会有规律的运动变化过程中,影响运动变化过程的各因素的结构、作用及其相互关系,以及这些因素发挥作用的基本过程、主要机理及运行方式,是决定行为的各种内外因素以及它们之间关系的总称。大学和谐校园文化作为人类社会一种独具特色的活动领域,其价值功能的实现和目的任务的达成是一个诸因素综合作用下积极运动发展的过程,也必须依赖于科学合理的运行机制的建立。

如果从纵向的角度来看,大学和谐校园文化的运行机制是由心理层次、制度层次、思潮层次以及行为层次等因素所构成的一个由表及里、从低级到高级的系统结构体系。其中,心理层次是大学教职员工所表现出的心理过程及个性心理等成分,它是大学和谐校园文化发生作用的最基础的层次因素。制度层次是大学为保证教育活动有效开展所制定的一整套行为准则和规范,它是大学和谐校园文化实现群体心理认同与教育行为价值选择相契合的层次因素。思潮层次是大学教

---

[1] 孙孝科:《大学和谐校园文化:意蕴及其表征》,载《南京理工大学学报:社会科学版》,2011年第1期。

职员工所具有的教育行为价值选择的一种思想倾向,它是沟通大学和谐校园文化心理层次因素与制度层次因素之间的中介层次因素。行为层次则是大学教职员工在实际工作和活动中表现出来的外显行为,它是大学和谐校园文化的最终表现和价值旨归,是大学和谐校园文化的核心层次因素。如果从横向的角度来看,大学和谐校园文化的上述四个层次因素的某些具体内容不仅存在明显的冲突和排斥,而且又互相渗透、互相融合、互相促进,正是在不断地否定和淘汰某些因素的基础上,大学和谐校园文化才能传承和创新人类优秀的理性精神和人文情怀,也才能适应和满足高等教育水平不断发展与提高的需要。

五、大学和谐校园文化的构建策略问题

由于影响因素的多维性、作用功能的育人性及本质意蕴的独特性,这就决定了大学和谐校园文化构建的复杂性、艰巨性、动态性和发展性,它绝不是一朝一夕之功,而是一个长期的运动变化过程,是一项极为复杂的系统工程。从基本出发点和根本指导思想上来说,大学和谐校园文化的构建必须与自身所承担的育人目标相契合,也就是通过和谐校园文化的构建能够有利于社会所需要的各级各类高素质人才的培养;大学和谐校园文化的构建必须与学校改革与发展的进程相一致,也就是通过和谐校园文化的构建能够不断推动大学改革的成功和良性发展;大学和谐校园文化的构建必须与中华民族优秀文化传统和民族精神相融合,也就是通过和谐校园文化的构建能够有助于优秀文化与民族精神的培育和弘扬;大学和谐校园文化的构建必须与社会主义和谐社会建设相协调,也就是通过和谐校园文化的构建能够有助于和谐社会的形成与完善。

具体而言,大学和谐校园文化的构建策略应特别注意以下几点:首先,充分彰显以人为本的理念。大学和谐校园文化构建的主体是人,其根本目的是培养人和塑造人,是为了人的发展、完善与幸福。因此,大学和谐校园文化构建必须充分彰显人本化理念,始终把师生员工的根本利益当作出发点与归宿,真正把师生员工当作大学和谐校园文化构建和发展的主体。其次,坚持以社会主义核心价值观为指导。所谓社会主义核心价值观,主要是指习近平总书记在党的十八大报告中所提出来的"富强、民主、文明、和谐、自由、平等、公正、法制、爱国、敬业、诚信、友善"24个字,它已经成为构建社会主义和谐社会和实现中华民族伟大复兴"中国梦"的强大思想基础。大学和谐校园文化作为社会主义先进文化的重要组成部分,其构建和完善也必须紧紧抓住这一根本,否则就会迷失正确的方向。再次,重视优秀校园文化体系的创建。大学优秀文化体系创建需要紧密结合自身实际及其学科与专业特点,全面科学地进行规划设计,把办学理念和办学特色巧妙融合于和谐校园文化之中,从而使和谐校园文化构建和大学各项事业的良性发展形成合力。最后,加强良好校园文化平台的搭建。大学和谐校园文化的构建要注意使政策导向与价值导向紧密结合,在重视效率的同时更加重视公平,努力搭建"平等竞争、公平有序、统筹兼顾、协调发展"的制度文化平台,以制度规约行为,以制度保障和谐。

浅谈如何推进高校校园文化建设*

"百年大计,教育为本;国家兴亡,人才为基。"高等院校是人才培养的重要基地,也是文化繁衍的重要场所。近年来,随着我国高等教育的迅猛发展与高校改革的不断深化,我国高等教育逐渐由精英教育向大众教育转型。"高校社会化"的发展趋势使得作为学校发展之魂、活力之根、动力之源的校园文化建设也面临着一系列的挑战。如何健康有序地推进高校校园文化建设,实现校园文化的繁荣与发展,以至形成校园文化建设的自觉与创新,使高校真正成为大学生成长成才的摇篮,是我国当前高校改革与发展亟待解决的问题。

一、校园文化在高校改革新形势下的重新解读

我认为,高校校园文化作为一种具有自身特色的亚文化形态,其特点是以校园为空间,以学生、教师为主体,以科学、人文为核心理念,以教学、科研、实践、服务为内容,在时间轴上不断蕴育与积淀的一种形态,是一种多层次、立体的时间与空间相结合的群体文化。校园文化建设对于高校来说,是一项具有基础性、战略性、前瞻性的工作。良好的校园文化的形成、发展和传播,能造就校园特定的文化优势,文化氛围,文化心理和文化行为,从而构成一种最佳的教书育人环境,陶冶学生情操,启迪学生心智,促进学生的全面发展以文养德,以文养才,以文养能,直接促进高质量的人才培养。

二、校园文化的现状与策略

作为一名高校的教育工作者,我认为必须首先从宏观的角度看问题,认识到我国高校校园文化建设的普遍现状和存在问题,其次还应该从自己的工作实际出发,从微观的角度发现校园文化建设中的一些不和谐现象,只有这样才能实事求是,有的放矢地解决好校园文化建设中的问题,有效地推进校园文化建设。

---

* 本文作者:张丽娜

(一)我国校园文化建设的普遍现状

1. 对校园文化建设认识片面,缺乏师生共同参与

目前,许多高校认为校园文化只是学生的自娱自乐,与教职工无关,对教师在校园文化中的地位和作用不够重视,缺少教师学生共同参与的活动。而且绝大部分的学生活动流于形式,缺乏深层次的文化理念和品位,也没有与时俱进的创新精神,校园文化精神核心地位不突出。

2. 校园文化建设管理体制不健全,校园文化管理不规范

由于对校园文化的内涵、功能等缺乏全面和深刻的认识。校园文化建设不规范、不系统,造成校园文化的管理混乱。这些问题都在一定程度上影响了校园文化的建设和发展。

3. 校园文化建设缺乏理论基础和理念引导

校园文化作为社会文化的一种"亚文化",是社会文化作用于校园的"中介",它是社会文化通过各种途径传输到学校,是随社会文化发展而发展的。因此在这样的环境下怎样引导高校校园文化的课题并没有得到充分的重视和研究,使校园文化建设始终缺乏理论基础和理念引导。

(二)校园文化建设的策略

作为一名基层的高校教育工作者,通过长期的工作实践和观察,我发现在校园文化的"主旋律"中常常会夹杂着一些杂音,校园文化的畸形变体也是校园文化建设中始终无法避免的问题。对此,应找到应对各种问题的策略和方法。

1. 正确把握高校校园文化建设的时代脉搏,营造良好的学校氛围,形成优良的校风

我国高校的校园文化建设要坚持高举三面大旗,即以爱国主义、集体主义和社会主义为主旋律,坚持中国特色的社会主义文化的正确方向发展。因此在长期的办学中,要在充分挖掘学校历史传统宝贵资源的基础上,大力营造具有时代特征和学校特色的良好校园风气。

2. 精心组织校园文化活动

校园活动是校园文化建设的重要载体,在校园活动的开展过程中要注意其有效性和科学性。要广泛开展主题思想政治教育活动,弘扬中华民族的优秀传统美德,将科学知识的学习和人文知识的学习有机结合起来;开展新颖的科技创新活动,通过该活动不断提高学生的实践能力和科技创新能力;开展学术交流活动,根据大学生的自身综合素质发展的需要,有计划、分类别地开展主题学术报告,既要邀请校内外有名的教师、专家和学者,通过学术报告不断增强大学生的学识,开拓他们的视野,最为重要的是启迪他们的人生,学会做人做事。

3. 加强网络教育队伍建设

网络对大学生的思想观念、价值取向和行为模式产生了很大的影响,要取其利而避其弊,必须把网络工作作为学校教学工作的一个重要内容来抓。在全校思想政治教育工作队伍中让所有教育者都有能力介入网络,全员参与,引导和支持大学生正确利用好网络这一现代化信息手段,这是做好思想政治教育进网络的重要组织保证,从而促进高校文化建设的不断完善。

校园文化建设的实践路径并不是唯一的,高校应根据自身的特色与底蕴,合理开展校园文化建设实践。然而,高校校园文化的核心价值是唯一的,校园文化建设主要在于创造与社会和时代密切相关且具有校园特色的人文氛围、大学精神及生存环境。简言之,校园文化建设之要义在于科学与人文的平衡。

网络文化自觉:构筑中国文化强国梦*

胡锦涛同志在十八大报告中明确提出,"扎实推进社会主义文化强国建设","要加强和改进网络内容建设,唱响网上主旋律","坚持社会主义先进文化前进方向,树立高度的文化自觉和文化自信,向着建设社会主义文化强国宏伟口标阔步前进"。在中共十七届六中全会上培养高度的文化自觉与自信也被郑重提出,这充分表明我党深刻认识到网络文化的发展规律,具备了清晰的文化自觉意识,充分认识在网络背景这一新时期下,培育网络文化自觉对中国文化强国战略的重要意义。

一、网络文化:新的网络化生存和发展图式

美国著名文化批评家杰姆逊认为,文化有三层含义,一是个性的养成。二是人类改造自然的一切活动。三是特指日常生活中围绕文艺所从事的各种活动。一般来讲,第一层面的文化是人心理的投射;而第二种层而阐述的是社会性;第三种则是修饰性的。① ——通常所说的"文化"是按照第二定义来界定的,即文化是文明化了的人认识世界、改造世界的产物,是人处理人与客观世界中的对象性关系以及人内心矛盾的一种方式。在人类发展的历史长河中,随着计算机通信技术的不断发展、互联网的产生,"不仅结合了科技,更连接了人类、组织和社会。"②人类以信息网络技术改造自然的社会实践活动与信息网络的影响和相互作用,形成了一种全新文化形态——网络文化,它是文化与技术联姻的结果,影响人的生存与发展,是一种新兴的文化形态。

网络文化具有特定的存在模式和文化样态。网络文化为人类提供了新的活

---

* 本文作者:杨广平、汪为春
① [美]弗里德里克·杰姆逊:《后现代主义与文化理论》,北京大学出版社1997年版,第3页。
② [加]唐·泰普斯科特数字化成长:《网络时代的崛起》,东北财经大学出版社1999年版,第5页。

动与交流模式的同时,不可避免都随之出现了一种新的文化形态。它依附于计算机网络,由主体、客体、中介及价值构成,按照其自身的逻辑及运作模式,连贯人、自然、社会、历史,形成了有机的网络社会。其中,网民是主体,客体是网民在开展网上文化活动时的对象,中介是网络技术平台,价值是人们通过网络而形成的新的价值观和生活方式。这样就形成以因特网为载体、以"人—机"信息互动为沟通半径、以个性化的选择偏好为基础的"价值—行为世界"为构建方式,它以因特网为载体和媒介,以文化信息为核心,在网络构成的开放的虚拟空间中自由地实现多样文化信息的获取、传播、交流和创造①。

网络文化具有独特的文化价值及精神。网络文化是网络与传统文化联姻的结果,是在全面继承中国传统文化精髓的基础上,广泛吸收外来文化的优秀思想,融汇并包,开创了一种全新的理性形式——网络理性。网络理性是网络文化以虚拟的方式拓展了现代理性精神的存在方式及其内涵,为其注入了网络主体性、网络自由、网络民主、网络公平等理念,赋予了其灵魂与精神价值。正是这种独特的文化精神和价值观赋予了网络文化强大的生命力以及影响力,具备强大的价值渗透功能,他冲击传统的主流文化带来诸多挑战的同时,也带来诸多机遇。引领人们对传统文化价值规范的检讨与反思,同时也拓展了现代社会中文化生活的深度和广度,塑造出全新的文化价值规范体系。

二、网络文化自觉:文化强国的现实诉求

在中国,费孝通先生首开文化自觉研究之先河。费先生曾用"各美其美,美人之美,美美与共,天下大同"高度概括了他对人类社会及其文化形式发展规律的论断。费孝通先生认为:"文化自觉是指生活在一定文化中的人对其文化有'自知之明',明白它的来历和形成过程,它所具有的特色和它发展的趋向。文化自觉不带有任何'文化回归'的意思。不是要'复旧';也不主张'全盘西化'或'坚守传统'。自知之明可以增强对文化转型的自主能力,取得决定适应新环境、新时代文化选择的自主地位。"②很鲜明地指出了文化自觉形成的连续阶段:认知、兼容、构建。文化自觉是人的主体自觉性在文化发展上的体现,是一个民族、一个政党在文化上的觉悟和觉醒。文化自觉是一个历史性范畴,随着历史时代的不断转换,文化必然改变其形态。随着电子计算机技术及远程通信技术的飞速发展给互联网的发展带来了勃勃生机,把全球全人类联为一个整体,形成了可以相互交流、共同旅

---

① 杨建、陈春萍:《网络文化的社会功能与良性生长》,载《求索》,2007年第8期。
② 费孝通:《反思、对话、文化自觉》,载《北京大学学报》,1997年第3期。

行的虚拟空间,网络社会悄然形成。作为现代技术革命最杰出的典范,网络作为开放式的信息传播和交流工具,正改变着人类的生活方式和社会发展图式,在人的思维、行动、社会生活等方面注入了新的内容及形式,对人类文化的发展,诱发价值观念、民族意识和社会文化心理的全方位变革起着积极地推进作用,同时也带来了诸多的负面影响。网络文化的开放性和自由性,易导致道德价值观念的多元化和民族意识的弱化;网络文化的"虚拟化""数字化"易导致道德人格的缺失,道德行为的失范;网络文化中的不良信息严重影响人们的是非判断和行为选择;网络游戏的充斥和诱惑导致人们"网络游戏成瘾",损害身心健康。诸多现象都是网络文化不自觉在人类社会各个领域的投射,严重影响我国社会主义文化事业的发展,阻碍了文化强国战略的实施。网络文化自觉便走上了历史舞台。所谓网络文化自觉包含三方面的含义,一是对网络文化地位的深刻认识,二是对网络文化发展规律的正确把握,三是对历史责任的主动担当。

因此,网络文化自觉在全球一体化的虚拟网络社会背景下对十八大提出的文化强国战略具有重要的现实意义。

首先,网络文化自觉是当前文化强国战略的保障。中国目前正处于社会转型期的关键时期,文化的发展与转型面临着许多困难,特别是随着信息技术的发展,互联网的发展加速了国内外形形色色社会思潮的传播,我国的主流文化面临多种社会思潮挑战与冲击。人们思想活动的独立性、选择性、多变性与差异性日益增强,思想道德观念、价值取向也出现多样化趋势。举什么的旗,走什么样的路曾一度成为困扰着国人。究其原因,归根到底还是网络文化对传统主流文化的冲击。只有实现网络文化自觉,夯实我国主流文化的根本,达成思想共识,增强社会认同,才能保障中国社会主义特色文化的健康发展。时代呼唤网络文化自觉,网络文化自觉的关键又在于文化创新。只有文化创新,才能破除旧思想、旧观念、旧的行为模式,改革开放和建设取得新突破,只有通过文化创新才能提高全民族的科学文化水平、增强综合国力、获得发展的足够的智力,在经济全球化的激烈斗争中取胜,实现经济和社会的快速发展;只有通过文化创新,才能全面提高全社会的道德文明素质,为现代化事业提供丰富的精神动力,带动社会进步和经济发展飞跃前进。文化创新不是一句空话,只有通过对文化可行性深刻反思和审视,也就是必须对当前网络文化进行理性自觉才能够实现。

其次,网络文化自觉是当前文化强国战略的精神动力。网络文化自觉为文化强国提供了坚实思想保证。网络文化自觉的目标就是建立网络背景下的具有中国社会主义特色的先进文化,网络文化自觉可以联系各种社会群体、使之超越具体利益关系而各尽所能、各得其所、和谐相处的精神纽带,又是鼓舞人们万众一心、无私奉献、激发出无尽的创造活力,向着美好的未来奋勇前行的精神旗帜;网络文化自觉为文化强国提供了道德基础。构建与社会主义市场经济相适应、与社会主义法律规范相协调、与中华民族传统美德相承接、与社会主义和谐社会要求相吻合的思想道德体系是现阶段网络文化自觉的重要内容。只有通过网络文化自觉,才能建立良好的网络道德规范,养成真、善、美的道德情操,才能使社会主义道德在网络时代健康发展;网络文化自觉对提高全民网络素质,增强社会参与度,实现"现代人"的精神提升具有积极的意义,网络文化自觉还能为文化强国提供教育氛围,拓宽教育范围,增加教育手段及方法。

最后,网络文化自觉促进文化软实力的巩固与发展。文化软实力是国家综合实力的重要组成部分。所谓"软实力"是指一国的文化、价值观念、社会制度、发展模式的国际影响力与感召力。文化软实力是国家软实力的核心因素,党的十七大指出"文化软实力作为现代社会发展的精神动力、智力支持和思想保证,越来越成为民族凝聚力和创造力的重要源泉,越来越成为综合国力竞争的重要因素"。这种软实力的沉淀与提升,需要通过文化自觉,建设社会主义核心价值体系,形成符合社会主义建设发展的文化,才能不断地得到巩固和发展。

三、网络文化自觉的培育:特色社会主义文化体系建设

网络文化自觉的实质是中华民族传统精神文化在网络时代的继承与发展。网络文化自觉实现过程也是我国全面建设社会主义文化体系、实施文化强国的过程。网络文化自觉的实现就是文化主体在受到信息网络的冲击,在全球文化互相冲击、交流、融合的过程作出正确的价值判断,及时作出正确选择,形成鲜明的文化批判,保持正确的文化发展方向,在交流、冲突、比较中继承、发扬自己民族文化的精神的过程,网络文化自觉的实现是一个系统工程,牵涉的面很广。

第一,始终不渝地走马克思主义指导的特色社会主义文化发展道路。坚持马克思主义指导是建设中国特色社会主义文化的根本,也是实现文化自觉的前提与保障。随着网络虚拟社会的形成,经济全球一体化的发展,文化全球化问题凸显,引发人们对传统的文化认同的争论。网络文化冲击着我国传统主流文化,诸如全盘西化论、儒学复兴论、文化殖民主义等思潮充斥人民的意识领域,一部分人在西方文化的冲击下,丧失了自我,出现了文化认同危机和焦虑,更有甚者,有些人对马克思的文化观产生了一些怀疑与否定,对社会主义文化发展方向产生了怀疑,全盘西化论、儒学复兴论、文化殖民主义等思潮充斥人民的意识领域,出现了对网络文化认识的偏颇,导致网络文化主体的价值取向和自主选择能力弱化。

马克思主义是人类历史进程中最伟大的思想成果,它为揭示人类社会发展的

客观规律提供了科学的世界观和方法论,代表着先进文化的方向,是实现文化自觉的不竭源泉。中国特色社会主义文化就是马克思主义与中国实际相结合的产物,产生了马列主义、毛泽东思想以及中国特色社会理论体系,成为中国统领思想的理论基础,成为中国先进文化发展及实现文化自觉的根本指针。从意识形态来看,作为社会主义意识形态的马克思主义也是社会主义文化的重要内容。马克思主义在实践中为中华传统文化注入了先进的思想内涵,并与时俱进,永葆青春。正如毛泽东所说:"自从中国人学会了马克思列宁主义以后,中国人在精神上就由被动转入主动。"马克思主义为中国人的文化自觉提供了精神指南。在网络时代里,面对多元文化的冲击,只有坚持马克思主义才能保障文化发展的正确方向。因此必须始终不渝地坚持、与时俱进地发展,进而不断强化和巩固马克思主义的指导地位,才能确保培养高度文化自觉和文化自信所需要的理论武装和正确方向。

第二,占领网络文化阵地,引领主流文化。网络文化实现了文化传播方式的深刻变革,在给人们带来增长知识、开阔眼界、增长知识、陶冶性情、愉悦身心的同时,也带来了诸多负面影响。一直以来,西方国家凭借其网络技术优势,对我国进行文化侵略,通过互联网传播带有其政治模式、价值观念和生活方式的信息,以达到其和平演变的目的。因此积极占领网络文化阵地,大力发展网络文化,提高人们的辨识能力,以积极的心态应对价值多元化,引领主流文化,是培育网络文化自觉的核心。

加强和改进网络内容建设,唱响网上主旋律。一是要提高网络技术水平,拓宽网络文化发展空间。通过数字技术、数字内容等核心技术的研发和应用,不断提高文化装备水平;学会掌握网络安全技术,筑起抵御不良信息的安全防火墙,抢先占领网络阵地,充分利用网络的传输功能,将优秀文化成果保质保量、更快更好地传播开来;加强与世界各国以及相关权威组织的交流与合作,兼顾标准规范、资源分配、网络接入、互联网治理等方面,建立起互相协作的有效沟通机制,积极整合资源、统一互联网相关技术标准,促进网络健康有序的发展。二是要发展网络文化产业,引领网络文化发展,占领网络阵地。坚持以市场为导向,积极推进网络文化产业向规模化、专业化、国际化转型,打造"立足中国、放眼世界、社会责任感强"的中国网络文化骨干企业;坚持以产品为基础,积极推动我国网络文化产业自我创新,保护知识产权,不断增强我国网络文化产品在国际上的竞争力与生命力;坚持以中国传统文化精髓为重心,树立品牌意识,创新文化服务社会的形式,塑造具有中国气派、体现时代精神、品位高雅的网络文化精品,积极打造具有中国文化特色的、国际上具有竞争力的网络文化的品牌;要树立战略意识,建立网络文化产业协调机制,优化网络文化产业企业发展的基础环境,确保网络文化健康、科学、长期发展;积极搭建网络文化产业交流与服务平台,引领网络文化产业健康发展,不断提高优秀网络文化产品和服务的供给能力。

第三,强化法制及网络伦理教育,加强网络文化管理。加强网络文化管理的目的就是要建立能紧跟时代发展,符合网络技术发展规律,集监督、引导、规范、惩戒职能,汇集法律规范、行政监督、行业自律、技术保障为一体的网络文化管理机制。建立健全网络法律、法规,提高立法的时效性和实效性,真正做到有法可依,执法必严,违法必究,切实为网络文化的健康发展保驾护航。从技术层面是来讲,网络文化同时是一种技术文化,可以通过技术手段来完善、消除网络文化所带来的不良影响,在防范网络文化的偏向上发挥着重要的作用。掌握并利用技术优势,大力发展网络安全技术,建立健全网络安全保障体系,利用技术手段把好网络关,将危害国家安全、毒害网民思想的"黄""赌""毒""白"等内容的网站、网页进行监管并加以打击。加强网络文化企业的监管,督促其自律,要求网络文化企业勇于肩负起自己的社会责任,做到自觉维护以马克思主义为指导的社会主义核心价值观、能够自觉传播先进文化、自觉抵制低俗之风、自觉抵制不正当竞争行为,共同维护网络诚信。在此基础上,我们还应该积极推进网络伦理教育。道德是法律的有力辅助体。大量事实也表明,法律虽然在预防和惩治网络违法犯罪方面能发挥强有力的作用,但立法的速度赶不上网络发展的变化,许多领域无法及时得到法律调整,总有不少网络失范行为是游离于法律之外的。此外,网络的虚拟性的特点也使法律在惩治网络违法犯罪方面力度有限,存在着侦破难、取证难等客观困难。道德作为启发人们内心觉悟的无形力量,是国家强制力无法代替的。马克思主义伦理学强调道德义务的社会他律,同时也强调道德义务的自律性。同时,与法律中的权利义务不同,"道德义务并不与道德权利简单对应。道德主体履行道德义务确乎不以获得某种权利为前提条件。权利确乎不是履行道德义务的诱因。"[1]提高对道德责任的认识,认清自由和责任的辩证关系,走出把网络自由绝对化的认识误区,改变其社会责任感的淡化;增强主动担当的责任情感,使之自觉履行道德义务,自觉对自己的行为进行道德责任衡量、评估,增强道德自控能力;磨炼道德意志,使之在任何情况下都能自觉履行道德义务,以顽强的责任感要求自己;养成注重责任的道德习惯,从而能从心所欲而不逾规,真正把道德规范化为自己的自觉行动,形成良好的网络人格。

第四,网络文化兼容并包,增强民族文化创造活力。不同民族和国家由于世

---

[1] 罗国杰:《伦理学》,人民出版社2005年版,第196页。

界观的不同,对于世界的理解与阐释也不尽相同。但他们共同有效,一起书写着历史与现实。因此,在肯定差异的基础上,应该充分认识到不同的文明往往有不同的话语体系,但不同的话语体系背后常常是共同的人类追求。这种共同的文化追求超越特定的种族和文明,代表着人类文化的自我发展与超越性张力,是人类生存和文明存续的普遍需求。这就要求网络文化要与时俱进,在坚持"以我为主、为我所用"的"拿来主义"的前提下,坚持民族性与世界性、传统性与时代性、稳定性与开放性、主导性与多样性、先进行与广泛性相统一,兼容并包,要扬长避短,借鉴吸收世界各民族优秀的文化成果,将中国优秀的传统文化与世界先进文化有机结合,不断增强民族文化的创造活力。同时,我们也应该清醒地认识到,外来文化通过互联网等媒介进入人们文化生活,网络文化的开放性使得各种社会思潮充斥人们的头脑,巨大的信息量使人们来不及思考、消化、吸收,行动上却先行一步,迅速完成了"文化消费",造成了思想及行动的脱节,导致传统精神和思想内涵的失位,割裂了文化传承。文化主体应当既要看到文化在发展中的合理性与必然性,也要及时地发现文化中不完善的因素,在网络文化背景下对其进行反思与批判,实现文化创新。增强文化批判反思意识,对异质文化"取其精华、去其糟粕",不断汲取营养,丰富主流文化,不断增强文化创新,增强文化竞争力。

高校文化建设与"和谐校园"构建*

高校文化建设与"和谐校园"构建是促进高校持续、健康、快速发展的必要准备,在一定程度上体现了高校以人为本、教书育人的奋斗目标。高校在对人才的培养上应兼顾学生与学校两者间的对等关系,以形成学校高凝聚力、高吸引力、高办事效率的独特魅力,为学生的全面发展提供更好的外部空间。①

一、校园文化与"和谐校园"的内涵

(一)校园文化的内涵

文化是高校不断发展的灵魂,为高校的发展注入了新鲜的血液②。高校文化,通常是指高校的软实力,即在长期发展过程中不断总结、不断积累所形成的高校传统、人文精神和价值取向,反映了高校所有师生的共同理想、共同追求和共同努力,对凝聚高校师生力量、促进高校和谐统一发挥着重要作用。其中包括高校全体师生形成的价值取向、价值理念等人文精神文化、高校所处的环境文化等几个方面。在推进高校文化建设上,也只有从整体上了解和把握校园文化的深刻内涵,才能培养健康向上、持续发展的校园化。

(二)和谐校园的内涵

和谐发展是我国社会发展的一个重要课题。"和谐"主要指社会语境下人与人、人与自然之间协调统一、和谐相处的一种祥和境界。其中主要包括社会和谐、家庭和谐和校园和谐。"和谐校园"是一种以人为本、团结统一、协调发展的教育理念,是以校园为一切工作的核心,营造一种全面协调、自由和谐的学习氛围的育人模式。构建和谐校园符合时代发展的潮流,符合高校师生身心健康的发展规律,具有科学、民主、自由、人文等特征。

---

* 本文作者:闫辉
① 杨健:《关于当前高校文化建设的几点思考》,载《南昌教育学院学报》,2005年第1期。
② 杨向荣、王菁华:《文化是大学的灵魂,培育大学文化建设"和谐校园"》,载《人民日报》,2009年8月18日。

二、校园文化建设与构建和谐校园的意义

(一)校园文化建设的意义

文化是高校发展的灵魂,良好的校园文化是一种积极向上、健康活泼、科学民主、崇尚自由的文化①,对高校乃至整个社会的建设发展具有重要的作用。其一,校园文化建设在推进校园和谐发展进程的同时,对社会的和谐发展也起着重要作用。其二,校园文化建设有利于在整个校园内形成一种积极乐观、互学互助的良好氛围,促进全体师生共同进步。其三,校园文化建设有利于弘扬高校文化,培养师生正确的价值取向。高校文化建设对于培养国家新型人才,弘扬社会道德理念,促进学校及社会和谐健康、持续发展至关重要,有利于形成全方位、多角度的文化观、和谐观,促进学生自身全面发展。②

(二)构建和谐校园的意义

随着时代的发展,构建高校和谐校园已经成为我国全面建设社会主义和谐社会必不可少的一个重要组成部分。其一,在社会这个巨大的组织体系上,高校对建设社会主义和谐社会具有积极的导向作用,为和谐社会的发展提供专门人才和技术水平。其二,构建和谐校园符合科学发展观的要求,顺应了时代的发展方向,而以人为本的教育理念更加符合当今社会的人文思潮,对社会的良好发展起到越来越重要的作用。其三,构建和谐校园是落实"科教兴国"战略的具体体现,社会的发展与进步关键靠科技,而科技的创新离不开人才的积累,高校的使命即是为国家提供更为新型的人才。③

三、校园文化建设与构建和谐校园的现状

在文化大繁荣与大发展的时代命题下,高校要把重视校园文化建设与和谐校园构建放在重要位置。然而在经济大潮的影响下,很多高校忽视了精神文化建设的现实意义,只是把校园文化建设和构建和谐校园当作一种管理和教育学生的途径和手段,没有把校园文化建设以及和谐校园构建放到整个高等教育培养目标的大背景下去发展。

1. 对校园物质文化建设重视有余,对校园精神文化建设认识不足。校园物质文化是整个校园文化建设的物质载体,精神文化因素是校园文化中的核心内涵。然而,高校往往更重视教研水平的提升,对于高品位精神文化建设的内在需求明

---

① 陈慧:《现阶段我国高等校园文化建设对策初探》,载《理论月刊》,2006年第2期。
② 时斌:《大学校园文化建设及对策研究》,载《新疆石油教育学院报》,2007年第9期。
③ 李银:《加强高校文化建设,提升人才培养素质》,载《江苏高教》,2004年第6期。

显不足。学校教育的功利理性和价值索求意味较浓,在校园文化的品牌化建设、学生实践动手能力等综合培养方面还有待加强。

2. 校园文化建设与构建和谐校园小步前进,特色与个性无法彰显。在任何一个特定历史时期,社会文化均呈现出各具时代特色的形态,且毫无例外地渗透到高校校园中去。然而,总有一些高校在校园文化建设推进过程中,体现出对传统文化的过分依赖,因此在构建校园文化体系中往往暴露出其封闭思想。与此同时,也有些高校一味追求创新与时代的契合,往往忽略本校的历史传统与现实境况,没有深入挖掘学校多年积淀的历史文化资源,导致办学特色匮乏、个性发展缺失。

3. 校园文化建设与构建和谐校园忽视优良传统传承,人文精神弱化。高校校园文化建设要平衡好传统文化与先进文化的对应关系,辩证地看待这一对问题并处理好与之对应的内在联系。部分高校在教育功利理性意识的驱使下,往往忽视对传统民族文化以及自身独特的校园文化的传承与发展,漠视对大学生的价值引导以及在人文精神和人文素质方面的培养,导致部分学生思想空虚、品行问题频生,道德滑坡现象凸显。

四、校园文化建设与构建和谐校园的途径

(一)加强思想道德建设,强化道德价值观念

思想道德建设是校园文化建设的重要内容和中心环节,加强高校思想道德建设是构建社会主义核心价值体系的内在需求。

改革开放以来,在不断深化高校改革与发展的进程中,高校思想道德建设取得了一系列的显著成绩。但在新的时代命题下,在新的道德规范尚未完全形成、原有的道德规范已经与时代发展不相适应这样一个历史交叉时期,部分师生在一定程度上存在理想信念淡漠、价值观念歪曲、诚信与责任感缺失等问题。

加强思想道德建设的中心任务就是以科学发展观为指导,紧紧围绕社会主义核心价值体系,与时俱进地用马克思主义中国化的最新研究成果来武装师生员工头脑,利用学校马克思主义学院的阵地主导功能,引导师生牢固树立构建和谐社会的理想与信念,弘扬爱国主义思想和改革创新的时代精神,以社会主义荣辱观的价值尺度着力培养师生的道德文明风尚。注重人文关怀和心理沟通疏导,把心理健康教育引入到日常学习生活的常态中去。在日常活动中广泛开展和谐院系、和谐处室、和谐班级、和谐宿舍的创建和评比活动。强化师生员工的和谐观念,秉承和谐理念、坚持和谐的行为方式和观念处理一切矛盾,塑造自尊自信、健康向上

的良好心态,在一定范围内形成知荣辱、讲和谐的良好校园文化风尚。①

（二）营造人文生态环境,激发师生内驱动力

加强高校文化建设,除了在资金投入、硬件改善和教职员工的生活待遇方面要加强和提高之外,营造良好的人文生态环境、彰显人本精神的良好育人氛围至关重要。学校应努力将民主、科学、人文与开放的办学姿态呈现给世人,让师生员工感受到家的温馨。面对教师群体,学校应该做的就是积极构建民主、宽松和自由的发展平台。坚持充分理解、尊重与关心教师的原则,让教职员工的人格和精神完全得到自由舒展,创造的原始动力得以激发。同时,要把学校跨越式发展与不断改善教职工生活条件和提高其生活待遇有机联系起来,让改革与发展的时代成果得以共享。学校领导要将人文关怀传递给教职员工,不断施以激励手段,充分调动其积极性,在教师中间形成互教互爱、包容互助的良好育人氛围。高校领导干部要积极热情地与教职工进行思想交流,要把党的关怀和学校的温暖送到教职工的心里。针对学生群体,要坚持构建一切为了学生发展的人文关怀体系,关注学生的个性完善,为健全其人格创造有利条件,积极引导学生养成学习自主、行为自律以及人格上自尊的文明习惯。

（三）打造优良校风学风,营造优美育人环境

校风即学校的风气,包括教风、学风以及领导作风。在校风建设中,教风是主导因素,学风是其归宿和落脚点,领导作风是推进优良校风形成的关键因素,三个要素相通互融,共同构成一所高校独具魅力的精神风貌。此外,通过加强师德建设,规范教师职业道德行为,促使职工深刻理解学高为师、身正为范的意义。同样,要通过大力推进素质教育,培养大学生的文明行为,把大学生良好的基础文明养成纳入学风建设,通过严格执行学校规章制度,引导和规范大学生思想观念以及行为举止,打造勤奋求实、诚实守信、勇于创新的良好学习风气。

优美和谐的育人环境是全体教职员工共同的诉求,环境育人亦是建设和谐校园的重要内容之一。学校区域范围内众多的教育教学场馆和设施乃至道路灯饰、绿地花草、假山亭阁等构成学校整体环境的物质基础,优美和谐的校园环境对师生起着潜移默化的教育作用。每一个人都应养成良好的文明习惯,培养健康的生活方式,共同努力营造美丽、文明、温馨、和谐的校园环境。

五、结语

校园文化与"和谐校园"二者互为补充、二位一体。校园文化建设是校园和谐

---

① 宿光平、倪桂灵:《高校文化建设初探》,载《甘肃教育学院学报:哲学社会科学版》,1997年第1期。

发展的奠基石,先进、健康、积极的高校文化能够为和谐校园建设提供强大的精神动力和智力支撑,是促进高校和谐发展的"灵魂"。校园文化是一种以和衷共济、内外和顺、协调发展为核心内容的素质教育模式,是一种以强化学校内在活力、优化学校建设、推动学校跨越前进为终极目标的现代教育形式[①]。构建和谐校园的目标是努力把学校建设成为最适宜学生成长、成才,最有利于教师建功立业的"文化生态系统"。当然,构建和谐校园,离不开良好的校园文化的精心培育,而和谐校园的构建又为校园文化进一步发展提供了良好的外部条件。[②]

---

① 谢宝媛:《加强校园文化建设构建和谐校园》,载《燕山大学学报:哲学社会科学版》,2007年第8期。
② 魏胜:《高校校园文化建设与构建大学和谐校园》,载《社会科学家》,2010年第1期。

文化传承创新——大学发展的内在逻辑*

德国哲学家亚斯贝尔斯在《什么是教育》一书中道出了大学的基本属性:"大学是研究和传授科学的殿堂,是教育新人成长的世界,是个体之间富有生命的交往,是学术勃发的世界"。① 尽管,大学一直坚守着自治和学术自由理想的防线,但是却无时无刻不与政治、经济和社会的发展盘根交错地联系着。近年来,随着我国高等教育改革的深化,大学的发展在努力冲破政治化藩篱的同时,其独立性和自主性进一步增强"学术勃发"的主体脉络逐步清晰,大学的文化追求深刻地影响着自身的发展,文化的传承和创新是大学发展的内在逻辑,显然也被历史证明是大学促进自身发展的规律。

一、文化是大学发展的灵魂,是大学运行和发展的动力

如果说大学的发展在外部环境上依赖于社会资源和一定的政治权力,那么,内在影响因素应该是大学文化。一般来说,大学的文化包括精神文化、制度文化、物质文化、行为文化和学术文化等,它们共同构成的文化体系成为凝聚师生员工、促进校园和谐的重要源泉,是大学核心竞争力的重要体现,是现代大学进一步发展的内在动力。

(一)大学文化是促进自身发展的依据

从本质意义上讲,大学本身就是一种文化活动。它在办学的过程中积淀和形成的办学传统、风格和价值追求指引并制约着师生的实践活动。如果缺少这些,那么大学的发展必将是无序和混乱的。因此,大学文化是一种精神,是鉴别大学品位和特色的抓手,更是大学之"躯体"得以健康成长的灵魂和血脉。

(二)大学文化是大学存在的根本

事物的发展源自于批判和反思,大学的发展同样如此。黑格尔说:"凡是现实

---

* 本文作者:安仲森
① 亚斯贝尔斯:《什么是教育》,邹进译,三联书店1991年版,第150页。

的就是合理的,凡是合理的都是现实的。"大学的发展是现实存在的,所以是合理的。无论是布鲁贝克的认识论和政治论,还是我国一些学者提出的生命人本论和智慧论等,其根本指向都与大学文化有千丝万缕的联系,而用"文化论"的观点似乎能较为全面地解释大学存在的合理性。因为,满足"高深学问"的好奇心、为公众服务、对人的生命表现的尊重以及使人充满智慧,从本质和广泛意义上来说都是大学的文化活动,这是大学存在并充满活力的最根本原因。

(三)大学文化是大学发展的深层动力

大学的发展虽然在一定意义上受制于外部制约,但是根本上讲,是要发挥"主观能动性",觉醒主体意识,寻求主动发展,而主体的觉醒离不开文化,在发展的过程中,更离不开文化的传承。比如英国牛津大学和剑桥大学的"博学儒雅"、北京大学的"自由博爱"和清华大学的"严谨治学"等风气都已经成为一种独特的风格,影响并激励着几代人为之不懈努力。此外,大学在发展中还传承着优秀的传统文化,并在此基础上创造和传播新的文化,坚守大学自身的文化品格,自觉抵制不良社会文化的侵蚀,只有如此,大学才能彰显其持久的生命力和文化魅力。

二、文化创新是大学生命的源泉,是其赖以生存的根本

创新是一个民族进步的灵魂,是一个国家兴旺发达的不竭动力"比如树木,非岁岁有新芽苗长,则其枯槁可立待","比如井,非时时有新泉喷涌,则其干枯有时也。"①文化也是一个不断选择、积淀、传播并创造新成果的过程。文化创新为大学的发展注入了新的元素,是促进大学发展的新生力量,是大学赖以生存的根本。

(一)文化自觉是文化创新的前提,是其发展的文化基础

上文论及,大学的发展需要意识的觉醒,尤其是文化的觉醒。1997年费孝通先生提出"文化自觉"的命题,强调对文化要有"自知之明",既要明白其过去,也要明白其发展趋势,并加强自我创造,"自知之明是为了加强文化转型的自主能力,取得决定适应新环境、新时代文化选择的自主地位。"②目前我们所提的文化自觉,就是应当体现出重视文化的作用,并在对全球文化与自身文化清醒认识的基础上,进行正确和自主地文化选择以及创新与传播。③ 因此,文化自觉是文化创新的前提和基础,没有文化的自觉就没有对自身发展的清醒认识,就不能传承和创新。

---

① 郭建宁:《坚持文化传承创新,推动文化发展繁荣》,载《光明日报》,2011年12月23日。
② 费孝通:《九十新语》,重庆出版社2005年版,第211页。
③ 罗志敏:《基于多元智能理论的大学创新文化培育》,载《高等工程教育研究》,2010年第2期。

(二)创新文化是大学文化的核心,是大学赖以生存的根本

创新文化是一种具有特定内涵的文化形态,包括创新的价值体系、制度和环境等。有的学者把大学创新文化概括为三个方面的内容,即大学的创新活动,创造新文化、新思想、新观念的活动以及创新文化现象。① 实际上,依据创新文化的内涵,我们也可以简单地对大学创新文化分出层次,即创新的价值体系(包括创新的理念、精神、价值取向和思维方式等)、创新的保障制度以及创新的环境因素等。大学创新文化涵盖了精神文化、学术文化、制度文化和环境文化等基本内容,它是大学在发展实践中积累并形成的,它直接影响办学模式和内部管理机构,是大学思维和实践的指针。

(三)文化创新是大学发展的驱动力量

美国著名学者塞缪尔·亨廷顿的"文明冲突论"指出,当今世界国与国之间的竞争和冲突归根结底是文明或文化的冲突与竞争,大学文化同样如此。目前大学的国际化特征越来越明显,它深处东西方文化的冲突与融合及社会多元文化激荡的浪潮中。大学文化虽然具有一定的独立性,但并不是封闭的文化系统,不能坚守城门而独善其身。相反,大学只有在国际化和现代化的浪潮中,不断与外界进行文化的交流和碰撞,才能促进自身的现代化,并以开放和包容的姿态进行文化的综合创新,占领文化的制高点,引领时代的进步和社会文化的发展。历史也已证明,20世纪30年代我国大学的快速转型与发展其根源是中外文化的交汇与融合。另外,大学的科学发展需要对一些旧的文化进行变革,并构建与未来发展相配套的文化,这是典型的文化重组过程,它是大学转型和可持续发展的动力。

三、文化传承是大学发展的智慧来源,是文化创新的基础

文化本身就具有历史的传承性,任何国家和民族要推动文化的发展和繁荣,都必须继承国内外传统文化的优秀成果。大学的发展也必须继承好精神和好文化的传统,所以大学的文化传承至关重要。

(一)中华优秀传统文化是大学生存和发展的智慧来源

中华民族具有悠久的传统,在几千年的文明发展道路上,留下了许多优秀的文化成果,这些文化成果是凝聚和团结全体中华儿女的精神力量。大学文化正是根植于中华优秀传统文化的沃土之中,才得以发展和繁荣,注重人格,注重伦理,注重利他,注重和谐,天下兴亡、匹夫有责等,天地之间,莫贵于民的民本理念,以和为贵,和而不同的和合思想,革故鼎新,因时而变的创新精神,富贵不淫、威武不

---

① 董云川:《发展大学创新文化的路径再探》,载《中国高等教育》,2007年第9期。

屈的高尚气节等,都是中华优秀传统文化的内容。① 大学只有从中华优秀传统文化的土壤中汲取营养和能量,才能获得成长壮大的精神资源,才能彰显恒久弥新的文化力量。

(二)红色文化为大学的发展注入了新的活力

中国共产党人在领导人民开展新民主主义斗争和改造社会历史的进程中,形成了自力更生、艰苦奋斗,善于打破旧秩序、建立新秩序,互相学习、共同提高,坚持走群众路线等文化思想,这些都是中国特色大学文化的精神资源。

(三)对传统文化的反思是大学发展的文化之根

纵观我国大学百年发展历程,我们不难发现,对传统文化进行反思,对大学文化进行变革,一直是大学发展的内在规律。无论从两汉时期的太学,还是清朝的京师大学堂,具有士大夫情结的知识分子不断地对传统文化进行反思和批判,并提出了具有时代进步意义的文化思想,这些思想都成为促进大学改革发展的指导方针。再如20世纪初叶我国现代大学的建立以及上世纪80年代以来大学的转型、重构与变革都伴随着成功的文化转型和变革。相反,文化发展的迷失和混乱及对传统文化的错误理解和利用也从根本上斩断了大学发展的文化之根,严重制约了大学的转型和发展。

(四)对自身文化的传承是大学发展的阶梯

大学文化具有相对的独立性,要求坚守自身的文化传统,特别是在物欲和权力面前,大学更应淡泊名利,在权力和欲望面前多一份冷静和高尚。大学作为一种特殊的文化组织,在文化的发展上应该遵循自身的脉络,不断进行自身文化的遗传和进化。比如只有传承自身优良的办学传统和治学治教思想,才能进一步继承传统并将之发扬光大。大学对自身文化传统的传承是大学发展进步的阶梯。如北京大学建校100多年来,一直继承和发扬着科学与民主的精神,在新时代条件下,又加入了爱国为民、改革创新和严谨求实等优良风气,这些精神一直指引着北京大学的发展和进步,使其成为我国高等教育改革发展的风向标。

从大学的本质属性上来看,大学不仅仅是一种教育机构,也是一种文化存在,大学对文化的追求和变革已经成为大学生存和发展的根,文化的传承和创新已成为大学发展的内在要求和必然逻辑。需要指出的是,大学文化的传承和创新是一个不可分割的整体,是一个循环的过程。传承是创新的基础,创新是传承的目的和要求。在传承的基础上创造出新的成果,经过一段时期后,这些成果又称为传承的对象并成为再创造新成果的依据。传承和创新是一个不断发展和不断完善

---

① 田建国:《文化传承创新:大学的重要使命》,载《人民日报》,2011年9月9日。

的过程。文化传承创新的过程也内在地包含了文化的交流,文化交流是传承和创新的一部分,目的是为了传播优秀文化并吸收先进文化。

胡锦涛同志《在庆祝清华大学建校100周年大会上的讲话》吹响了大学文化传承创新的号角。文化传承创新既然是大学发展的内在逻辑,那么,我们的必然选择就是传承优秀传统文化和红色文化,注重对大学自身传统文化的扬弃,唤醒广大师生的文化自觉,"加强文化自塑,建立文化自信,以主体身份参与全球文化建设。"①

---

① 李立国:《文化自塑与文化自信——我国大学文化传承创新的当代使命》,载《清华大学教育研究》,2011年第3期。

论大学生文化消费及其教育引导*

伴随着社会经济文化的发展,居民消费能力的提高,人们用在教育、休闲、旅游等方面的支出逐年增加,文化消费增长势头迅猛。大学生作为一个特殊群体,处于知识储备的关键阶段,其文化消费尤其是知识文化消费的需求比一般消费群体更强烈。目前,我国在校大学生超过2500万人,是文化消费的生力军。但是,由于大学生还没形成稳定的价值观和科学的消费观念,在文化消费中还存在很多问题和误区,除了大学生自身调整之外,还需要社会、学校和家庭的积极引导。因此,关注大学生文化消费状况,把握大学生文化消费特征和动向,不断提升大学生文化消费品位,引导大学生理性地文化消费,成为当前社会中一个不可忽视的问题。

一、大学生文化消费概况

(一)文化消费

文化消费主要是指人们为了满足自己的精神生活需要而采取不同的方式来消费文化产品和文化服务的行为。① 按照马斯洛需求层次理论的划分,文化消费属于人类高层次的消费需求,是人们在基本物质需求得到满足的基础上才会进行的消费。与物质消费相比,文化消费的弹性较大,且容易受到诸如经济因素、时间因素、消费者个体因素及消费环境等因素的影响。近年来,我国经济高速发展,居民可支配收入大幅增加;国家大力发展文化产业,文化市场异常繁荣,文化消费在居民消费结构中占据的比重也越来越大。

(二)大学生文化消费

大学生文化消费是指大学生为满足自身精神文化需求而消费文化产品和服

---

* 本文作者:房芳
① 叶育新:《当代大学生文化消费特征研究》,载《重庆科技学院学报(社会科学版)》,2006年第5期。

务的行为。大学生的文化消费涵盖范围很广泛,从内容上看,其主要包括:自我提高消费,如学费、用于购买课外书的费用、考证费等;休闲娱乐消费,如休闲健身、旅游观光、看电影等消费;社交消费,如聊天通信、人情往来、恋爱消费等;从结构层次上看,大学生文化消费可分为娱乐性消费和发展性消费两部分,前者主要指以休闲身心、娱乐消遣为目的的消费,如看电影、旅游观光消费等;后者主要指以发展自身需要为目的的消费,如购买图书、上辅导班的消费等。在文化消费者大军中,大学生是一支比较特殊的队伍,他们文化水平高、知识面广泛;年轻容易接受新事物;经济来源主要依靠父母。上述这些因素都在大学生文化消费行为中起到一定的影响作用,使得大学生的文化消费行为有其自身特点,也存在一些问题。

二、大学生文化消费特点及存在问题分析

根据对徐州5所高校大学生文化消费状况的调查结果,联系近年来我国文化消费相关统计数据,笔者发现我国大学生文化消费呈现出以下特点及问题:

(一)文化消费数量激增、种类多样,但质量良莠不齐

经济基础是消费的后盾,对于大学生这样一个消费支出大多要依靠父母支持的特殊群体而言,家庭经济状况直接影响个体的消费水平、消费方式和消费取向。近年来,随着家庭可支配收入的增加,大学生的消费水平也不断提高,用于社交、旅游、网络、娱乐等方面的非必要性支出越来越多。同时,文化市场的大繁荣也为大学生提供了更多选择:文化教育、图书音像、会展旅游、电影电视、网络通信等都成为大学生文化消费的重要领域。但由于市场监管不力,很多质量低下的文化产品也走近判断力较弱的大学生,调查显示,98.6%的大学生购买过盗版图书或音像制品,这些盗版产品中错字连篇,有些更是内容不健康,严重影响了大学生的健康成长。

(二)流行深得人心,传统乏人问津

大学生在文化消费中对欧美、日韩等国家的文化产品及流行时尚的产品较偏爱,而传统文化产品却很少触及。随着中国加入WTO,越来越多的国外文化产品和文化服务涌入中国市场,对西方文化最热衷的群体之一就是在校大学生,其消费行为已表现出了明显的"西化""流行化"倾向。调查显示,64.2%的大学生喜欢看欧美电影,只有35.8%的大学生喜欢国产片;40.8%的大学生最喜欢的音乐是西方音乐,选择港台流行音乐的占32.4%、大陆流行音乐占20.8%,而中国民歌仅占6%。这种"西化""流行化"倾向的原因是多方面的:首先,大学生思维活跃,易于接受新事物,他们喜欢追求时尚,赶潮流。其次,良好的英语教育环境使得西方文化产品在大学生中的文化贴现降低,其文化符号和价值观更容易被大学生接

受。再次,流行文化产品的宣传力度远远大于传统文化产品,其形式也更贴近年轻人的心理。

(三)教育类消费比重日益增加,文化消费功利性明显

大学生用于各类辅导班、培训考证方面的支出日益增加,文化消费表现出较强的功利性。由于就业压力日益增加,大学生在校期间就有计划的考取各种证书以提高自己的求职竞争力,校园内外各种辅导班招生火热。据教育部统计,2010年全国硕士研究生统一入学考试报名人数达到140万,是2001年的13倍。无论是各类技能性、职业性培训,还是出国、考研,都是越来越严峻的就业形势的真实反映。教育不仅关系到个人的前途命运,也寄托了每一个家庭的希望,其结果必然导致教育消费的持续升温。[①] 考研热、留学热使得大学生购买的图书中专业辅导书、英语辅导书比重较大,仅次于娱乐类图书,而文学、政治类图书相对较少。需要指出的是,这类教育支出也存在一定盲目从众性。对于各种职业技能证书的选择忽视了自己的真正需求和兴趣爱好,盲目跟风报考的现象较普遍,也使得大学生发展性支出有很大的专业局限性和定向化,并非真正全面发展。

(四)从众性与个性化并存

大学生喜欢通过一种全新的消费方式来体现个人的身份归属和价值定位,主要体现为从众性与个性化并存。大学生强烈的"名牌意识"在一定程度上就体现了其从众性,阿迪达斯、耐克等知名品牌成为大学生的最爱,调查显示78.7%的大学生拥有上述两品牌的服装或鞋子。同时,作为90后的当代大学生,追求个性又是他们另一个特点。他们喜欢能体现自我个性的商品,通过商品的特色来满足追求个性美与自我表现的心理要求,往往在选择商品时,只注重款式、价格等某一方面的因素,而忽略实用性和综合性选择。例如,曾经风靡全国的"哈韩"热、"哈日"热,都是从大学校园里流行起来的,夸张的打扮、对比强烈的色彩恰好满足了大学生追求个性和与众不同的心理。

(五)新媒体比重大,但娱乐成分过多,发展性不足

新媒体的普及是文化消费具有时代意义的进步,对文化产业发展来说是一次飞跃,以互联网和手机为代表的新媒体也成为大学生获取信息的主要渠道。调查显示,在当今大学生信息来源的排行中,网络和手机分列一、二名,远超过报纸、电视等传统媒体。但在新媒体的使用过程中,娱乐化倾向较明显,大学生上网主要为了听歌或看电影占28.7%,聊天的占25%,看新闻的占19.8%,打游戏的占

---

① 张晓明、胡惠林、章建刚:《2010年中国文化产业发展报告》,社会科学文献出版社2010年版,第55页。

15.7%。手机的使用情况也大致如此,越来越多的博客、微博、微信的出现促使大学生使用手机上网,大学生手机上网者占57.6%,主要是浏览网页和聊天。可见,在使用新媒体的过程中,大多数大学生是以娱乐休闲为主要目的,并未将其看作学习工具来使用,新媒体更多的是满足大学生娱乐性消费需求,而非发展性消费需求。甚至有些大学生将文化消费定位为简单的业余消遣,将大量的时间与精力投放在虚幻的网络世界,影响学习。

三、教育引导

(一)社会层面:增强社会约束力,提供良好的消费环境

健康、科学、合理的文化消费需要一个良好的文化环境,社会各界要进一步重视大学生文化消费问题,为其提供社会保障,以提高大学生文化消费质量和品位。

1. 加强立法监督工作

文化市场混乱导致文化产品质量难以得到保证,使得一些低俗、庸俗、媚俗的文化产品走近大学生,价值观尚未完全形成的大学生难以辨别产品质量,最终受其毒害。因此,针对目前文化消费市场层次良莠不齐、"三俗"产品普遍存在的现象,国家应通过立法,加强职能部门对文化市场的监管,整顿文化市场秩序,确保文化市场健康有序,从根本上杜绝"三俗"产品的出现,为大学生文化消费提供一个健康的环境。

2. 正确的媒体舆论引导

传媒是当代大学生了解文化产品的主要途径之一,尤其影视作品、娱乐节目等传媒产品的内容是很多大学生效仿的对象。例如一年一届的"感动中国",通过媒体强大的舆论宣传,让大学生了解了很多平凡人不平凡的事迹,让他们重新思考了人生方向和奋斗目标,提高了其思想境界。因此,通过传媒提供良好的舆论环境对正确引导大学生文化消费行为能够起到事半功倍的效果。

(二)学校层面:帮助大学生形成正确的消费观念

学校作为大学生生活和学习的主要场所,对大学生的文化消费行为具有重要影响。

1. 加强教育和宣传

一是价值观教育。在课程设置上要重视对学生价值观的正确引导。组织经济学、政治学、社会学、心理学等相关学科老师共同研究大学生文化消费问题,提出合理的引导策略,并通过开设讲座、课外辅导班、特殊班会等方式疏导不健康的消费心理。

2. 宣传传统文化产品

针对大学生文化消费中"扬新抑旧"的现象,高校应该加强传统文化教育,开设国学、传统戏曲鉴赏等课程,营造良好传统文化氛围,激发大学生对传统文化产品的兴趣。

3. 提供基本的文化产品和服务

针对大学生需求强烈的文化产品和服务,可以在校园内给予适当满足,避免因消费需求得不到满足而影响大学生正确的消费行为。可以通过学校社团、学生会等机构,提供质优价廉的文化产品和服务,比如旅游社团开展的旅游活动、音乐社团提供的文艺活动、学生会提供的联谊活动等。

(三)家庭层面:培养孩子良好的消费习惯

大学生经济尚未独立,经济来源主要依靠家庭的支持,家庭经济状况直接影响着大学生文化消费行为,家长的消费行为对大学生文化消费行为也有着重要影响。因此,必须强化家庭的教育功能。

1. 营造合理的家庭消费氛围,父母树立榜样

父母是孩子的第一任老师,父母的言行对孩子的影响是根深蒂固的。每个家庭都有自己的消费氛围,这些都会潜移默化地影响着子女的消费观念和消费行为,如果家长平日里总是毫无节制地消费,其子女很大程度上也会肆意挥霍。因此,父母应该在对消费品的选择上保持理性。在消费方面为子女树立榜样,营造健康合理的家庭消费氛围。

2. 了解孩子的消费动向,培养其良好的消费习惯

大学生的生活费主要来源于父母的支持,当今许多父母只问孩子钱够不够花,而不问孩子买了什么,一味地满足大学生所有需求,这也就造成了大学生的电脑、手机等非必需品更换频率居高不下的特殊现象,这里存在着严重的跟风、攀比成分,不利于良好消费习惯的形成。因此,父母不要过分溺爱孩子,不能对孩子的任何要求都毫无条件的给予满足,避免大学生的炫耀性消费和攀比消费。此外,家长也要注重与大学生沟通,及时了解他们的心理,以便更好地满足大学生正当合理的文化消费需求。

(四)自身层面:加强自我教育与自身修养,提升文化消费内涵

近年来,生活奢华、贵族化消费的大学生比比皆是;沉迷网络而荒废学业的大学生屡见不鲜,甚至个别大学生对"暴力、色情"等低俗文化情有独钟,这些不但影响其学业和生活,甚至将其引入歧途,走向犯罪,而这些现象的根本原因是大学生思想中的内在原因。因此,引导大学生文化消费仅依靠社会、学校和家庭的力量是不够的,大学生作为有知识、有理想的新一代,应加强自我教育,提高自身修养。

要以阅读文学名著、历史书籍代替沉迷网游;要以游历名山大川代替狂热购买数码产品;要以崇拜大爱精神代替拜金主义。通过加强自身修养方面的投资,树立起正确的人生观、价值观和消费观,在日后的文化消费中表现出合理性、科学性和发展性。

四、结语

大学阶段是人生观、价值观形成的重要时期,文化消费对大学生健康成长和成才有十分重要的作用,可以帮助大学生增进科学文化知识,提高思想道德觉悟,培养高级情感,改善审美情趣和能力,逐步形成科学文明的生活方式,全面提高综合素质。大学生作为高知识阶层,是文化消费的重要群体,也在某种程度上起到引领文化消费潮流的作用。因此,加强大学生文化消费合理健康的引导,不仅对大学生有积极作用,而且对全社会的文化消费都有重要的意义。

校园文化建设视域下的学生社团功能论略*

校园文化与宽泛、繁丰的社会主流文化相比,曾一度在内容和形式过于唯美的求索中走向式微。尽管官方话语的引导和校园文化自身多元并蓄的开放性都在其间促成了许多完善、成熟的更替,但这块高雅文化的"自留地"在其衍变的过程中最终还是抛弃往昔繁华的形式策略和物质形态,试图走向内在的精神层次,彰显和谐的大文化氛围格调。无疑,学生社团率先充当了校园文化革新和建设的重要载体。当学生社团以校园文化建设生力军和主力军的身份趋近校园文化的中心时,其终极意义已经不言而喻了。可以说,正是被赋予以特殊定位的社团文化促发了校园文化及其精神理念更臻完美。

一、文化氛围的建设:传承与创新

校园文化的建设和繁荣,终将要落实到不同层面和脉络上。而学生社团其"第二课堂"的特殊话语性则营造了"文化场"的氛围①。诸如文体类社团的"文艺大餐"、科技类社团的"作品橱窗展"、爱心服务类社团的"关爱足迹"等等,都把校园文化引领至浓郁的文化场域中。

事实上,校园文化的魅力必然在于其文化氛围的浓郁和人文精神的丰富。而学生社团作为校园文化的载体在一定程度上扛起的是传承与创新的大旗,因此,学生社团一方面努力秉承校园传统文化的精华,传承其洗练的历史文化氛围;另一方面,则根植于校园文化肥沃的土壤中不断酝酿更为鲜活的时代文化气息。

(一)社团文化对校园文化历史氛围传承的特殊功能

1. 导向性

社团建成大都基于一定的知识结构、一定的学科分类或一定的价值取向。因此,每一个社团都葆有其特定的文化内容和观念指导,这就使社团工作富有导向

---

* 本文作者:储东巍
① 刘淼:《当代语文教育学》,高等教育出版社 2005 年版,第 95 页。

性特点。这一特点的具体表现可能呈现多方面的,它包括知识的施授、信息的传递以及审美情趣的陶冶等。门类和性质的导向性延承了文化氛围,这一方面也来源于社团自身的不断宣扬和传承。这些社团文化从建设伊始流传至今,都作为社团文化的主流。因而,社团文化的接力棒以导向的姿态传承了久远的理念。甚至后来者也可以从这些社团文化的脉络上明显搜寻到校园文化历经十数年变迁和腾跃的痕迹。

2. 凝聚性

社团的主体是一批志趣相投的同一层面的学生,共同的价值取向使他们凝聚到一起。这种主体的凝聚性无疑一次次重塑了原有的文化氛围。同时,这种学生社团主体的特点决定了其社团文化是一种知识密集型的文化。每个社团都源自不同的学科和体系,它们作为高校文化知识讨论的阵地,有着明确的活动方向、范围、目标,它们以各种活动形式,诸如技能大赛、文艺汇演、主题活动、社会实践等,凝聚在校园文化的舞台上,在传承了各种各样的特色文化中催生起浓郁的文化氛围,并且将之推送到更远的将来。

3. 融合性

社团文化是一个又一个内涵丰富的指符,这些指符以各种方式在不停地传达、宣扬自己的社团宗旨和文化精神时,也继承和宣扬了自身所融入的校园文化精髓。而在社会文化多元开放的今天,社团文化的前瞻意识已成为社会文化和校园文化不同层面对话的枢纽。当社团文化以精英文化和广场文化的方式传承主流文化时,悠久的文化内涵毫无保留地涌向这块跳板,传输给了校园文化,从而融合成浓郁的文化氛围。

(二)社团活动的创新功能推动了校园文化的现实氛围

1. 宽泛性

社团活动在不同层次、不同领域的纵深和叠合必然造就出更为壮大的群体。就活动内容而言,社团活动之丰富多彩,覆盖了文史哲艺众多知识领域;就活动形式而言,包罗万象,有讲座、沙龙、征文、竞赛、论坛、汇演、展览等多种样式;就质地而言,有娱乐型、服务型、文艺型、科技型等。正是在这种枝繁叶茂的文化情势下,一批又一批执"新利器"的社团呼之而出,走上舞台。虽然难以避免的是在活动形式上有陈陈相因的雷同之处,但是其内涵的宽泛性所推动的文化氛围是不言而喻的①。可以说,每一个新型社团的诞生抑或新的举措都会掀起一段时期的文化高潮。

---

① 张书明:《当前高校校园文化建设的局限及其对策》,载《山东工业大学学报(社科版)》,2002年第11期。

2. 活跃性

真正的文化是一条波澜壮阔且奔流不息的河流。从这个意义上说,文化需要活力的贲张才能继往开来。因此,作为亚文化的校园文化其生命力很大程度上取决于其活跃的一面。大到理论修养,小到服饰乐器,学生社团每每通过不同层面的"歌舞升平"来集结影响颇大的规模型活动,以期对未耕垦领域的求索。而正是在这种活跃的鼓点声里,一个又一个节日盛况活跃了校园文化氛围。

3. 创造性

校园文化式微的一面正是因为其元素的不断重复和守旧。仅以一个形式老套的社团活动为例,即便是施动者再如何热情洋溢,策划再如何周密详尽,活动再如何惊天动地,但是形式的陈旧终会造成"叫座不叫好"的效用。而当下校园文化千篇一律的都是些花腔套路,诸如蜂拥而至的电影展、讲座热、竞赛等,表象的高雅终难掩饰内在的流俗。我们不禁追问:雷同的热闹或形式主义也能代表校园文化了?也能传承和放大文化氛围了?答案自然是否定的。事实证明,能够始终站在时代前沿并且经年累月而不衰的是"阳春白雪"的精英文化的创新。

二、人文精神的建设:吸纳与辐射

文化需要精神的关照,需要人文的烛照。因此,充盈现实和浪漫的精神家园往往成了高校人文素养的教育温室,社团文化与主流文化在某种程度上的契合,正验证了社团在此所具备的特殊功能化:它以其特殊载体优势充分吸纳了主流文化和校园文化的人文意识并以其辐射性显现出更为宽阔的美丽。

(一)文化吸纳

首先是传递性。人文精神的传播是一种理念,是一种形而上的精神食粮。社团以其提升层次、构建载体、凝聚学生、示范群体的作用调和了高校教育所不能普及的角落。社团活动的流动性功能也促成了社团文化的传递性,社团的口号、宗旨也以含英咀华的宣传方式谱写了人文精神的内涵。

其次是批判性。社团作为信息的媒介,作为文化传播的过滤器,具有某种批判意识。吸纳并不是全盘汲取,批判也并非对文化及信念的阻挠。主流文化以及亚文化的主流方面在向前发展的过程中,将不断受到来自学生群体的质疑和批判,最终去其芜杂而趋向唯美。我们坚信,社团文化作为校园文化的传承者,其批判的力度直接决定了我们所置身的人文关怀度,唯有争鸣的思想才给予人有益的洗礼。

其三是整合性。社团文化的吸纳特征为它立足于校园文化的前沿阵地奠定了优良的基础,而这一基础的有力功效则是其整合性。校园文化涵盖人文、艺术、体育、科技、娱乐、理论等文化领域的各个侧面,问题在于如何把不同层面的校园文化整合成一个共同的理念。学校通行的精神风貌固然可以促成这种信念的合流,但同时也将带来种种弊端。然而,社团的独特机制则给我们涣散的思想建立一个又一个的链接点,社团对成员意识的融合,社团活动对校园文化门类、学科间的融合,其实正是对人文精神的吸纳和整合。

(二)精神辐射

首先是交流性。人文精神的传播绝不仅仅是一种风气的波及。风气在某一时代的热火朝天留给另一时代的往往只是只言片语的推崇,而高校社团在强烈信念的充盈下最有力的举措就是"走出去"。因此,社团间的交流可以打开一种新的局面。不仅仅是财力物力精力的支配更加协调,尤为重要的是,社团成员找到了灵魂的共鸣。在文字和活动的潜心交流中彼此传递并吸纳了对方的人文素养和人文精神。

再次是拓展性。高雅和严肃本应是人文精神所凭仗的,但也屏蔽了许多人的话语意识。而社团的"百花齐放"恰好弥补了这一缺憾。正是源于校园文化的拓展性,博大的人文精神也烛照到了那些细微的角落。高校社团不遗余力地壮大发展使校园文化的"精英一面"和"大众一面"都得到了人文拓展。

最后是纵深性。社团吸纳的人文精神往往由于社团承载能力及社团人员的频繁更替等因素影响,必然以僵化的形式将校园人文传统保留下来。但优秀社团不断的重塑精神可以改变这种僵死的局面。笔者认为,各大高校的文艺社团在人文精神的探索中是至关重要的,传播美的真谛,这种信念薪火相传完全融入了极为深远的人文思想。

三、和谐思想的建设:构建与超越

和谐家园是校园文化为最引人注目的一面,但在校园这片热土上,仍然有诸多不和谐的因素存在。即便是作为校园文化建设主力军的社团也会因为其良莠不齐的现状而成为一些不和谐事物的诱因。因此,一个优秀的社团足以麇集起一方琴瑟相称的和谐盛景。

(一)从社团对和谐思想的构建上看

其一,示范功能。很多社团在其发展过程中会给学子们带来某种示范效用。一种高尚、纯净的理念必将树起整个校园的新风。而相反,一种卑劣或粗浅的追求必将引发一片狼藉的效用。但即便总会有负面的问题出现,我们还要看到社团文化在和谐思想构建上的关键作用。一些优秀社团的精品活动往往抵得上数十场素质教育课,社团潜移默化的示范效应对于高校素质教育也是大有裨益的。

其二，规范功能。社团作为"第二课堂"，其实质就是承担起素质拓展的重担。社团的规范性运作以及小团体内的和谐必将推动大群体的融洽。而社团活动性质的规范性也构建了和谐的校园景观。它融思想性和知识性于一体，又具备娱乐性和实践性。社团的这种和谐思想规范性能必将帮助社团文化在校园文化建设的碑石上镌刻下某些印记。

其三，协调功能。所谓"和谐"在一定意义上是强调协调性。校园文化如果要枝繁叶茂，则必须枝叶分布匀称。社团所具备的内外协调功能使校园文化在每一方面都能长足发展。实际上，社团在自己的系统内循着正常的轨道运行，以常规的姿态来操作自身事物，久而久之所衍变出的协调功能已极大地改变了校园文化运行的节奏。从这个意义来说，社团最深远的影响就是为高校提供可以试验的基层载体。

(二)从社团对和谐思想的超越上看

首先是时代性。社团文化是以校园精神为主要标志。而校园精神是高校师生共同创造和认同的文化价值。社团文化每一个热点的形成和消解都是与主流文化的变迁分不开的。因此，校园文化作为一种文化现象和社会现象，其性质最高层次属于精神范畴，而社团跻身前沿的优势往往能敏锐地捕捉到时代和谐因子并及时传递到校园文化中。

其次是繁丰性。社团在校园内有目的、有计划、有组织地开展各种活动，营造了一种和谐的校园氛围，自主、平等、自由的社团人文氛围在人际之间搭建了互相信任、互相理解、互相尊重的和谐桥梁。同时，社团展开的跨学科、跨专业、多层次、多内涵的社团活动为文、理、工科的互相渗透、相互融合提供了条件。而这些多元化、高品位的文化活动体现了社团求索和谐思想的总体超越性。

传承优秀家风:涵育社会主义核心价值观的有效路径*

家庭作为构成社会的基本单位,也是培育和践行社会主义核心价值观的重要阵地。习近平总书记在2015年春节团拜会上指出:"不论时代发生多大变化,不论生活格局发生多大变化,我们都要重视家庭建设,注重家庭、注重家教、注重家风,紧密结合培育和弘扬社会主义核心价值观,发扬光大中华民族传统家庭美德"①。这里特别强调了作为培育和践行社会主义核心价值观"接地气"工程的家庭、家风建设的重要作用。我们培育社会主义核心价值观,尤其要注重传承和培育优秀家风,充分利用优秀家风中所包含的有利于时代进步的价值追求和文化基因。

一、中华民族优秀家风传统的主要内涵

在我国传统社会中,优良家风传承对家庭关系维系、社会发展、国家治理发挥着举足轻重的作用。家风,也称"门风""父风"等,是一个家庭或家族在世代繁衍发展过程中,逐步形成的传统习惯、生活方式、行为准则与处世之道的综合体,主要内容是其独特而稳定的思想观念和情操、作风。家风的载体形式有两种,一种是大家族的家规、家训,另一种是普通家庭父辈(或祖辈)的身体力行、言传身教②。社会的道德规范、价值观念既是家风形成的基础,又通过家风传承发挥着教化和规范人们行为的作用。中华民族千百年来积淀下来的优秀家风,其内涵主要包括以下四个方面。

---

* 本文作者:张琳、陈延斌。
① 《中共中央国务院举行春节团拜会》,载《人民日报》,2015年2月18日。
② 陆树程、郁蓓蓓:《家风传承对培育和践行社会主义核心价值观的意义》,载《苏州大学学报(哲学社会科学版)》,2015年第3期。

(一)睦亲勤俭的治家之道

治家之道是家风的重要内容,它调适的是以长幼关系、夫妻关系、兄弟关系为主要内容的家庭关系,对持家理财、管理家政家务等起着根本的影响。

"孝悌"是调整家庭关系、处理家庭问题的基本要求《孝经》曰:"夫孝,德之本也,教之所由生也。"孝是一切道德的根本,所有品行的教化都是由孝行派生出来的。每个人只有做到对父母尽孝道,对兄弟姐妹尽悌道,这个家庭的和谐才有了根本的保障。因而"孝悌"是立身齐家之本,是人们应该遵行的基本道德规范和判断行为是非、善恶的价值标准。孝悌是治家之本,也是优秀家风的基本内涵,是家庭教育的关键所在。

"和合"是治家之道的另一重要理念,"家庭之间,以和顺为贵。"[1]"亲睦"才能"家齐",以"和"为贵是家庭幸福、家道隆昌的前提和基础。据史料记载,浙江浦东郑氏家族,从北宋建炎(1127)初年开始就累世同居,同灶而食,人口最多时达三千,其中一支维持了十九世,跨越宋、元、明三代,凡三百余年。郑家以孝义名重浙东,被誉为"浙东第一家",明建文帝曾御书"孝义家"赐之。这个大家族之所以能"九世同居",举家和睦相处,恪守封建家庭伦理,不能说不依赖于长期形成的纯朴家风[2]。"和合"观念深入人心,我国历代家训家风都强调家庭和谐的齐家之道"和为贵"的价值观也为我们中华民族普遍认同,铸就了民众的整体意识和协同精神。

持家勤俭也是治家之道的重要内涵,是我们民族的优秀传统。宋太祖赵匡胤一生节俭,自称"为天下守财",在位多年后仍不改初衷,并要求其家人一起力行。赵匡胤在宫内见女儿永庆公主身着缀满翠鸟羽毛的绣花短衣,要她马上脱下,并严肃告诫她:"主家服此,宫闱戚里必效仿。京城翠羽价高,小民逐利,展转贩易,伤生广,实汝之由。汝生长富贵,当念惜福,岂可造此恶业之端!"[3]许多家训作者都强调节俭不仅是生活资料的节用,而且是修身养德的重要手段。被毛泽东称为"地主阶级最厉害的人物"的曾国藩,一年净收入可达五千四百两银子,但这些钱被他用作了军队开支、捐助公益事业、施舍他人而不留给子孙。他在家书中谈到他决不"蓄积银钱为儿子衣食之需"的理由,即"盖儿子若贤,则不靠宦囊,亦能自觅衣饭;儿子若不肖,多积一钱,渠将多造一孽,后来淫佚作恶,必且大玷家声"[4]。曾国藩这种自立自强精神的教导对其家族和子孙影响深远,其家风的传承也是曾

---

[1] 《左宗棠家书》,许啸天句读,胡翼云校阅,知识产权出版社2012年版。
[2] 陈延斌:《论传统家训文化与我国家庭道德建设》,载《道德与文明》,1996年第5期。
[3] 李焘:《续资治通鉴长编》,中华书局2004年版。
[4] 《曾国藩家书》,赵焕祯校注,崇文书局2007年版。

氏家族成为历史上的名门望族的重要原因之一。

正身率下、憎爱不偏也是优良家风在治家方面的要求。凡是谈及家长责任的家训，无不把家长以身作则、正身率下放到一个突出的位置，要求为家长者持心公平，憎爱不偏。例如，李昌龄辑的《乐善录》，认为为父为师要遵守为父为师之道，而"为父为师之道无它，惟严与正而已"。赵鼎的《家训笔录》，强调家长在家政管理、分配生活用品等方面公平公正，为家人子弟做出表率。他强调："唯是主家者持心公平，无一毫欺隐，乃可率下。不可以久远不慎，致坏家风。"①

可以说，爱物惜物、节用持家、俭以养德、正身率下是中华民族共同的价值认同，数千年来影响着一代代中华儿女，成为我们民族生存发展的重要信念和精神支撑。

（二）蒙以养正的教子之方

家训、家教是家风营造的基本手段，教子之方是家风传承最核心的内容之一。颜之推就说他们家族"吾家风教，素为整密"，在其撰写的颜氏家训中开宗明义提出，写作家训的目的是"整齐门内，提撕子孙"。作为优良家风内蕴的教子之方包括下述基本内容。

一是端蒙重教。传统家教思想强调了早期蒙养教育的重要性。认为"端蒙养是家庭第一关系事"②，应该"当及婴稚，识人颜色，知人喜怒，便加教诲，使为则为，使止则止"③。这样方有利于孩子的成人成才。

二是进德修身。传统文化倡导的优良家风，在教育家人子弟注重品德修养方面包含有丰富的内容，比如重视名节家声，倡导清白做人，谨慎处世，自立自重，宽厚待人，淡泊名利，择善而从，近贤远俊等。

三是砥砺志向。古人将立志看作迈向成功人生、成为对社会有用之才的前提，作为培育优良家风的重要内容。许多家训都勉励子弟立大志、成大器，做一个有作为的人。嵇康《家诫》认为"人无志，非人也"。明代王守仁专著《示弟立志说》，勉励其弟王守文树立"为圣人之志"。左宗棠在致儿子孝威、孝宽的信中，要他们"读书做人，先要立志"。曾国藩在家书中也提出"但自问立志之真不真耳"，告诫家人、子弟要自立自强，树立远大的抱负和理想。

四是"读书亲贤"。培养子弟读书求学习惯，引导他们从小知礼近贤，也是传统家风熏陶子孙的一个重要方面。《颜氏家训·勉学》中明确指出："夫所以读书

---

① 徐少锦、陈延斌：《中国历代家训大全（上删）》，中国广播电视出版社 1993 年版。

② 孙奇逢：《孝友堂家规、恒产琐言、孝友党家训、聪训斋语、蒋氏家训德星堂家训》，丛书集成初编本，中华书局 1985 年版。

③ 颜之推：《颜氏家训》，易孟醇、夏光弘注译，岳麓书社 1999 年版。

学问,本欲开心明目,利于行耳。"颜之推历仕四朝,皆被重用,他将此归为自己的读书尚学,因此他十分重视知识和技能的学习,提出了"积财千金,不如薄技在身"的思想,推崇勤、精、博、虚、实的学习方法。《朱子治家格言》也说"子孙虽愚,经书不可不读"。实际上,儒家倡导的"学而优则仕"的观念,并非单纯宣扬读书为了举业"'学而优则仕'是孔子为知识分子规定的一种行为模式,旨在学以致用,大济苍生,却并不是说学习好了就只求做官,谋取个人利益"①。这种理念在不少家训家教中都被强调。譬如曾国藩在家书中就教导其弟要努力进德修业,他说:"吾辈读书,只有两事:一者进德之事,讲求乎诚正修齐之道,以图无忝所生;一者修业之事,操习乎记诵词章之术,以图自卫其身。"他认为读书首先是为了增进自己的道德修养,追求诚意正心修身齐家之道,以无愧于此生;其次,才是将读书作为谋生的手段。这与明代东林党首领高攀龙家训中强调的"读书亲贤"、读书"穷理"一样的意思。

(三)重品崇德的修身之法

古代家庭教育十分重视子女的品性修养,将其作为教育的首要目标。他们尤其要求子孙注意涵养爱心,将"做好人"放在为人处世之首。刘备临死之前谆谆告诫儿子刘禅"勿以恶小而为之,勿以善小而不为"。《郑氏规范》等家训要求家人除非特殊原因,不得延请乳母喂养孩子,以免使乳母之子忍受饥饿,缺乏照顾。郑板桥在"万般皆下品,唯有读书高"的社会里,也认为做个好人是第一重要的,"夫读书中举中进士做官,此是小事,第一要明理做个好人"②。高攀龙在其《家训》中向家人辩证地阐述了爱人敬人、做好人的重要性。他说:"爱人者,人恒爱之;敬人者,人恒敬之。我恶人,人亦恶我;我慢人,人亦慢我。"还说:"做好人,眼前觉得不便宜,总算来是大便宜;做不好人,眼前觉得便宜,总算来是大不便宜"。他要子弟家人发扬人道,关心周济贫穷。

被奉为中国传统社会家庭教育必读教材的《颜氏家训》,其中的"风操篇""慕贤篇",就是要求其家人、子孙礼义谦恭,将贤德之人作为自己的人生楷模。

(四)亲仁济众的处世之则

待人接物的处世之道,也是传统优秀家风的重要内容,涉及社会交往的方方面面。

首先,和待乡曲。在宗法社会,如何处理好乡亲、邻里关系,是一个重要的问题。在这方面,传统宗规族训无不坚持内睦家齐、外睦相济的原则,对族众进行和

---

① 翟博:《中国家训经典》,海南出版社2002年版。
② 《郑板桥集》,上海古籍出版社1979年版。

待乡曲的教育。上文提及的浙江浦江郑氏家族的族训《郑氏规范》叮嘱族人："当以和待乡曲，宁我容人，勿使人容我。"传统宗规族训都劝告家人如遇邻里纷争，以忍为上。明代官吏蒋伊在其制订的《蒋氏家训》中说"和睦邻里族党，勿听家人及妇人言致争"。乾隆年间直隶任邱县《钓力氏族谱·家训》规定："遇贫贱下等之人，均属乡里，要与他些体面，可揖则揖，尔焉能涣我哉？"曾国藩还引用哩语告诫家人和睦邻里的重要性，他说："'有钱有酒款远亲，火烧盗抢喊四邻'，戒富贵之家不可敬远亲而慢近邻也。富贵之家不可敬远亲而慢近邻。我家初移富托，不可轻慢近邻，酒饭宜松，礼貌宜恭。"①

其次，乐善好施。仁民爱物、扶危济困、救难济贫是中华民族优秀的道德传统，也是以家训家风为载体的家文化的优良传统《郑氏规范》在这方面尤为突出，它教育族人要时时"以'仁义'二字铭心镂骨"。许多家训族规中都要求尽自家财力、物力资助贫苦族党乡人。高攀龙引用古语告诉家儿"世间第一好事，莫如救难怜贫"，助人不在费用多少，"残羹剩饭可救人之饥，敝衣败絮亦可救人之寒"。②

再次，讲究诚信。古人把诚实守信作为为人处世的起码准则，认为"人而无信，不知其可也"③。因而，教育子女诚信交友、诚实处世也就成了家训教化、家风营造的重要方面。曾子践诺杀猪的故事是教子诚信的典型范例，曾子这一言传身教的家风实践也为历代传颂。明清时期随着商品经济的发展，出现了大量的商贾家训，其中训诫的核心内容就是"诚信经营"，讲究货真价实，货价相当，取之有道。

最后，慎择交友。在传统家训文献中，绝大部分作者都注意到了社会环境和友邻品行对子弟成长的重要影响，反复告诫子弟谨慎择友。提醒他们慎重交友，坚持近君子、远小人的交友之道。譬如，朱熹就要儿子结交"敦厚忠信，能攻我过"的"益友"，不交"诌谀轻薄，傲慢亵狎，导人为恶"的"损友"④。

二、传承优良家风对于培育社会主义核心价值观的重要作用

培育社会主义核心价值观是一项长期的、艰巨的系统工程，需要贴近百姓生活，从小时、小处抓起，使人们在潜移默化中接受教育，积淀素质，自觉践行。家风熏陶根植于每个人的生活之中，具有巨大的影响力，挖掘和利用家风中所包含的有利于时代进步的价值追求。弘扬优秀家风虽然不能对应社会主义核心价值观的全部内容，但对引导人们认同和践行社会主义核心价值观有着重要作用，尤其

---

① 《曾国藩全集·书信》，岳麓书社1991年版。
② 高攀龙：《高子遗书·文渊阁四库全书第1292册》，上海古籍出版社1987年版。
③ 《论语·为政》，中华书局2006年版。
④ 吴言生、翟博：《中国历代家训集锦》，三秦出版社1993年版。

对在个人层面的核心价值观的培育和践行方面更是起着直接的促进作用。

(一)传承优秀家风是宣导社会主义核心价值观的重要载体

"治国之道,实由家治也"(张九龄)。习近平总书记指出,社会主义核心价值观是一种德,既是个人之"小德",也是国家之"大德"。家风就是一个家庭的生活方式、文化氛围,作为传统道德教育最基本的方式,优良家风是中华优秀文化的积淀,包含了中华民族内在的道德文化,体现着中华民族丰富的精神内涵和价值追求,是中华民族生生不息、发展壮大的丰厚滋养。良好的家风对社会而言,就是一种"德"的力量。优秀家风彰显了优秀传统文化的基本精神,无疑是涵养社会主义核心价值观"小德"与"大德"的重要思想源泉,能够使抽象的社会主义核心价值观变得具体而鲜活。

(二)传承优秀家风有助于社会主义核心价值观的落细、落小、落实

习近平总书记在中央政治局第十三次集体学习时提出:"一种价值观要真正发挥作用,必须融入社会生活,让人们在实践中感知它、领悟它。要注意把我们所提倡的与人们日常生活紧密联系起来,在落细、落小、落实上下功夫。"核心价值观是较为抽象、深邃的价值理念,易于被知识分子、领导干部接受和理解,但要为广大民众认同,就必须贴近民众,融入他们的日常生活。而家庭是人生第一所学校,也是价值观塑造的起点。传统的家训、家风、家文化,作为中华民族优秀文化遗产的重要组成部分,不但有父母培育子女积极价值观的经验之谈,也有卓有成效的思想品德教育的路径、方法。而社会主义核心价值观尤其是个人层面的价值观恰是对传统家训教化和优秀家风中治家、睦亲、教子、处世价值和标准的承接、升华,这为社会主义核心价值观落实、落细、落小提供了良好的共识基础。传承优秀家风可以使社会主义核心价值观在精神层面上"深入",具体行动上"浅出",增进人们对社会主义核心价值观的认知、认同、践行。因此坚持古为今用、批判继承原则,挖掘和利用传统家风文化这一宝贵财富,取其精华,弃其糟粕,有利于社会主义核心价值体观接地气、贴民心,融入到百姓日常工作生活之中。

(三)传承优秀家风有利于促进社会主义核心价值观的大众认同

《大学》云:"一家仁,一国兴仁;一家让,一国兴让。"一个文明进步、健康向上、欣欣向荣的社会,必定依赖民众良好的思想道德素质和文明行为,而家庭建设则是塑造人的价值观、培育人的思想品德、行为习惯的关键。《史记·循吏列传》说:"施教导民,上下和合。"与社会上自上而下的社会主义核心价值观宣传培育相比,家风家教具有深入人心的无形力量,它用最贴近生活的方式,使得我们社会所倡导的核心价值观念变得更加具体、鲜活,通过言传身教渗透于人们成长的日常生活,教会人们基本的价值认知和价值判断,影响人的价值观的形成和变化。优

秀家风植根于人们的日常生活世界,蕴藏了人们崇德向善的道德意愿和积极价值追求,这种发挥价值观"正能量"的家风既需要培育,也需要弘扬和传承。同时,家风正则民风淳,民风淳则党风清、政风廉。通过传承优良家风、实施正确的家庭教育,符合社会主义核心价值观要求的思想道德意识、价值理念就能更好地被人们接受和认同,进而转化为行为指南,带动整个社会风气向善向好。

因此,以传承优秀家风作为切入点,可以充分调动广大群众参与社会主义核心价值观教育的积极性和自觉性,增强人们对社会主义核心价值观的认知感和认同感,营造和优化良好社会环境,促进人们对社会主义核心价值观的大众认同。

三、传承优秀家风培育社会主义核心价值观的理路

要提高社会主义核心价值观的大众认知认同度,必须努力将抽象的价值理念渗透于民众日常生活。我们认为,传承优秀家风培育社会主义核心价值观,应重点从三个方面着手。

(一)立足时代语境塑造优秀家风,使之与社会主义核心价值观相承接

传统家风文化作为中华民族传统文化的重要组成部分,它包含了诸多积极向上、具有时代价值的观念,但也存在不少糟粕。

在继承传统、培育时代家风的过程中,要坚持古为今用、批判继承、取优汰劣、承故拓新的原则。优秀家风传承不仅是对优秀传统文化的传承,还应与时俱进,赋予传统家风新的时代精神、时代内涵。一方面,我们要注重挖掘整理我国世家大族、名人志士的家教家风。传统社会的家训文献中所体现的家风往往是围绕儒家倡导的核心价值观展开的,不少名士先贤家训,多是教人和睦向善、诚信处世、勤劳节俭。我国老一辈革命家的革命传统家教家风,体现了不搞特权、清廉自守、生活俭朴、严格要求子女的良好家风,更为我们留下了宝贵的精神财富,这些都要认真传承。另一方面,应该更多关注普通家庭的家教家风。千千万万普通群众各有自己的家风传承,各有形式不同的家教经验,应该注意征集和挖掘提炼,将其可学可鉴的心得精华和积极价值取向,与社会主义核心价值观相对接,在树立好家规、讲好家庭美德故事、营造优良家风中融入社会主义核心价值观,促进广大民众接受、认同和身体力行。

我国传统家训族规和近现代先哲先贤、革命志士留下的家规家范,都鲜明地体现了中华民族"邻德里仁""诚实守信""勤劳节俭""端蒙正养""清正廉洁"等优秀家风,这些需要继承和弘扬。但有些包含封建专制、家长独裁、男尊女卑的价值观念,则与社会主义核心价值观倡导的自由、平等、民主、法治等理念大相径庭。因此,在利用传统家训教化推进社会主义核心价值观培育和践行的过程中,要对

传统家风中的价值观念进行合理扬弃,实现创造性转化和创新性发展,探寻出根植于优秀传统家风文化、符合中国国情、体现时代思想道德诉求和价值导向的新型家风、家文化。

(二)注重父母长辈言传身教,潜移默化传承优秀家风

颜子推在其家训中谈到撰写家训的目的时指出:"夫同言而信,信其所亲;同命而服,行其所服。"即关系亲密的人所说的话,人们容易相信;人们所敬佩的人所发出的指令,愿意接受。由于父母与子女亲密无间的血缘关系和父母在孩子心目中的崇高位置,比起师友所传授的思想,父母亲人的教诲更能潜移默化,入耳入心,收到其他教育不能比拟的效果,使得孩子更容易接受这种教化。

《论语·子路》篇说:"其身正,不令而行。其身不正,虽令不从。"家长作为子女的首位教师,需要言教,更需要身体力行,努力提升自己的道德素养,并以自己的实际行动以身立教,影响子女。司马光的家风清白为时人公认,他在所著的《家范》中,不惜篇幅节录了不少儒家经典中的治家、修身格言,并大量采辑了"自卿士以至匹夫"的"家行隆美可为人法者"的典型事迹,以供子弟、家人学习效法。司马光还在《家杂仪》这篇家训中嘱告家人:"凡为家长,必谨守礼法,以御群子弟及家众。"

在社会转型、价值取向多元化的今天,培育、践行和传承时代家风更需要一代代家族成员的努力。对洋溢时代精神的中国特色社会主义的核心价值观,父母长辈要认真学习、深入领会,努力实践,并在日常生活中以自己的言行诠释和示范,让孩子潜移默化地受到熏陶和教化,给他们带来励志进取的精神力量和正确的价值导向。

(三)家庭、学校、社会、媒体形成合力,共同助推以优秀家风涵育核心价值观

良好的家风传承是社会风气健康发展的前提,也是培育和践行社会主义核心价值观的重要载体。家庭、学校、社会、媒体应将社会主义核心价值观作为思想道德建设工作的重要工程,形成以优秀家风建设涵育核心价值观"四位一体"的工作合力,让民众感受到核心价值观像空气一样无处不在,从而达到内化于心、外化于行的效果。

传承优秀家风是最有效的家庭教育方法,每个家庭都应注重优秀家风的培育和传承。家庭、学校、社会也要共同配合,2015年10月11日,教育部下发的《关于加强家庭教育工作的指导意见》就提出"强化学校家庭教育工作指导,加快形成家庭教育社会支持网络"的要求。家长和学校应共同努力,共同成为优秀家风文化的传播者,将社会主义核心价值观的理念融入到家风文化建设之中,打造以优秀家风文化涵育核心价值观的教育平台。

构建家庭教育、家风培育的社区支持体系才能形成合力。社会主义核心价值观只有走出"象牙塔",才能在群众日常生活中打上印记。教育部门要与相关部门密切配合,推动建立街道、社区(村)家庭教育指导机构,为家长提供公益性家庭教育、家风建设指导服务。通过组织开展讲堂、报告会、文化长廊、文化展演等活动载体,让优秀家风文化进社区、进家庭。

以优秀家风文化涵养社会主义核心价值观,要注重社会媒介、新闻媒体主阵地的作用,努力挖掘家风背后的故事,重点打造一批具有现代化气息、能够传播核心价值观的优秀家风文化节目和网站,加强社会主义核心价值观舆论引导。

家风聚为民风,民风汇成国风。家庭、学校、社会、媒体共同协作,形成合力,就能构建以家风文化渗透、滋养社会主义核心价值观的长效机制,提高价值观教育的实效性。

吴韵汉风：江苏南北特色文化的和合之道*

江苏地形南北狭长，最长直线距离达460公里。长江自西向东穿境而过，将江苏自然地分割为江南和江北两部分。长江天堑客观上成为南北交通的巨大门槛，不同的地理环境使江苏大江南北长期处于不同的生产、生活环境及各自相对的社会环境中，从而逐渐形成各具特色的区域文化。苏南以苏州为代表，是吴文化圈；苏北则以徐州为代表，是汉朝文化的发祥地，南北差异明显，风情与韵味各异。吴韵流转，汉风激越，二者交融与撞击，从而铸就了属于江苏特色的南北兼容、刚柔相济的文化底蕴。而"吴韵汉风"的区域文化定位正是不同区域、不同特质、不同事物之间相互促进、相互依存、相互影响的和合文化精神在区域文化中的完美体现。近年来，江苏省在文化强省建设中，从区域文化的角度提出了"吴韵汉风"的文化形象定位，并将之作为江苏省区域旅游形象的阐释和区域发展战略的一个重要方面。就此展开研究，对于弘扬江苏精神、促进文化发展具有现实意义和当代价值。

一、吴文化与汉文化的特质

区域文化是"文化的空间分类，是类型文化在空间地域中的凝聚和固定，是研究文化原生形态和发展过程的以空间地域为前提的文化分布。它将具有相近的生存方式和文化特征的集结作为单独的认识对象，然后进行历史的和分类的规定和探源，了解每一个区域文化中拥有的内容，从而展现文化学中一种分支的研究价值和意义"①。吴文化与汉文化作为江苏南北两极区域文化的代表，在其历史发展演变中形成了各自空间地域中所凝聚和固定的文化特质，并表现出明显的差异与不同。

---

* 本文作者：赵明奇、李玉铭
① 李勤德：《中国区域文化》，太原山西高校联合出版社1955年版。

(一) 吴文化的"秀美"

有学者对吴文化的精髓用"秀美"两个字来概括。"发乎言则吴侬软语,悠扬幽婉;发乎情则丰富细腻,柔情似水;发乎性则心灵手巧,坚刚化作绕指柔;处处充满一种清雅婉丽、柔润细腻、和谐蕴藉的文化气息。"①吴地位于长江下游的太湖流域,这里山明水秀,河流纵横,气候温润,雨水充沛。吴文化便是太湖流域以水为本的水乡文化,是在太湖流域特殊的自然环境、生产与生活方式的影响下而形成的具有鲜明特色的区域文化。吴文化的"秀美"特征主要表现在崇尚阴柔、尚文重教等方面。

1. 崇尚阴柔

吴文化是水的文化,烟雨迷蒙、波光粼粼的自然美景涵育了吴人的似水柔情。诞生于水乡泽国的吴文化,不仅具有水的清新气息与柔美风格,而且还具有水的鲜活灵性,吴文化丰富的物质与精神成果无不依赖于水的浸润和滋养。食有稻鱼菱藕,居有枕河人家,行有小桥舟楫。绕水而筑的城镇、龙舟竞渡的习俗、民风民歌的柔情特色无不体现着吴文化的"水性"。吴侬软语的方言、小桥流水的古城、曲折变换的园林、细腻生动的刺绣与雕刻又彰显出吴文化所特有的温柔细腻。

吴文化崇尚阴柔的文化特质在价值取向上表现为追求"精致"的特征,在审美情调上则倾向于"清雅"的情怀,在表现形式上推重的是玲珑剔透、精妙小巧之美。

作为吴文化代表的苏州,自古就有精巧细腻的传统,这种特质内化于苏州人生活方式的本身。历史上,苏州传统农业以精耕细作著称于世,我们不仅惊叹其农田水利、增肥改土的独特方法,也被其独到的间夹套种、精细管理所折服。在工艺品方面,苏州更是以其工艺技术的精密细致天下闻名。作为全国四大名绣之一的苏绣,便以其针线细密、构思精巧著称,乱针绣、双面异色异形绣、发绣等技法异彩纷呈,开创一代绣艺新风。诗文风格是居民文化心理倾向的风向标和重要组成部分。纵观苏南历代文学,作家们的创作格调基本以清新、典雅、婉丽为主。"清代编修的《四库全书》是我国规模最大的一套丛书,其中《集部》共收苏南地区自晋迄清历代作家的诗文集、词曲集167种,经《四库全书总目提要》评定,这些作品的风格绝大部分都属于清雅型。其中,风格评语出现最高的字词,列在首位的是'清',以及与它比较接近的'淡''洁'等,共出现65次。其次是'雅',以及性质与它比较接近的'典',共出现50次。再次是'丽',以及性质与它比较接近的'秀''艳'等,共出现45次。而评语为'壮''雄''奇''劲'等,属于阳刚型风格的仅数例而已。"

---

① 长森材、马砾:《江苏区域文化研究》,江苏古籍出版社2002年版。

2. 尚文重教

魏晋以来,经隋唐五代,中原战乱,而吴地远离国家政治中心,战争较少,又有长江、钱塘江等天然屏障,发达的经济和安定的社会便给吴地人创造了安心读书的良好环境;同时,也吸引了大批知识分子流向吴地,为吴地注入了大量的文化基因。南宋迁都杭州,大批文人又一次南渡,吴地俨然成了全国的文化中心。文人的聚集,读书风气的兴起,最终涵化了吴人的性格,使吴地的民俗风气和社会结构相应地发生了变化,尚文重教的社会风气逐渐形成。

发达的经济、安定的生活、优美的环境使吴地形成了尚文重教的风气并延绵千年而不衰,在官方和民间均形成炽盛之势。北宋范仲淹在苏州首设学府,大力倡导教育,开创东南兴学之风。书院兴盛,文化繁荣,名流辈出,称冠全国。文化世族、诗礼传家、书香门第比比皆是。自隋唐兴科举以来直到清末,在近1300年的时间跨度中,苏州地区出状元45名,占全国的8.2%"状元群落"已经成为吴文化历史上的一个奇观。① 随着尚文重教传统的全面深入,吴地文化在文学、史学、艺术等众多领域更是全面开花,如东晋杰出画家顾恺之,北宋政治家文学家范仲淹,南宋著名诗人范成大,元代著名画家黄公望、倪云林,明朝"吴门四家"沈周、文徵明、唐寅、仇英,明著名俗文学家冯梦龙、地理学家徐霞客,清代启蒙思想家顾炎武、文学家钱谦益、吴梅村、文学评论家金圣叹、地理学家顾祖禹、目录学家缪荃孙、人口学家洪亮吉、历史学家赵翼等,数不胜数。② 这种繁荣昌盛的局面既推动了吴文化的进一步发展,又反过来促进了教育的再进步。"文""教"相长,循环往复,大大增强了吴文化的活力。

(二)汉文化的"雄豪"

与吴文化的"秀美"不同,汉文化的精髓可以用"雄豪"两个字来概括。长于行豪举、抒豪情、著雄文、逞雄辩,气象宏丽雄伟,气度豪迈雄壮,气魄叱咤风云,性格豪爽,风格豪放。汉文化的这一特征是在漫长的历史时期,经历了与自然、社会的长期斗争而逐渐形成的。苏北地处淮、泗、沂、沭诸河流域下游,有"洪水走廊"之称。苏北遭受黄水之害,可以上溯到两千年前。徐州地处水陆要冲,历来为兵家必争之地,素有"自古彭城列九州,龙争虎斗及千秋"之说。然而,正是苏北人民以雄伟的气魄与洪水顽强搏斗,在历代战火的磨炼中培养出了具有苏北气息的"雄豪"之气。它的"雄豪"之气主要表现在崇尚阳刚、重勇尚武等方面。

---

① 许树东:《古都苏州新天堂:吴文化与苏州(续集)》,白山出版社2004年版。
② 许伯明:《吴文化概观》,南京师范大学出版社1996年版。

1. 崇尚阳刚

纵览苏北历史,古往今来,每一次军事对峙、每一个朝代更替都曾产生许多英雄豪杰、仁人志士,他们在这片土地上谱写了特殊的"英雄文化"。他们为社会的发展、经济的振兴、文化的昌盛做出了不可磨灭的贡献。他们所开创的历史业绩,留下的文化遗产、遗迹无不充斥着崇尚阳刚的"雄豪"之气。"霸王项羽在反抗暴秦的战争中建立赫赫战功,表现出'拔山盖世'的英雄气概;高祖刘邦崛起丰沛,创立西汉帝业,显示了'威加海内'的巍巍雄风;南朝宋武帝刘裕两度出师北伐,灭南燕,亡后秦,'金戈铁马,气吞万里'。巾帼英雄梁红玉大战金山,威震大江南北;抗金英雄魏胜率众死战,保卫楚州(今淮安),血染沙场;阎尔梅、万寿祺同举抗清义旗,持节不仕,正气凛然;国门卫士关天培抗击英军,不畏强暴,以身殉国,气壮山河;民族英雄杨泗洪抗击日寇,死守台湾,流尽最后一滴血⋯⋯"①。正是这些崇尚阳刚的英雄人物创建的英雄业绩与英雄文化,代代相传,激励和哺育着这一方人民。

汉文化居民本就性格刚毅,汉帝国的空前强大使他们的价值观和审美观充溢着一种以巨丽、粗犷为特征的阳刚之气。"高祖的《大风歌》响遏行云,霸王的《垓下歌》千古绝唱。'莫言马上得天下,自古英雄尽解诗(唐代诗人林宽诗句)。'"一首《垓下歌》,一首《大风歌》,超越时空,播化久远,奠定楚汉文化豪放壮美的基调。古人云,"君子之德风,小人之德草,草上之风必偃(《论语·颜渊》)。"上层社会崇尚巨丽、粗犷的文化取向,最终演变成一种社会化的风俗习尚,并深刻地影响着一代又一代徐淮地区文化居民。

2. 重勇尚武

与吴文化"崇文重教"的文化特质不同,汉文化体现的则是"重勇尚武",一文一武,南北交融,无不体现着"吴韵汉风"的和合之道。

徐州一带区位条件优越,历来为兵家必争之地,"千古兴亡征战地,莫将蕞尔视徐州(清代诗人叶道源《彭城杂咏》)。"先秦时期,徐淮地区的先民先后建立彭国、徐国等方国。徐偃王时期,徐国是较发达的大国,正如史料记载"徐偃王处江东,地方五百里,行仁义,割地而朝者三十有六国"。封王即位之初即亲率大军东征徐夷,徐夷被打败。周穆王即位十七年(公元前985年)令楚国伐徐,徐国首领徐偃王不忍生灵涂炭,"收兵弃国率众败走,彭城武原县东山下"。徐国直到公元前512年被吴国所灭,后这一带又为越国、楚国所占领。从楚汉相争到近现代,在徐州发生的规模较大的战争达200多起,民族大义与生死攸关的利害关系,将生

---

① 蔡葵:《楚汉文化概观》,南京师范大学出版社1996年版。

于斯长于斯的千百万人民凝聚在一起,让他们奋勇地去战斗、拼搏,以争取生存和自由。历代战火造就出正直、刚毅、豪爽、为正义而"好勇轻死"的徐淮人精神,也展现着汉文化重勇尚武的文化特质。

尚武精神作为汉文化的一种特质蕴含于苏北地区的各个文化领域。比如民间体育与游艺活动,与苏南轻柔典雅不同,这里盛行武术、杂技、斗鸡、斗羊、风筝、赛棋、拔河等活动。在这些活动项目中无不体现着"勇"与"武",即使是同样的项目,也有别于其它地区。"比如风筝,徐州有名的'硬翅鹨',造型矫健壮美,气势雄伟,放飞空中,沉稳端庄,有将帅风范;比如杂技,这里大多擅长表演体育性强的节目,具有北方杂技的挺拔刚劲的气势。再说民间戏曲吧,柳琴戏、淮海戏、泗州戏等,统统属于'拉魂腔'系列,那粗犷浑厚,那声大势壮,实在具有'楚汉雄风'的特质;梆子戏,传统剧目几乎都是经过几代民间艺人创作流传下来的历史故事,《反徐州》《战洛阳》《战洪州》《佘太君发兵》……用不着听那高亢雄浑的唱腔,看一看这些剧目的名字,梆子戏的特色就可略知几分了。"

二、吴文化与汉文化和合的必要性

必要性是相对于选择性而言的一种事物倾向,是达到一定目标所需要的条件因素。在当今社会主义文化事业大发展的形势下,对其优质文化进行整合,既符合历史发展的规律,也顺应了时代发展的要求。吴文化与汉文化作为江苏南北不同特色的区域文化,其和合的必要性主要表现在:文化特质优势的互补性以及文化在促进江苏南北经济发展方面表现的价值性。

江苏南北差异明显,风情与韵味各异。地理位置的差异造就了民风民俗的不同,吴文化的"秀美"对应的是汉文化的"雄豪",吴文化崇尚阴柔、尚文重教的柔情对应的是汉文化崇尚阳刚、重勇尚武的刚强。一柔一刚,一文一武,形成一对完全对立的矛盾体,而在对立中又无不彰显着"和合"的统一。和合文化源远流长,它是中华传统文化的精髓,也是佛教文化的核心价值所在。"和"即和谐、和平、祥和,"合"即结合、合作、融合。和合文化是在承认不同事物之间矛盾、差异的前提下,把彼此不同的事物统一于一个和而不同的和合体中,并在其和合过程中吸取各个事物的优长而克其短,使之达到最佳组合,从而促进新事物的产生,推动新事物的发展。而吴文化与汉文化的融合,吴韵汉风区域文化的形象定位,正是和合文化精神在不同区域文化之间的完美体现。十七届六中全会,党中央提出了把社会主义文化建设放在重要战略位置的目标。近年来,江苏省委、省政府又提出了"把江苏建设成为与经济发展相适应的文化大省"的战略目标。因此,吴文化与汉文化的和合以及"吴韵汉风"区域文化目标的定位不仅体现了传统文化的精髓——

和合文化精神,更是当前社会主义文化建设、"文化江苏"战略目标以及新时期"三创三先"江苏精神的完美阐释。

(一)江苏南北文化特质上的互补性

矛盾在唯物辩证法中即对立又统一,是指事物内部各个对立而之间互相依赖而又互相排斥的关系。吴文化与汉文化作为江苏省南北地区的区域文化,在文化精髓与特质方面表现为完全的对立,从而形成看似完美的矛盾体。不过,在当今社会主义文化建设和"文化江苏"战略实施的过程中,需要这对矛盾体彻底克服其对抗的因子,不断加强其相互依赖、相互融合、融会贯通的程度。吴文化与汉文化的和合,"吴韵汉风"区域文化战略地位的提出,正是在新形势下作出的重要决策。

吴文化的"秀美"加上汉文化的"雄豪",吴文化崇尚阴柔、尚文重教的柔情加上汉文化崇尚阳刚、重勇尚武的刚强,便塑造了兼具南北文化气息的"江苏文化",这种特色文化的形成正是新时期"三创三先"江苏精神在文化事业上的体现。秀慧、细腻、柔和、智巧的吴文化性格加上朴实、粗犷、刚劲、拙直的汉文化性格,一方面有精明能干和细腻聪慧,另一方面又有大英雄、大丈夫的威猛之风和雄心壮志,具有这样一种组合性格的江苏人一定会在新时期创造新的"江苏奇迹"。

(二)江苏南北文化交流的经济价值性

地域文化作为一种非物质性因素的总和属于上层建筑范畴,在一定的条件下反作用于经济基础,因而吴文化与汉文化和合的必要性亦体现在提升南北区域经济发展的意义上。文化整合所带来的经济发展上的价值性主要表现为:优质文化通过整合,不同区域之间进行交流与借鉴,促进文化产业的结构调整,带动文化事业的发展,推动文化企业的繁荣,从而产生一定的经济价值效用。

吴文化与汉文化的诸多优秀内涵,诸如秀美、雄豪、秀慧、朴实、柔和、刚劲等,经过多年的提炼已成为人们的共识。任何一种文化得以流传继承都有赖于当代价值的体现,反之则会遭遇淘汰的命运。江苏虽然有几个文化区,但是最能代表全省区域形象的便是"吴韵汉风"。"吴韵汉风"的区域文化定位既囊括了江苏的精华区域苏南地区,也涵盖了徐州所在的苏北地区,是对江苏比较综合的定位。苏南、苏北有着很大的经济发展梯度差,在文化上也有很大差异,而"吴韵汉风"高度凝练了江苏区域文化特征,兼顾南北,从而对增强江苏南北的凝聚力、维持地区的统一性、促进南北经济的高速健康发展具有十分重大的现实意义和当代价值。

吴文化与汉文化是江苏人民共同的精神财富,对苏南、苏北的诸多城市而言,这两种文化和而不同、和谐共进的精神可以有力地推进江苏城市圈一体化的进程,并且对于打造具有吴文化与汉文化韵味的城市形象和品牌、提升自身的文化软实力具有十分重要的价值。

城市形象和影响力是文化软实力的重要体现,城市的文化魅力很大程度上依赖于城市形象和品牌,而良好的形象和品牌则需要优秀的文化因子去填充。近年来,各地城市大打文化牌,以苏州为核心的吴文化圈和以徐州为核心的汉文化圈,也都紧紧围绕各自区域的文化主题开展了许多卓有成效的发掘和宣传工作。在苏南,"吴文化节活动的举办,有效地扩大了吴文化的影响和辐射半径,连续多年举办吴文化国际学术研讨会有力提升了吴文化研究的深度。吴文化出土文物的保护、吴文化申报世界非物质文化遗产以及吴文化博物馆的建立,都吸引了更多的目光,使吴文化在更大更高的层面取得了深远影响。"①在苏北,"彭祖故国、刘邦故里、项羽故都"的两汉文化品牌的打造,扩展了汉文化的张力。徐州云龙山庙会、泰山庙会、彭祖庙会的举办,发扬了汉文化的优良传统。徐州汉文化国际旅游节的举办,打造了汉文化的国际品牌。这些活动无疑对本区域的经济文化建设起到了积极作用。

任何文化的形成和发展都有一个哲理的内核作为支撑点,这就是地域文化特征或主题。地域文化是一个群体意识、价值观念、精神风貌、行为规范和管理方法等非物质性因素的总和,它对区域经济发展的作用不可估量。一般来说,区域经济发展的速度和取向离不开文化的支撑。同时,我们也应该看到,文化本身是由若干文化丛和文化因子组成,它们之间相互作用、相互依存、相互补充、相互制约,共同构成了复杂的网络体系。在这个文化产业异军突起的时代,如果单纯强调某一个区域文化的特色,势必造成整体文化开发的单薄。因此,如何把不同区域之间不同特色的优质文化进行整合,从而形成具有综合性、整体性的文化丛或文化带,是当今社会主义文化事业应该努力的方向和发展的目标。吴文化与汉文化的和合、"吴韵汉风"区域文化的定位是江苏省在新形势下必须要做的抉择,这不仅有利于实现江苏文化强省的战略目标,对于缓解南北经济发展的不平衡性、缓解社会矛盾、促进社会和谐也有着十分重要的现实意义。

三、吴文化与汉文化和合的途径

(一)打造"吴韵汉风"旅游新资源

文化旅游是开发历史文化资源的重要手段,旅游市场是文化的重要组成部分。同时,旅游资源的分散性和互补性,以及游客的移动性与能动决定了旅游市场建设、合作和一体化的重要性。吴文化与汉文化作为江苏南北地域各具特色的区域文化,如果能进行文化资源的整合,打出"吴韵汉风"的文化旅游招牌,那不仅

---

① 庄若江:《吴文化的当代价值解读》,载《江南论坛》,2011年第5期。

解决了江苏南北旅游资源的分散性和互补性等问题,这"秀美""雄豪"南北迥然不同的文化气质也必将使海内外游客更能感受到江苏文化的魅力。

1. 整合南北文化资源,打造"吴韵汉风"旅游品牌

现如今,吴汉两地在社会主义文化事业的建设中都形成了自己各具特色的旅游品牌。苏州在旅游发展中提出的是"鱼米之乡""丝绸之都""园林之城"等美称,徐州则主要以"两汉文化""战争文化"和"彭祖文化"作为自己的旅游招牌。这种区域品牌效应在短期内能产生一定的经济效益,也有利于促进文化的传播,但从长远看又未免显得单薄。鉴于此,江苏省在建设文化强省的过程中应围绕这两种不同特质的文化进行旅游产品的深度开发,充分挖掘它们的内涵和依存关系并进行资源整合,使之成为江苏旅游业的独有品牌,实现品牌带动的内生机制。

2. 实行跨区域联合开发,开设"吴韵汉风"旅游专线

江苏旅游资源空间组合良好,不仅具有沿长江、环太湖、沿海、楚汉文化、徐宿淮五个旅游资源聚集组团,而且还形成了苏锡常通、宁镇扬泰、连盐、徐宿淮等四个旅游片区①。旅游资源空间分布的密集型以及空间组合的良好性就为"吴韵汉风"旅游专线的建立提供了可能。建立以苏州和徐州为两极点、贯穿这五个旅游资源聚集组团和四个旅游片区的"吴韵汉风"旅游专线,不仅可以实现不同区域的产品联合、线路联合,以弥补各自产品的缺陷和丰富整体路线的要求,也必将加速苏北地区经济的发展,从而减小江苏南北经济发展的梯度。

3. 加强区域旅游市场营销,培养"吴韵汉风"声誉

"吴韵汉风"区域旅游形象的定位需通过各种媒介大力宣传才能让更多的人了解。在旅游发展初期可采用一系列促销手段来吸引丰富的客源。一是多渠道、全方位宣传,积极开拓旅游市场,充分利用报纸、杂志、广播、电视、网络等宣传渠道。二是充分利用苏州、徐州优越的地理区位条件,在铁路、公路沿线和机场、火车站、汽车站设置宣传画或宣传牌,突出"吴韵汉风"旅游新形象。三是利用节庆活动,抓住热点和机会进行宣传,提升"吴韵汉风"区域文化定位的知名度和市场竞争力。

(二)建立南北呼应的文化都市圈

文化市场建设以后,如何打破行政分割、强化文化合作成为文化市场发展壮大的首要问题。都市圈作为地域毗邻城市缔结的城市联盟,对于打破行政分割、加强区域一体化进程有着重要的促进作用。同时,都市圈建设既有经济取向,也

---

① 尚会建、陆玉麒、尹贻梅:《江苏省区域形象浅析——对"吴韵汉风"的理性思考》,载《江苏商论》,2006年第6期。

有文化内涵,其强调的是区域合作的文化共同体建设。因此,都市圈的建设和发展,对于文化市场建设与整合有着重要的促进作用。① 以苏州为中心的吴文化都市圈和以徐州为中心的两汉文化都市圈的建立,对于吴文化与汉文化走出苏州、徐州,立足江苏,辐射全国乃至更大地域有着重要推动作用。

建立吴文化与汉文化都市圈是苏南、苏北地区锻造核心竞争力、提升城市综合竞争力、积极应对经济文化一体化时代趋势的必然要求。当前,应该充分发挥吴文化与汉文化兼容并蓄、务实创新的优秀文化特质。首先,要建立"吴韵汉风"区域文化论坛,加强对吴文化与汉文化和合的研讨,特别要着重探讨吴文化、汉文化和合的进程与方式,研究如何既保留其各自的个性,又共同建设具有新时代江苏特色的文化。其次,创建"吴韵汉风"区域文化交流载体。吴文化与汉文化在各自区域做出了成功的典范:吴文化节的举办有效扩大了吴文化的影响和辐射半径,连续多年举办吴文化国际学术研讨会有力提升了吴文化研究的深度;徐州两汉文化品牌的打造扩展了汉文化的张力,徐州汉文化国际旅游节的举办打造了汉文化的国际品牌。这些实践为创建具有吴文化与汉文化特色的区域文化交流机制与载体准备了范例。在这种交流中,吴文化与汉文化才能充分发挥自己的魅力,苏南、苏北区域文化才能在交流中取长补短,共谋创新发展,从而形成新时期江苏精神的特征。

毫无疑问,处于江苏南北两极以苏州为代表的吴文化和以徐州为代表的汉文化以其兼容并包、海纳百川的和合文化精神,一定能够为当代精神文化建设做出有益的借鉴和启迪。

---

① 安宇、孟召宜:《区域历史文化资源与徐州文化市场的培育——以楚汉文化资源开发利用为例》,第二届海峡两岸楚汉文化研讨会 2006 年。

第二篇 02

实践育人

江苏师范大学构建"立体式"实践教学体系*

江苏师范大学把实践教学作为人才培养的重要组成部分,积极探索实施实践教学改革,着力构建"立体式"实践教学体系,创新实践教学模式,不断提升实践教学育人水平。

立体设计,构建实践教学体系。学校通过修订人才培养方案和教学大纲,重新梳理整合实践教学各环节要素,构建了实践教学目标、教学环节、平台支撑、制度保障融为一体,学科基础模块、专业技能模块、创新教育模块相互衔接的多元化实践教学体系,并与理论教学体系相辅相成,成为培养学生实践能力和创新能力的"立交桥"。

内联外延,创新实践教学模式。学校根据教师教育改革发展要求,以校内教师教育职业技能训练基地为依托,以校外实践基地为平台,构建实施了"见习—演习—实习—研习"实践教学模式,形成前后衔接、内外统合的实践能力训练机制,使学生通过模拟演练、参与性观摩、实习单位实习、总结性研究等环节提升实践能力。

深化改革,保证实践教学效果。学校以社会需求和学生就业为导向,以培养学生创新精神和实践能力为目标,积极开展实践教育教学改革,规范实践教学管理,加大实践教学投入,加强实践教学过程控制,强化集中实践教学环节,推进实践教学基地建设,壮大实践教学师资队伍,充实实践教学督导力量,完善实践教学评价体系,切实提高实践教学质量。

* 本文作者:江苏教育新闻网

论家庭建设*

《孟子·离娄上》中说过:"天下之本在国,国之本在家,家之本在身。"无论是在传统社会还是在当代中国,家庭始终是国人安身立命之所,而重视家庭和家庭建设则是中华民族自古以来的传统。习近平总书记在 2015 年春节团拜会上指出:"不论时代发生多大变化,不论生活格局发生多大变化,我们都要重视家庭建设,注重家庭、注重家教、注重家风,紧密结合培育和弘扬社会主义核心价值观,发扬光大中华民族传统家庭美德,促进家庭和睦,促进亲人相亲相爱,促进下一代健康成长,促进老年人老有所养,使千千万万个家庭成为国家发展、民族进步、社会和谐的重要基点。"这彰显了家庭建设任务之重要,揭示了家庭建设在公民思想道德建设和社会和谐发展中的突出地位。

一、家庭建设的内涵要求

家庭建设包括家德培育、家庭教化、家风营造、家业兴建等方面,它们相互影响、彼此渗透,构成一个统一的整体。

家庭美德培育。《公民道德建设实施纲要》提出,家庭美德主要包括尊老爱幼、男女平等、夫妻和睦、勤俭持家、邻里团结。家庭美德不仅起到调适家庭成员关系、邻里之间关系的作用,也是社会道德的重要组成部分,因为从源头看,家庭生活正是社会伦理道德发育的摇篮。

子女教化养成。家庭是人生的第一所学校,父母是人生的第一位老师,家庭建设要把家庭教育作为一项重要任务抓好抓实。良好的家庭教化可以为学校德育和社会德育的实施提供良好的基础,为国民思想道德素质生成和巩固奠定扎实的根基。

家风营造优化。家风是一个家庭在世代生息、繁衍过程中形成的较为稳定的生活作风、传统习惯、道德面貌。纯朴、正派的家风对于子弟、家人良好道德品行

---

* 本文作者:陈延斌、田旭明

尤其是家庭道德观念的形成和巩固有着重要的影响。良好家风的熏陶,会对家庭成员产生潜移默化的教育、规范和激励作用。

家业家产兴建。家人子弟是否品行端正,能否做到勤俭勿奢,决定了家业的兴败与家庭的盛衰。翻阅历史上流传下来的家训家规家书,无不告诫家人子弟勤俭持家。正如曾国藩在给弟弟信中所言,"家中要得兴旺,全靠出贤子弟。若子弟不贤不才,虽多积银积钱积谷积产积书积衣,总是枉然"。

二、家庭建设之于社会建设的意义

历史和现实反复证明,端蒙养、重家教,良好的家风、家教和家庭建设有利于引导家庭成员遵守家庭道德规范,形成父慈子孝、兄友弟恭、夫义妇顺、勤俭持家、和睦友善的家庭氛围,形成守护个人健康成长和家庭幸福、社会和谐的重要力量。

家庭建设关系整个社会的道德水平和文明风尚。"一家仁,一国兴仁;一家让,一国兴让。"一个文明进步、健康向上、欣欣向荣的社会,必定依赖民众良好的思想道德素质和文明行为,而家庭建设则是塑造人的价值观、培育人的思想品德的关键。家庭是整个社会国民道德信仰和核心价值观的重要传承者,父母长辈的言传身教是任何其他教育形式都无法取代的。良好的家庭教育、家训教化和家风陶冶,必然汇聚成强大的正能量,对人性的升华、社会的进步、文明的发展形成有力推动。

家庭建设关乎每个家庭的美满幸福和整个社会的安定和谐。《公民道德建设实施纲要》指出:"家庭生活与社会生活有着密切的联系,正确对待和处理家庭问题,共同培养和发展夫妻爱情、长幼亲情、邻里友情,不仅关系到每个家庭的美满幸福,也有利于社会的安定和谐。"良好的家风家教和家庭氛围有利于形成团结邻里、善待他人、乐善好施的和谐氛围和文明风尚,这对于化解社会矛盾、维护社会有序稳定大有裨益。家风聚为民风,民风汇成国风,家庭建设不仅是修身、立家之本,更是整个社会建设的重要根基和支撑。

三、家庭建设的着力点

改革开放以来,随着市场经济的发展和社会流动性的增强,人们的乡土亲缘逐渐淡薄,家族传承下来的一些良好家风家规的影响力随之减弱。与此同时,现实生活中的父不慈子不孝、家庭暴力等违法悖德事件屡见不鲜,由于家教不严引发的违法犯罪率呈上升趋势,重智轻德、重养轻教等现象日益突出。这些家庭问题的出现,使人们不得不重新思索家庭建设。笔者认为,新时代加强家庭建设,必须抓好以下几个方面。

营造和优化家庭、社会环境以培育优良家风。优良家风的形成既离不开家庭小环境,也离不开社会大环境。父母长辈注重思想道德修养并以身垂范,为子女树立良好形象,有利于温馨和谐的家庭氛围的形成。作为一种"无言的教育",优良家风会使身处其中之人收到"蓬生麻中,不扶自直"之效。净化社会环境,提升社会文明程度也有利于家庭环境的优化,为优良家风的形成和传承提供良好的外部环境;而良好家风又反过来促进民风世风的净化和优化。

汲取传统家训文化精华以涵养家庭美德。以教家立范、"整齐门内,提撕子孙"为宗旨的家训文化是中国传统文化中极具特色的重要组成部分,其核心始终围绕治家教子、修身做人展开,实质是伦理教育和人格塑造。尽管随着时代的变迁,家训文化被淡忘了,但我们绝不能否认它的文化价值和教化作用。在今天,继承和弘扬传统家训文化精华以涵养家庭美德,应着重吸收传统家训中孝敬长辈、待人以诚、勤劳节俭、和睦邻里、乐善好施等伦理原则和道德规范,合理借鉴其养正于蒙、家风陶冶、言传身教、实践养成、情法并用等具体做法,并结合时代需求实现其创造性转化与创新性发展,形成富有时代特色的新型家训文化。

构建家庭建设协同机制以培养青少年优良品质。现代家风、家德建设既需要家庭内部父母长辈的言传身教,又需要学校、社会、政府等外部力量的合力凝聚。就家庭内部而言,父母长辈应该在孩子智慧蒙开之际通过训诫、劝导、感化、奖惩等方式,加强家风家规的正面教育。就家庭外部而论,政府部门应加强家庭公共政策的制定和家庭建设的制度法规保障力度,在这方面,将"与老年人分开居住的家庭成员,应当经常看望或者问候老年人"的条款写入《老年人权益保障法》,就是一个典型例子。学校在课堂教学、课外活动中应适当融入家风家德教育内容,培育学生良好品行。大众媒体应加强"最美家庭"等先进典型的宣传报道,为广大家庭提供良好家风、家德建设的楷模。家庭熏陶、学校教育、社会濡染、政府倡导相互配合、密切协作,进而形成家庭建设的协同互促机制,必将促进广大青少年优良品质的积淀和巩固。

大学生社会主义核心价值观培育的维度分析*

——基于网络微文化视角

互联网时代的显著特点是信息繁杂、良莠并存,也易于引发诸多个人认知、人生价值观的思考和碰撞以及社会道德标准的困惑。囿于汲取知识的方式和凝练人生观点途径的局限,使得迅速达成的认识缺少应有的逻辑体系和阅历支撑。因此,他们的认识和观念呈现"浮浅""动荡"和"易于改变"的表象。教育工作者应适时把握新媒体的时代特点,更新并提升思想教育理念、教学手段和教育方法,将大学生社会主义核心价值观的培育清晰、准确、高效地落实到教育工作中。①

一、价值认同——大学生社会主义核心价值观培育的情感维度

(一)由内心冲突到价值选择

网络微文化不再追求一种声音、一种评判标准,它是个体话语的表达和情感诉求,是真正属于大众的群体文化。当代大学生思维活跃、视野开阔、情感丰富、乐观向上,却不同程度地存在着理想信念模糊和个人信仰迷茫等问题,经过内心的纠结和冲突,理性选择社会主义核心价值观作为自己的价值标准,并进一步要求自己和约束自己,为未来的成长与发展奠定良好的基础。

(二)由理性接纳到情感共鸣

当代大学生情感丰富,但思想波动大、自制能力差,在其学业生涯中,更关注成长成才问题和社会焦点问题,在接受社会主义核心价值观时具有认知障碍和情绪化特点。因此,大学生应不断积累积极的情感情绪体验,并对这些问题进行理性思考,使得自身思想认知、政治认知、道德认知得到提升,内化为其心灵深处和行为观念,且升华为相应的个人信仰和理想追求,增强他们的认可赞同感。总而

---

* 本文作者:张涵、张晓寒
① 李长学:《微文化对大学生价值观教育的影响及对策研究》,载《辽宁大学》,2015年,第94~96页。

言之,大学生对社会主义核心价值观的理性认知是大学生对其产生情感共鸣的基础,而这种情感共鸣又从心理方面强烈表现出大学生对社会主义核心价值观的认同①。

（三）由思想转变到沉淀固化

在面对纷繁复杂的社会思潮时,大学生的思想也呈现出新的特质,表现出异常的活跃与激烈,能够理性选择社会主义核心价值观,对其产生情感共鸣,表达思想情感上的认同,并按照其要求,对自己原有的价值观念重新建构,不断破解自我成长的发展困境,不断化解心灵深处的精神困惑,结合自己的理想和追求,主动适应社会主义核心价值观的要求,树立中国特色社会主义共同理想,凝聚思想意志。

二、人格塑造——大学生社会主义核心价值观培育的意志维度

社会主义核心价值观的培育方式是随着环境的发展而不断变化的,利用微博、微信、BBS、网络日志等新媒体与大学生进行思想沟通,开展理想信念教育、政策法制教育、爱国主义教育,探讨践行社会主义核心价值的意义。坚持线上线下良性互动,坚持学校、社会、家庭三方互联,促进和大学生的思想情感方面的交流沟通,帮助他们培养良好的习惯,塑造健全的人格,使得大学生社会主义核心价值观的培育效果得到显著的提升。②

（一）人文素质和科学精神相结合

人文素质是一种基础性素质,人文素养是我们的精神支柱,对于其他素质的形成与发展具有很大的影响力和很强的渗透力,科学精神是学生成才应具备的基本技能,对大学生进行人文素质和科学精神的教育和培养,内部提升其涵养、品格、道德等品质,外部开拓其创新精神,增强自身能力,引领指导他们掌握处理人与人、人与社会、人与自然的生态关系的正确方法。让社会主义核心价值观发挥其积极的作用,作为思想的风向标,为积极进取的大学生品格树立正确的培育方向。

（二）内化意识和外化行为相融合

随着当前社会的深刻变革,开放力度的不断加大,大学生思想活动受到了影响,其独立性、选择性、多变性、差异性得到显著加强,与此同时,理想迷失、信念动摇、道德堕落、思想文化沉渣泛起,拜金主义、享乐主义、极端个人主义也随之出

---

① 张春关:《陈继锋微文化生态下的社会主义核心价值观培育》,载《安徽师范大学学报》,2014年第42期。
② 王曼:《社会主义核心价值观建构的哲学向度》,载《中共山东省委党校》,2013年。

现,正确的价值观念和优良的品德素养,必须经过内化、外化、内化过程的反复践行而形成,将道德规范向个体意识转化,再从个体意识向行为习惯转化,最后再回到思想品德,这种循环的践行,有效切实地帮助大学生树立正确的人生理想目标,培育科学的追求价值取向,积极践行社会主义核心价值观①。

(三)理想信念与自我实现相结合

社会主义核心价值观教育在大学生成长和发展中发挥两方面的功能:一方面促进大学生理想信念的精神追求;另一方面满足大学生自我实现的最高价值追求。社会主义核心价值观的个人层面爱国、敬业、诚信、友善,符合广大学生追求自我实现的价值评判标准。在社会主义核心价值观的培育过程中,将理想信念和自我实现的结合落实到各方面,塑造良好的人格和品质,为社会主义核心价值观的践行构造良好而坚实的基石。

三、环境育人——大学生社会主义核心价值观培育的环境维度

以环境为中心的文化生态互动圈强调各种的敏感因子的互动、协调发展。学校环境是学生学习知识的殿堂,家庭是大学生良好道德品质养成的重要环境,社会是价值观培养的有效载体。大学生社会主义核心价值观教育的文化生态环境是由学校、家庭、社会三方面共同构成。高校大学生思想多元化和价值多样化,思维活跃,观点跳跃,但有些高校并没有根据学生的需求调整和改善教育方法,也没有根据社会需求改革课程设置和教育内容,过于陈旧的知识和落后的教育理念远远满足不了学生健康成长和发展的需要。学生的需求不强和兴趣不高,缺乏主动性和互动性,达不到德育的教育效果。家庭更关注孩子的成绩、成才,缺乏理想信念的教育和人格魅力的培养。这三个大环境并没有形成合力,没有发挥出其应有的功能,学校内部各个环境子系统间也没有形成良好的衔接和融合②。

(一)构建校园微文化生态圈

校园文化是社会主义先进文化的重要组成部分,是影响大学生思想观念、行为模式、价值选择的主要载体,微文化的兴起迅速占领了校园,高校教育工作者应掌握微文化的特点和规律,引导学生科学对待和认识网络微文化,并从制度层面约束学生网络不文明行为,对网上不良信息进行过滤,减少学生接触和传播垃圾信息的机会,维护校园网络的纯净。高品位的文化氛围潜移默化地滋润着学生的心灵,渗透着人文气息、彰显着时代精神的校园环境能让大学生开阔视野,丰富

---

① 李纪岩:《当代大学生社会主义核心价值观培育研究》,载《山东师范大学》,2010年。
② 十八大报告文件起草组:《十八大报告辅导读本》,人民出版社2012年版,第183页。

心灵。

(二)营造良好的家庭氛围

新时代,对家长在子女的教育上提出了更高的要求,对家长如何运用新媒体培养孩子的良好品质也提出了新的挑战,家长将子女教育和社会主义核心价值观培育相结合,互相渗透,互相融合,在家庭教育环境中建立起健全的言行标准机制,满足社会主义核心价值观的要求,运用新媒体多与孩子进行良好的互动,树立良好的家庭教育观念和教育方式,注重对孩子的道德品质和人生价值观的培养,重视和学校的密切沟通,共同引导学生坚持理想信念和实现人生价值。

(三)净化社会网络文化空间

微文化的特点之一是碎片化,让人们利用时间空隙来快速完成信息的发布和聚集。互联网空间清浊同流,杂乱无章,有害信息层出不穷,阻碍了网络健康发展,传递网络负能量。黄赌毒信息传播泛滥,违法行为屡禁不止,这些社会反应强烈的网络顽疾,对青少年的身心健康造成巨大的伤害。将社会主义核心价值体系融入大学生的思想道德建设之中,贴近学生、贴近实际、贴近生活,对先进典型、道德模范进行大力宣传,给予物质上的鼓励和支持,在社会上形成崇德扬善的良好氛围。

四、自觉践行——大学生社会主义核心价值观培育的实践维度

实践是检验真理的唯一标准。无论多么深刻的价值认同、多么强烈的道德责任,都敌不过行动对其的检验。一个社会的道德水平,一个国家的文明程度,一个人的素质高低,取决的都是行动方式,社会主义核心价值观传递正能量,更号召大家付诸行动。

(一)制度建设

高校要建立健全大学生社会主义核心价值观教育制度,让社会主义核心价值观贴切大学生成长发展,做到三个"贴近"——贴近学生、贴近实际、贴近生活,使学生不但认同社会主义核心价值观,而且能够持续自觉践行,要积极听取学生意见和建议,并给予适当的激励,对于他们提出的合理要求,尽可能地做到支持和满足,为有效践行、高效实施提供了保障。

(二)榜样作用

教师是校园内文化知识的传播者,教师的身份和地位会引起更多的关注。因此,发挥高校教师在践行社会主义核心价值观方面的模范领导作用这一行动势在必行。应积极发掘大学生同辈群体中践行的先进模范典型,他们年龄相仿,便于进行思想上的沟通和交流;他们志趣相投,易于提高活动参与度和投入度;他们互

动频繁,不断影响彼此,从生活中慢慢渗透,深入至世界观、人生观和价值观①。

(三)实践养成

大学生社会主义核心价值观的塑造是一个潜移默化的心理过程,但其核心还是在于实践。情感认同只是内心的升华,只有通过不断的实践,才能将社会主义核心价值观透彻吸收,使之内化于心,外化于形。增强对社会主义核心价值观的认知,能够提升自我、服务群众、奉献社会,然而,能更深刻地让大学生理解和掌握的却是亲身实践,它促进大学生培育良好的道德品质,养成良好的行为习惯。因此,要积极践行社会主义核心价值观,以推动中华民族伟大复兴的中国梦的实现②。

大学生社会主义核心价值观的培育需要家庭、学校、社会三方面共同努力,高校充分运用不同教育资源的功能和作用的最大优势,具有针对性和实效性;家长可以将子女教育和社会主义核心价值观相结合,取二者之精华,去其糟粕;社会环境为社会主义核心价值观提供了一个宏观的背景环境,不仅对学校文化环境有着导向作用,而且对家庭环境也有指导作用。这三股力量的教育文化生态圈得到合理的整合和调整,才能实现其良好的互动。

---

① 刘峥:《大学生认同与践行社会主义核心价值观研究》,载《中南大学》,2012年。
② 尹鸿、王一川:《微文化需大关注》,载《光明日报》,2013年12月14日。

文化冲突视角下的网络群体性事件分析*

当代中国的社会转型内容庞杂、涉及领域广泛，原本以历时态依替的农业文明、工业文明和后工业文明，现在以一种共时态方式存在，信息文明凸显。与社会的快速变迁相适应，文化形态也呈现出多元文化并存对立、冲突融合的复杂图景。当某些冲突通过特定的案例以意见汇聚的方式在网络呈现时，就生成了网络群体性事件。网络上各种文化流派之间的对立冲突，既是各种利益矛盾的反映，也是对矛盾冲突不同认识的体现，需要加以准确识别和科学应对。

一、网络群体性事件中的文化冲突形态

文化有广义和狭义之分。广义的文化指"人类在处理自身与世界关系中所采取的精神活动与实践活动的方式及其所创造出来的物质和精神成果的总和"[①]。狭义的文化专注于精神领域，包括意识形态、价值理念、道德情操、思维方式、传统习俗、风土人情等。文化一旦生成就具有较强的稳定性，这种稳定性是维持文化存在、延续的前提。而作为社会活动成果的文化必然是不断发展的。"文化作为一种充满生气的力量，在被不断更新改造，即使不被政府更新，也会被构成社会的成千上万分散的个体之间相互作用所更新"[②]。这样，社会变迁就赋予文化超越自身的一种本能，引导其打破旧有形式而产生新的形式，形成了新旧文化之间的冲突和更替。

信息传播的"把关人"理论表明：传统媒介由于代表着一定群体的利益，向受众传送的信息都经过了不同程度的筛选、过滤和加工，很多信息由于不符合特定规则而无法进入传播的渠道。"信息总是沿着含有门区的某些渠道流动，在那里或是根据公正无私的规定，或是根据'守门人'的个人意见，对信息是否被允许进

---

* 本文作者：郝其宏
① 张岱年、程宜山：《中国文化论争》，中国人民大学出版社2006年版。
② 弗朗西斯·福山：《大分裂》，中国社会科学出版社2002年版。

入渠道或继续在渠道里流动做出决定。"①而在新媒体时代,网络作为信息交流平台是一个开放的系统,任何用户都可以自由地传输和交换信息,开放的网络为普通民众的权利表达和信息获取提供了便利,也成为文化交流和冲突的新平台。概括而言,网络群体性事件中的文化冲突类型主要有:

(一)大众文化和主流文化的冲突

文化是精神产品,致力于解决人类生存的高级需求,即精神提升和美的建构,亦即人类如何实现自身价值、发掘自身潜力、实现对人性的终极关怀。主流文化以国家权力为支撑,表达正统的意识形态,反映着国家的根本意志、文化取向和价值观。主流文化代表的是一个社会中占支配地位的群体的利益,其价值观是特定时期占统治地位的文化,也就决定了它必然具有政治性,倾向于维护既存的社会秩序与权力结构。大众文化指兴起于当代都市的、与大工业密切相关的以现代传媒为介质的大批量生产产品的文化形态。作为一种相对独立的文化类型,大众文化是市场经济的产物,由消费意识形态所筹划,采取时尚化方式运作,具有面向大众性、娱乐消遣性、传播媒介化、制作市场化等特征。

大众文化与主流文化相比属于次文化或亚文化的形态,虽然存在着一定程度上的可通约性,但在主导价值取向和人文精神的深层滋养上却有着重大的差异和冲突。主流文化以崇高性为指向,引导人们树立正确的世界观、人生观,致力于形成一种奋发向上的社会理想和社会风气。大众文化则拒绝统一性、整体化和普遍化安排,偏爱差异性、多元性碎片化和复杂性,致力于对崇高性的消解、理想的消散、信念的弱化。当二者的冲突通过网络空间加以呈现时,就容易生成"潘冬子参赛记""绿坝风波""五道杠少年"等网络群体性事件。在网民激烈争议的背后,体现的是主流文化和大众文化的冲突,是高尚取向和娱乐取向两种不同价值观念之间的冲突。

改革开放以前,主流文化在国内一统天下,大众文化几乎没有生存空间。最近20多年来,大众文化在国内得到了快速发展。这是因为:市场经济体制的确立为大众文化发展提供了稳定的经济基础,并为外来文化资源输入提供了便利;政治体制改革和民主政治建设为大众文化生存提供了宽松的空间;不断发展的现代传播技术和日益丰富的大众传媒系统提供了雄厚的技术基础和传播手段;社会教育的普及提高、民众文化素质的改善为大众文化发展提供了受众基础。

大众文化的精神内核是后现代主义,"体现的是晚期资本主义的文化逻辑,它

---

① 丹尼斯·麦奎尔编:《大众传播模式论》,上海译文出版社2008年版。

和各种终结的感觉、和某种彻底断裂的假设相关"①,具体表现为:消解、去中心、非同一性、多元论、解"元话语"、解"元叙事",对崇高感、悲剧感、使命感、责任感的怀疑和疏离,用世俗的文化游戏替代主流文化中那些引以为豪的神圣的东西,用价值颠倒、视点位移、规范瓦解、种类混淆等手段消解一切恒定的常规、秩序,用反讽和玩笑来揭示对既成世界的解释的人为性和虚假性。

(二)狭隘民族主义和理性民族主义的冲突

民族是人们在历史上形成的有共同语言、共同地域、共同经济生活以及共同心理特征的稳定共同体。民族主义是以民族共同体为依托而产生的一种强烈的民族意识和情感,是唤起本民族一致对外行动的最具感召力的符号象征。汉斯·科恩认为:"民族主义首先而且最重要的应被认为是一种思想状态……在这种状态中,体现了个人对民族国家的高度忠诚。"②"民族主义既有促进民族自给自足、推动民族经济文化发展的正面效应,也有发展到狭隘民族主义乃至种族主义的负面效应;既有推动各民族平等参与国际事务的积极面,也有导致民族纷争战乱的消极面"③。民族主义可以分为狭隘民族主义和理性民族主义两种:狭隘民族主义主要表现为唯我族独尊,忽视或敌视其他民族,认定非我族类、其心必异。在狭隘民族主义的字典里,"能够征服的,绝不王化;能够掠夺的,绝不开发;能够诅咒的,绝不对话;能够仇视的,绝不宽容。最动人的口号是打倒,最简单的指控是汉奸"④。理性民族主义则以平等、宽容、多元为特征,强调民族平等与和解共生。

20世纪90年代初,狭隘民族主义在中国开始出现。1993年,北京申奥失败的刺激,掀起了国内狭隘民族主义的第一波热潮。狭隘民族主义的出现,有着多方面的深层原因:一是历史原因。自1840年起,中国多次遭受列强的欺凌,中华民族在付出了极其惨重的代价之后才获得了民族独立。民众希望中国能够强硬起来,洗刷近代的耻辱,恢复汉唐时代的辉煌。二是现实原因。在经历多年的高速增长后,整体国力的不断增强导致民众要求国家取消"韬光养晦"政策,主动出击,在重大国际问题中拥有更多的发言权。三是外部原因。随着中国的崛起,与其他国家的矛盾也不断出现,一些问题开始激化,成为狭隘民族主义者排外行动的直接诱因。其中既有传统强国对中国崛起抱有的警惕和敌意,也有一些发展中国家对中国在国际竞争中的不满,还有一些周边国家对领土和领海的不当诉求。

---

① 杰姆逊:《后现代主义与文化理论》,北京大学出版社1997年版。
② Hans Khon. *The Idea of Nationalism*: A Study of Its Origins and Background. New York: The Macmillan Company.
③ 潘光:《民族主义上升引人注目》,载《解放日报》,1994年6月2日。
④ 江北为橘:《狭隘民族主义是什么》,http://bbs.tiexue.net/post2_3322177_html.

由于狭隘民族主义的言论贴着"爱国"标签，具有很强的蛊惑性和煽动性，加上新媒体的匿名、即时、便捷、开放等功能，二者的结合能够大大提高传播效果，使得此类事件成为网络群体性事件的一个重要类型。近年来比较知名的事件有："钓鱼岛事件""黄岩岛事件""奥运火炬事件""中越南海争端""家乐福事件"等，有的事件从言语论争转变为实际行动，从虚拟空间走向了现实世界，引发了范围很广的集体行动。

（三）善与恶的道德冲突

道德作为一种社会意识形态，是人们共同生活的行为准则与规范，代表着社会的正面价值取向，起着判断行为正当与否和维护社会秩序的作用。道德冲突指在道德行为选择中因价值观念不同而发生的善恶矛盾和对立状态，包括同一社会不同道德价值体系之间的对立冲突和同一道德价值体系内部不同价值量之间的冲突等。前者表现为善与恶、正与邪的冲突，后者则表现为大善与小善、高层次的义务与低层次的义务之间的冲突。当今中国道德环境的剧烈变化带来了道德取向的多元化，过去理所当然受到批判指责的事情现在会出现诸多争议。相互冲突的倾向与标准是当今的常态。在某人看是至高的善，对另一个人却是绝对的恶；使第二个人充满激情的东西，第一个人却认为怎么谴责都不为过。①"海淀艺校辱师视频""范跑跑"等事件都引发了网络热议，许多网民认为事件中的当事人不懂得尊重他人、不顾忌社会公德、不敬畏传统价值、不理会秩序规则的行为已经超出了社会文明的道德底线，超出了个性发展的限度。

然而，善与恶又是可以相互转化的。真理向前多迈进一步，就会变成谬误。在"铜须门""卖身救母"等道德冲突事件中，很多网民在未经调查、信息提供不完整的前提下，没有经过认真的思考和分析，就做出非理性、情绪化、不负责任的评价，凭借虚幻的道德优越感肆意进行网络审判和人肉搜索，使得当事者的诸多隐私被暴露在聚光灯下，而且还受到了无端的人身攻击。这种"多数人的暴政"已经游走在道德和法律的边界，需要对其进行必要的规制。

（四）利益追求和道德追求的冲突

马克思认为："人们为之奋斗的一切，都同他们的利益有关。"②利益结构是社会结构的物质基础，是决定社会和谐程度的关键因素。人的一切行为皆根源于利益，任何社会变革归根到底是为了重新调整人们的利益关系，以推动社会生产的发展，满足人们的物质文化生活需求。从计划经济体制向市场经济体制转变，是

---

① 鲁道夫·奥依肯：《生活的意义与价值》，上海译文出版社2005年版。
② 《马克思恩格斯全集》，2版，第1卷，人民出版社1995年版。

当今中国社会转型的重要内容和特征。市场经济要求行为主体在经济活动中要遵循等价交换原则,追求利益或利润的最大化。在这样的社会环境下,民众获得了自由谋取正当利益的权利,对财富追求激发出前所未有的积极性与创造性,给生产力发展注入了空前的活力。另一方面,市场经济的动力机制和交换原则又导致工具理性的泛滥,诱发金钱拜物教。在正常的交易关系中,金钱本身不过是货币的等价物,是一种实现利益的工具。然而,金钱一旦成为不择手段追逐的目标,成为崇拜的对象,作为目的的人也就不见了,物与物的关系代替了人与人的关系,人就将自身异化了,"就被逐渐异化为单向度的人"①。

桑德尔说过:"我们已从市场经济转型为市场社会,市场意识形态影响主导了社会关系,这是真正的危险所在。"②现在,社会上疯狂逐利的行为已经达到令人发指的程度。一些不法厂商不惜以戕害他人生命为代价,食品、医药等领域出现了大量假冒伪劣产品;一些领导干部把手中的权力作为谋取私利的砝码,肆无忌惮地贪污腐败、行贿受贿;一些媒体为了所谓的市场占有率,一味迎合低级、庸俗的趣味,纵容乃至制造错误的东西招摇过市。这些行为理所当然地引发了公众的普遍反感和关注,如"三聚氰胺"事件后网络上的批评帖子超过了千万个,"郭美美"事件使得中国红十字会的公信力受到广泛的质疑。

二、网络管理者的引领策略

文化作为社会结构中的深层存在,渗透在社会生活中的各个领域,影响并制约着社会冲突的发生与消解。对于网络管理者来说,要妥善处理好网络群体性事件,需要从文化软实力入手,弘扬优秀文化,反对低俗文化,化解、融合、规范各种文化冲突。

(一)坚守核心价值,引领网络文化的发展方向

中国是礼仪之邦,道德的力量非常强大,中华民族具有讲仁爱、重民本、守诚信、崇正义、尚和合、求大同的文化传统。这些核心的价值理念不仅为中华民族生生不息、发展壮大提供了丰厚滋养,而且为人类文明进步做出了独特贡献。在文化冲突日趋激烈的今天,更需要坚守这些核心价值以应对网络舆论中的价值冲突。

第一,要用主流文化引导大众文化。时下,大众文化在高新科技的支持下以

---

① 马尔库塞:《单向度的人》,重庆出版社 2001 年版。
② 桑德尔:《全球化时代的人文关怀——杜维明与桑德尔关于不同文明和文化多样性的对话》,载《文汇报》,2007 年 7 月 15 日。

其巨大的冲击力和灵活的市场运作方式迅速占领了文化市场,一些文化产品以对意识形态的嘲弄标榜自己的新潮,以对权威、中心的叛逆博取大众的欢心,以对经典的调侃制造市场卖点。在市场化和侵蚀性方面,"大众文化是无所顾忌,它唯一担心的只是不能被大规模复制和大规模消费"①,对社会的主流意识形态和道德秩序构成严重挑战。此时,必须旗帜鲜明地批判那些消解红色经典、颠覆英雄人物、亵渎革命传统的现象,表现出对自己国家和民族优秀文化传统应有的礼敬和自豪;还要主动融入大众、走进大众,加强与大众的对话和沟通,让民众享受到与大众文化同等的尊重和体验,而在精神境界和人文关怀上的所得又高于大众文化,真正发挥先进文化的社会引领和整合作用。

第二,用理性民族主义引导狭隘民族主义。以民族平等为基本前提、以国家统一和发展强大为核心诉求的理性民族主义,能够有效地汇聚民心,提振精神,在中华民族救亡图存、独立自主和现代化建设的过程中发挥重要作用。然而,以极端民族利益为核心、反对民族包容和谅解的狭隘民族主义则是民族感情过度膨胀的一种思潮,必然对社会发展带来不良影响。一个民族兴旺发达的主要原因是思想活跃、文化先进、经济进步和法制健全,而不是盲目地排外和仇视。中华民族最强大的时期是唐朝,而唐朝恰恰是一个民族和解、开放包容的社会;中华民族最式微的时期是晚清,当时的民族心态则是闭关锁国、排外惧外。当前,中华民族正处在实现伟大复兴的关键时期,和平崛起的环境是实现中国梦的重要保证。网络中的狭隘民族主义言论极易引发外交矛盾和冲突,引起外界对中国的恐惧和戒备,不利于构建良好的外部环境,需要用理性的民族主义去加以引导和限制。

第三,要用价值理性引导经济理性。改革开放以来,我国逐步确立了社会主义市场经济体制。市场经济激发了人们追求财富、创造财富的动力,实现了社会经济的快速发展,但也带来了经济理性难以控制的文化后果。经济理性的观念不断渗透和侵入日常生活的各个角落,成为左右现代人判断、选择和决定一切事情的基本依据。人类文化价值生活的可能性空间被大大压缩和挤占,现实或物化了的实在被理想化,理想和信仰则被现实化和功名化。在物欲横流的时代背景下,更要强调道德情操,强调用价值理性引导经济理性。因为,价值理性体现了人类的终极关怀,强调动机高尚和手段纯正。通俗地讲,就是要坚守"不义而富且贵,于我如浮云",反对"人为财死,鸟为食亡";坚守"君子爱财,取之有道",反对"有奶便是娘";坚守"威武不能屈,富贵不能淫,贫贱不能移",反对"天下熙熙,皆为利来;天下攘攘,皆为利往"。

---

① 邹广文:《论改革开放中的文化价值冲突》,载《求是学刊》,2001年第3期。

(二) 合理引导舆论,防范网络文化冲突的扩展

社会学家艾卢尔认为:"舆论的不可捉摸的易变性和不稳定性又决定了政府的决策不可能追随迎合舆论。如果只能让舆论来追随政府,宣传则成为必不可少的手段。"①因此,面对网络上的文化冲突,政府要及时疏导网络舆论,争夺话语权,抢占制高点。

第一,及时公开回应。政府和民众的关系从管理的角度来说,政府是管理者,民众是被管理者,在地位上是上下级关系。但是要从权力和权利的来源分析,公共权力是人类文明发展到一定阶段的必然产物,来源于民众对自身权利的让渡。因此,政府是公众的服务者,"职责仅仅是执行公意"②,政府和民众的关系是服务与被服务的平等关系。政府应积极了解冲突真相和历史渊源,及时公开信息,对民众表达及时做出回应。"一个社会政治经济发展水平越高,其政治参与的水平也越高,政府对民众回应与互动的比例也越高。"③在信息发布过程中,政府要保证发布的信息、公开的材料都是真实的,都是符合客观实际、反映客观事物原貌的真实情况。

第二,保持良性互动。传统模式的信息传播活动以传播者制作、传输信息内容开始,以受众接触、接受信息并做出反应而结束。"媒介即讯息""媒介是人体的延伸"④。新媒体时代个人不再扮演传者、受者等相对明确而单一的角色,而是传者与受者角色混合地并且动态地、非线性地、能动地参与网络传播。"同其他人发生联系——进行跨越时空的多向度互动交往,是网络传播方式的本质特征。"⑤因此,在网络引导过程中,要善于把握网民的所思所想,及时澄清虚假、失真消息,准确回答他们集中关注的问题,用公众易接受的语言解读有关法律法规和政策方针,始终与公众保持良性的交流互动。由于传统文化中"官本位"思想的影响,有些政府官员在处置网络群体性事件过程中,往往自认为处于"优越"地位,轻视民众力量,漠视群众利益,对网络意见不进行负责任的回应,这样不利于问题的解决。

第三,妥善公正处置。公正是指正当合理地处理社会问题的态度和行为,是政治制度、行政系统的重要取向,也是社会具有凝聚力、向心力和感召力的重要源泉。罗尔斯说过:"公正是社会制度的首要价值,正如真理是思想体系的首要价值

---

① Ellul. Propaganda: *The Formation of Men' Attitudes*. Los Angeles: The Vintage Press, 1973.
② 洛克:《政府论》,商务印书馆 1996 年版。
③ 格林斯坦·波尔斯比:《政治学手册精选》(下),商务印书馆 1996 年版。
④ 麦克卢汉:《理解媒介》,商务印书馆 2000 年版。
⑤ 胡泳、范海燕:《网络为王》,海南出版社 1997 年版。

一样……每个人都拥有一种基于公正的不可侵犯性,这种不可侵犯性即使以社会整体利益之名也不能逾越。"①良好的政治生态需要公正有效的惩罚机制,如果公共事件的当事人不能履行职责就需要支付相应的代价或成本。在政府处置网络群体性事件的过程中,应当坚持公正处置的原则,坚决避免"官官相护""结党营私"等不良文化的影响。"躲猫猫""欺实马""俯卧撑""临时性强奸"等网络词语的广为流传,既是群情激愤的宣泄代码,也是对权力失去公信的无情嘲讽。法治社会中网民需要的不仅是信息公开,更需要的是结果公正。公开是公正的前提,没有公开,公正的结果也难免受到质疑;但公正是公开的归宿,没有公正,再公开的信息也无法消除民众的不满。

(三)加强法制建设,规范网络文化冲突的言论

互联网出现之后,信息发布可以不经过把关人审核而直接向社会自由传播,匿名的网络环境也大大削弱了社会控制的力度,使得互联网一度成为法律无法触及的自由空间。但是绝对的自由也往往导致自由的滥用,在网络群体性事件演变的过程中,大量信息不断涌现,鱼龙混杂,泥沙俱下,其中既有客观的报道、冷静的分析、有效的对策,也有情绪化的宣泄、挑拨事端的谎言。比如"钱云会是被人把在地上让工程车压死的""郭美美的父亲是中国红十字会副会长郭长江""被公安机关拘押的胡斌是个替身"等。从民主政治的意义上说,任何自由都是相对的,都必须在法律规定的范围内行使。"自由并不仅仅意味着不受约束、不受压制的自由,不仅仅意味着我们喜欢干什么就干什么的自由,也不仅仅意味着一个人或一批人牺牲他人的自由而享有的自由。一个社会中自由的增长不能以国家权力的减少为标准,相反只有国家行使更多更大的权力,为全体成员谋取更多更好的利益,社会中存在的自由才能得到增长,每个社会成员的自由才能得到增长。"②在现代社会,法律是社会管理的重要手段。网络社会作为社会系统中的子系统,不能成为无法无天的空间,对其中含有破坏社会稳定、破坏民族团结、教唆犯罪、捏造或歪曲事实的言论要坚决依法打击。在网络冲突加强、谣言肆虐的情形下,需要借助一定的法律和制度保障,对故意挑拨事端、散布谎言、煽动闹事的网民予以制裁,将网络言论控制在合法、有序的范围之内,防范网络群体性事件演变为现实群体性事件而冲击社会政治秩序的稳定。

三、网民的应对措施

互联网技术的出现加快了信息的传递,缩短了时空的距离,使得社会的各种

---

① 罗尔斯:《正义论》,中国社会科学出版社 1988 年版。
② 徐大同:《现代西方政治思想》,人民出版社 2003 年版。

资源得以共享,已经成为经济和社会发展的重要推动力,正在改变着人们的时空观念、学习模式和生活方式。然而,数字化世界是一片崭新的疆土,可以成为不同文化融合共生的场所,也可以成为不良文化滋生、喧嚣的阵地。对于发生在匿名、开放、互动的网络空间中的文化冲突,不仅网络管理者需要做好管理、引领工作,网民本身也需要有效的应对措施。

(一)通过道德自律进行理性表达

道德是人的内心律令和行为规范。即便外界有强烈的物质吸引或情感诱惑,内心的道德信念也能够保证行为主体加以抵制并做出正确的行为选择。网络环境是开放的,能够满足每位公民参与社会政治生活、评论社会文化现象的话语冲动,使得信息与意见的发布不再是某种特权。网络环境又是匿名的,个人不需要以真实身份注册,通过数字、代码的形式即可发言。网络文化冲突的参与者是以虚拟的身份扮演各种角色,从事各种行为,体验不同感受,是抽象符号的存在与显现。一般而言,匿名性越强,对参与者释放本能冲动的诱惑就越大,个体行为自由化的可能也就越大,网络文化冲突中比比皆是的非理性表达早已证明了这一点。为了对抗不断增加的本我的放任可能,就需要网民提高超我的控制力,通过道德自律加强自我的约束,把网络上的文化冲突控制在理性、法制的轨道上。

首先,网民应当唤醒自身的道德主体意识,清楚地认识到网络社会与现实社会中的人本质上是一致的,网络公共空间与现实生活中的公共场所性质是一样的,网络上的公共场所比现实中的公共场所要更加公开化和公共化。作为一个负有相应责任和义务的个体主体,必须具备一定的道德自觉意识,遵守一定的道德准则和规范,因为任何自由都是和义务相伴随的,都是以承担一定责任为前提的。

其次,网民应当具备社会责任感和民族自豪感,努力形成和增强同主流价值观相一致的道德情感,以理性、公正、客观为原则,谨慎处理网络信息,发布积极、负责的意见,促进网络文化冲突的合理解决。

再次,道德意志是调节道德行为的内部力量,是人的意志过程或主观能动性在品德上的表现。网民要培养和提升自己的网络道德,能够在无人监督的情况下,不仅不放松对自己的道德要求,而且越发坚守自己的道德信念。

(二)通过文化自觉吸收、融合异质文化

文化生活经验的积累,是人们通过比较和选择后认为是合理并被普遍接受的东西。某种文化的形成和确立,意味着某种价值观和行为规范的被认可和被遵从,也意味着具有约束力的某种秩序的形成,成为人们具体实践活动的起点和内在动力,规定着正在进行和将要进行的实践活动的内容和发展方向。文化形态的演化是一个涨落有序的振荡过程,如果其不与外界进行物质和能量的交换,就会成为一种没有活力且无法更新的结构,最终导致文化的衰亡。

文化自觉"指生活在一定文化历史圈子的人对其文化有自知之明,明白它的来历、形成过程、所具特色和发展趋向。可以用'各美其美,美人之美,美美与共,天下大同'概括文化自觉的历程"①。也就是说,文化自觉是在充分自我认知的基础上,坚持优秀文化,理解并吸收多种文化,确立自己在多元文化世界里的位置,和其他文化一起,取长补短,建立一个共同认可的基本秩序和多种文化和平共处、共同发展的体系。走向文化自觉是一个漫长而艰难的过程,网民要勇于、善于借鉴和吸收各种文化中的先进内核,比如市场经济中的法治公平精神、大众文化的草根理念。在诸多文化冲突面前,只要文化主体能以兼容的胸怀坦然应对,主张共存共生、取长补短、相互促进、共同发展,就能够有效地化解文化冲突,促进文化之间的融合。

(三)通过网络公共领域形成文化共识

公共领域是民主政治实践的重要场域,"在那里,交往之流被以一种特定方式加以过滤和综合,从而成为根据特定议题集束而成的公共意见或舆论"②。它的有效运作是民主体制得以真正运转的重要保证。

首先,公共领域作为介于私人领域与公权领域之间的特殊空间,在国家和公民之间架起了一座沟通的桥梁,使得公众的政治情绪能够顺利释放,为避免话语霸权以及少数人暴政构筑了一个重要的场域。

其次,公共领域的社团组织、传播媒介和社会运动等中介机制为公民提供了广阔的交往空间,使得公众能够走出封闭的私人领域,增强对自身主体性地位的认识,并在参与公共事务的治理过程中体认到公共生活的意义和价值,形成个体人格完善与共同体之善的良性互动。

再次,公共领域里的自由表达和沟通,以公共利益为依归,实现公共权力运作理性化的重要支撑。"作为非强迫性的共识,是通过交流和沟通,通过人们之间的协商、商谈以及相互理解和相互宽容而达到的,它将有效地提升公共事务治理的社会合法性。"③

共识是通过交流、讨论而产生的。面对层出不穷的网络文化冲突,网民需要在公共领域进行理性交流。按照哈贝马斯的界定,公共领域有三个要素:由私人组成的公众,能够基于理性和良知就普遍利益问题展开辩论;拥有自由交流、充分

---

① 费孝通:《反思·对话·文化自觉》,载《北京大学学报(哲学社会科学版)》,1997年第3期。
② 哈贝马斯:《公共领域的结构转型》,学林出版社1999年版。
③ 哈贝马斯:《交往行动理论——行动的合理性与社会合理化》,重庆出版社1994年版。

沟通的媒介;公众的自由辩论和理性批判能够达成某种共识,形成公共舆论。

  中国的网络公共领域已经初步形成,网民可以在其中发挥积极作用:第一,在体制内政治参与渠道不畅的情况下,相当数量的网民能够基于共同关注的普遍利益而进行表达、沟通和对话。第二,网络技术采用的是交互式的结构设计,与传统的科层制思想相背离。这种结构设计使得网络具有无数个信息源和无数个信息接收点,各个节点之间可以平等地交互通信,任何人在任何时间、地点都可以在网络可及的地方发言,能够保证网民的自由交流与沟通。第三,网络上存在着数以千万计的网站、社区、博客、论坛等,每时每刻都在聚焦或大或小的公共事件,能够自发生成强大的网络舆论,深刻影响着现实的社会生态。然而,"公共舆论是人民表达他们意志和意见的无机方式……其中包括一切偶然的意见,它的无知和曲解,以及错误的认识和判断也都出现了"①。在网络意见汇聚的过程中,带有情绪色彩的言论更有传染力与煽动性,在其引导下往往会形成简单化的道德结论。当前,网民应加强交往理性和话语民主能力的建设,从而使"人们在这里学会放弃诉诸暴力和强制,以言辞和劝说实现公共理性,不同背景的人们能够通过政治的互动作用来表达和交流他们对善的理解"②。

  "文化上的每一个进步,都是迈向自由的一步。"③当今中国正处于社会转型时期,旧的文化继续存在,新的文化不断涌现,每一种文化都反映着某一特定群体的价值取向,以及由此决定的对现实问题的独特认识。

---

① 黑格尔:《法析学原理》,商务印书馆1961年版。
② 汉娜·阿伦特:《人的条件》,上海人民出版社1999年版。
③ 《马克思恩格斯选集》,2版,第3卷,人民出版社1995年版。

高校学生公寓文化的价值意蕴及构建*

一、高校学生公寓文化的价值内涵和特征

所谓高校公寓文化是指"以学生公寓为主要载体,形成、体现和传播各种文化现象的总和,伴随大学生思想、认知、性格、追求的不断碰撞、磨合直至互相融合,最终形成极富凝聚力的文化氛围"①。良好的公寓文化不仅寓意着清新的生活环境,还凝聚了向上的精神风貌和浓厚的人文气息,对学生思想和文明习惯的养成具有潜移默化的作用,在高校德育工作的大环境下的地位愈来愈重要。可以说,高校公寓文化是新形势下高校思想政治教育工作的创新所在。与传统宿舍文化相比,大学生公寓文化具有鲜明的特征。其一,自主性。在传统的学生宿舍中,学生必须遵从学校的统一管理模式,其价值标准、行为准则、人格的独立性等往往受到排斥。而在现在的公寓里,每个学生都是按照自己真实的思想和习惯说话做事,表达对教师、同学的看法,其行为习惯、兴趣爱好、审美情趣等相互影响、互相感染,文化意识具有很大的自主性。而且不同的宿舍往往表现出不同的风格。新型学生公寓相对开放的住宿模式,大大激发了新一代大学生表现自由的欲望,他们在公寓里的行为和心理表现出的最大特点就是不受群体的约束,包括正式群体和非正式群体,不服从他人的指挥。② 这就使得高校公寓文化体现出鲜明的自主色彩和以人为本的个性理念。其二,多元性。时代的发展和多元文化的交流、碰撞日趋频繁,大学生在宿舍一起讨论,不在乎细枝末节的个人行为,或忧国忧民,或指东骂西,毫无顾忌。这就使得公寓文化主题常常呈现出多元性和复杂性。其三,潜在性。公寓文化往往表现出学生在教育者视野之外自由、独立、天性的一

---

* 本文作者:冯立磊
① 陈翔:《高校公寓文化建设的思考》,载《湖北经济学院学报(人文社会科学版)》,2006年第6期。
② 郭玲玲:《多元文化视野中的大学生公寓文化特征初探》,载《内蒙古师范大学学报:教育科学版》,2006年第9期。

面。公寓文化的这种潜在性要求主要表现在"通过各种宿舍文化活动及公寓内外的环境,于潜移默化之中来感染学生的情绪、陶冶学生的情操、美化学生的心灵,起到'润物细无声'的作用"①。在这种潜在的文化氛围中,如何将公寓文化中的行为规范和道德准则引导为每个成员的自觉行动,内化于每个成员的道德自觉,是高校管理工作者需要重点思考的方面。

二、高校学生公寓文化的价值构成

(一)高校公寓是加强校园文化建设的重要阵地,具有审美传播价值

公寓文化是校园文化在学生生活区的延伸,当学生生活区由原来单一的住宿功能扩展为文化熏陶、审美娱乐、联络感情等多重功能时,公寓就成为审美传播的重要场所,其作用和价值越来越突出。在公寓文化建设的过程中,应吸取校园文化建设的成功经验,使之成为加强高校校园文化建设的重要阵地。如通过开展丰富多彩的公寓文化活动,陶冶大学生的审美情操,建设优秀的学生公寓文化,引导他们将自己的理想置于学校的培养目标上来。

(二)公寓文化是加强高校优良学风建设的需要,具有德育导向价值

公寓文化是一种新的文化、新课题、新概念,它打破了传统班级建制的单一形式,使得同一楼层、同一居室的成员关系相对多样化、松散化,寝室逐渐成为高校的"细胞"。在这种情况下,以学生宿舍为重点,建设良好的公寓文化已成为高校学风建设的重要方面。通过良好的室风建设,保证每个学生有一个好的学习、生活环境,让学生公寓从心理上成为学生的自由与安逸所在,最终形成以公寓为主要空间的群体文化。

(三)公寓文化是学生思想政治工作的第二阵地,具有心理调节价值

公寓是学生个性表现最真实的舞台,是思想内在品质暴露最明显的场所。公寓内部的整体布局、卫生状况、宿舍成员的人际关系、道德水准、价值取向、行为方式等方面内容都成为学生受教育的"亮点"。对学生进行思想教育,应有意识地把学生思想政治教育工作移向学生公寓,充分利用公寓文化教育面广、教育形式多样化的优势,使宿舍成为面临巨大压力的学生的缓冲带,重新找到新起点、新方向的依托点;以公寓文化活动为载体,开展以公寓为单位的有意义的娱乐活动,丰富大学生的业余文化生活,使学生在活动中调适心理压力,养成良好的道德品质。

---

① 彭梅芬:《高校学生公寓文化建设的创新与发展》,载《改革与战略》,2004年第6期。

三、高校学生公寓文化的构建对策

（一）突出精神内涵，提升公寓文化建设的层次和品位

由于高校公寓与社会的联系越来越紧密，尤其是公寓周围过多的商业活动，使高校的公寓文化表现出多维性。"物质制度层次的建设已开始显示出重复建设的苗头，再不努力挖掘和开发物质设施和规章制度的精神文化意义，必将导致学生公寓文化始终处于一种低水平状态，发挥不出学生公寓文化在高校教育管理中积极而重要的作用。"① 为此，要突出公寓文化的精神内涵，美化生活环境，提升公寓文化建设的层次和品位，形成健康向上的公寓文化，将公寓建成文明有序的温馨家园和学生乐于向往之地。在这方面，要通过优良校风建设，增强学生在公寓的归属感和安全感，帮助学生形成勤奋严谨和勇于创新的优良学风，增强公寓文化的辐射力和覆盖面，形成良好的文化建设环境；大力弘扬优秀民族文化，提倡体现时代精神的主导文化，不断提高学生思想道德素质，发挥其在学生公寓文化建设中的引领作用。高校应通过大力扶持和开展适合公寓特点的富有思想性、教育性、娱乐性的文化活动，发挥公寓文化的积极因素和教育作用；转变观念，强化阵地，用先进文化引导学生抵御错误的思想观念，提升公寓文化建设的层次和品位。

（二）健全规章制度，加强大学生公寓软件建设

学生住在同一公寓中，思想上、心理上、行为上往往表现出不同的特征，不少学生做事我行我素，集体主义意识弱化，社会理想淡薄。为此，强化学生公寓建设必须有一套行之有效的规章制度，以约束学生的各种不良行为，使学生的个性与规范所要求的共性相生相存，保证学生有一个良好、有序的学习生活环境，并用制度、规范约束自己在宿舍中的行为。与此相关的是，近年来学生抱怨公寓文化软件建设滞后，文化生活贫乏，致使一些思想问题不能及时解决。在这方面，可将学生党建工作延伸到学生生活，实现党建进公寓，保证教育渠道的畅通；以相邻宿舍为单位建立党小组或党支部，实行"党员宿舍"挂牌；通过开展寝室党建、团建和思想教育活动，公寓之间知识竞赛、宿舍评比活动，加强公寓活动站之间的联系，拉近党组织和学生的距离，还可以零距离地了解入党积极分子的思想动态和表现，形成一种支部培养发展和公寓党组织考察相结合的发展模式，使学生在学习之余、教室之外依然可以获得思想教育实践的机会，实现党建工作在空间上的有效延伸。

---

① 刘晓东：《浅析高校学生公寓文化建设》，载《攀枝花学院学报》，2004年第2期。

(三)建立学生公寓管理组织,发挥学生在公寓文化建设中的重要作用

在学生公寓中建立公寓管理组织是加强高校公寓文化建设的一个重要途径。在这方面,可以由学校主管领导牵头,学校相关部门参加并逐步建立和完善公寓文化建设工作机制,健全学生公寓管理组织。在这一过程中,学校主管部门要通过发挥党团组织、学生社团等力量在公寓文化建设中的积极性和创造性作用,加强对公寓文化建设的指导,使公寓文化朝着健康有序的方向发展。

刍议多元文化背景下大学生领导力教育的两个维度*

《国家中长期教育改革和发展规划纲要(2010—2020年)》指出,要"着力培养信念执着、品德优良、知识丰富、本领过硬的高素质专门人才和拔尖创新人才",这体现了新时期加强大学生领导力教育的基本要求①。然而,究竟如何有效实施大学生领导力教育,实现对只注重专业教育而缺乏综合素质提升的传统高等教育模式转型,还没有能够形成统一的认识。笔者认为,大学生领导力教育的组织落实,应在科学分析当前多元文化背景对大学生领导力教育带来影响的基础上,牢牢把握好两个基本的维度:一是民族性维度,即正确理解和把握我国传统领导文化在大学生领导力教育中的应用;二是全球性维度,即科学分析世界各国在领导力教育内容、方法和途径等方面的相近性或相似性,从人类共同的利益和需要出发,将领导力教育纳入全球化视野,在批判性地借鉴西方国家领导力教育成功经验的基础上,立足我国高校实际,反思我国大学生领导力教育方略,努力建立和完善与我国国情相适应的教育理论和方法。

一、多元文化背景下大学生领导力教育面临的挑战

20世纪80年代以来,在通识教育兴起的同时,以面向未来领导人教育为主旨的大学生领导力教育在美国高校悄然兴起并日趋活跃。受此影响,加之我国大学生职业环境的深刻变化,许多学者主张大学通识教育必须致力于培养能承担必要领导责任的公民。大学生领导力教育项目因此纷纷涌现。

在经济全球化进程中,多国学生在同一大学校园共同学习、生活,意识形态各异、文化多元交融、价值标准多样的现象随之呈现,特别是互联网的发展,使得国内外各种思潮和文化的激荡在高校尤为突出,这标志着多元化已成为全球范围内

---

* 本文作者:薛深
① 《国家中长期教育改革和发展规划纲要(2010—2020年)》。

高等教育发展的一个重要特点和趋势。多元文化的碰撞与融合,为大学生领导力教育提供了新的文化视界,促进了不同形态领导文化的接触、交流和对话,为我们借鉴、汲取世界各国业已成熟的、优秀的领导文化,提供了有利条件。但是,多元文化背景下,"文化成了一种舞台,各种政治的、意识形态的力量都在这个舞台上较量。文化不但不是一个文雅平静的领地,它甚至可以成为一个战场,各种力量在上面亮相,互相角逐。"①学生领导力教育在融入先进文化和文明的同时,也存在着西方强势文化对我国文化的渗透、干涉等问题,这对大学生领导力教育方向的把握、内容的选择、方法的确定和培养目标的确立以及实际效果的取得都会产生明显的负面影响,因而值得我们警惕和思考。

　　一是我国领导教育的相对滞后,容易降低大学生对民族领导文化的认同。大学生领导力教育起源于20世纪70年代的美国,经过近40年的发展,教育体系相对较为成熟。相比之下,我国的领导力教育活动则起步较晚,直到上世纪90年代末才引起一些学者的注意,并积极倡导在我国高校全日制本科生和研究生中普遍推行。但是,该教育活动目前仍只是在少数学校得以尝试开展,更多的则是在继续教育环节对社会精英们围绕能力提升采取的市场化运作,且在理论和实践上尚缺少深入的研究和经验积累。就教育内容和方法而言,在研究者共同努力下,虽然我国领导力教育的本土化取得了相当大的进展,具有鲜明民族特色的相关教育理论大量涌现,对推动我国大学生领导力教育的开展发挥了重要作用,但相关的内容主要还是以引进西方的研究成果为主,或局限于对国外研究成果在中国的证据寻找,与西方国家的研究水平仍有相当距离。在这种西方霸权领导文化背景下,"全球主义""超民族主义"等西方社会思潮随之渗入其中,代之而生的是形形色色陌生的民族价值观和行为方式,并借助新型传播手段在全球范围内形成新的网络强权,一定程度出现了领导文化殖民化的倾向。加之部分教育工作者的准备不足,导致教育无措与失责,使部分大学生缺乏对民族领导文化的理解、接纳,在强权或霸权文化面前常常怀疑、否定自己的民族领导文化,削弱对本民族领导文化的自信心,最终形成大学生对本民族领导文化的认同弱化。

　　二是多元文化功利主义的价值取向,容易误导学生忽略核心素养的培育。基于基督教文明,受"上帝创世说"世界观理论的影响,西方文化体现为罪感文化。这种罪感文化的道德指向首先是追求个人事业的成功,以解决其个人赎罪问题。这对西方领导力教育认知模式带来的最直接的影响,就是西方领导力教育特别重视领导之"术"及学识与能力的完善,表现出西方领导文化的功利性本质特征。这

---

① 爱德华·W. 萨义德:《文化与帝国主义》,李琨译,三联书店2003年版。

种功利性领导之术有其务实、理性的一面,但其纯粹功利和工具理性的泛化不可避免导致部分大学生价值观念、道德行为扭曲和变异,从而在领导力价值体系选择中产生严重的思想冲突与认识悖论。特别是在网络信息时代,网络"垃圾文化"也渗透着享乐主义、颓废主义等社会意识,使部分缺乏健康思想情操和坚强意志品质的青年大学生失去为民族振兴而艰苦奋斗的进取精神,转向追求享乐、奢侈,将领导力提升的目标追求定位为个人的前途和命运,所思所行一切皆为个人的进取和发展,而把对民族和国家的责任抛之于脑后。特别是部分学生严重缺乏对世界文化的判断、选择,对传统的民族精神、理想信念、道德情感等因无法产生直接市场价值而毫不犹豫地选择抛弃,却对一些腐朽的、私利的、享乐的价值观和行为方式倍加推崇。受这种商业性、功利性文化的影响,部分学生只关心经济、商业和自身发展的眼前利益,放松甚至忽视政治素质、思想品德等核心素养的培育,导致部分学生领导力培养与提升价值取向的无序化、实用化。

二、大学生领导力教育的民族性维度

民族是"人们在历史上形成的一个有共同语言、共同地域、共同经济生活以及表现于共同文化上的共同心理素质的稳定的共同体"。① 人类社会的发展,始终是以民族的形态存在的,民族性是人类社会发展的本质特征。伴随着人类发展而产生的领导文化与人类文明同源同步,长期的领导思想和文化的创造、发展和积淀也是以民族与民族社会为根基的,没有民族社会生活的沃土,文化便无从生根、发芽、成长、成熟,因此,民族性也是其固有的特征之一。领导文化的民族性主要体现为不同的民族在领导意识、领导方式、领导规范和领导活动等方面表现出来的不同特性。大学生领导力教育的民族性维度,就是要把领导力教育放在民族发展的历史长河中来审视,在面向本土的领导力教育问题解答的基础上,认真加以探索,将民族的优秀领导思想和文化传统介绍给学生。在新的历史条件下,当务之急就是认同和厘清本国文明发展的脉络,与时俱进,开拓领导力教育新的发展空间,在领导力教育的内容、原则、方法和途径等方面,一切从本国的基本国情出发,反映出本民族的社会客观存在、实际生活的基本特性,并符合本民族利益要求,使本国的传统文明在多元文化格局中焕发出新的光彩。

中华文化源远流长,博大精深。五千年的文明积淀了丰厚的领导经验,蕴含了深邃的领导思想。上自"尧舜心传",下至明清官箴,从为政者个人的修身、用人及民风、民俗的理解和把握,到领导理念、领导思想和执政方略,构成了我国传统

---

① 《斯大林全集:第 2 卷》,人民出版社 1953 年版,第 294 页。

的领导科学与艺术。这不仅对我国领导科学的发展起到了积极的推动作用,而且对促进国际社会在领导理念与实践的探索方面也发挥着至关重要的作用,是我们开展领导力教育弥足珍贵的思想宝库。因此,我们在大学生中开展领导力教育,必须充分认识其在高等教育中地位日益凸显的趋势,将其纳入中华民族复兴的伟大事业去统筹规划。首先,必须深度理解和把握我国传统文化的本质和特点,以我国优秀的传统文化为背景,引导广大学生学习和领会我国领导文化发展的脉络,以维护民族利益为基本出发点和目标。其次,应科学分析我国当前的特殊国情和时代语境,充分考虑国人性格特征及优缺点,结合具有民族特征的领导文化和传统规则,切实培养出适合我国国情的高效能的领导人才。最后,必须以学生为主体,正确引导学生主动参与到传承和弘扬民族文化的实践中来。依据大学生的成长规律,精心设计好领导能力的培养训练活动,在实践中弘扬、培育和提升大学生的民族意识。使每个大学生认识到,唯有坚持和遵循民族传统和根基,并在多元的开放性文化体系中不断注入新的内涵,才能保持中华民族传统文化的朝气与活力,才能不断增强民族的自尊心、自信心和自豪感,提升中华民族在国际社会的影响力。

当然,强调大学生领导力教育的民族性维度,全面承接民族领导文化的思想和精神,必须以理性的态度梳理本国传统,以宽容的心态和开放的胸怀对待世界不同文明,与"学习外国"结合起来。毛泽东同志深刻指出:"外国资产阶级的一切腐败制度和思想作风,我们要坚决抵制和批判。但是,这并不妨碍我们去学习资本主义国家的先进的科学技术和企业管理方法中合乎科学的方面。"①一方面,我们要继承和弘扬中华民族优秀的传统文化,激励大学生保持昂扬向上的自尊、自信的精神状态,向全世界展示中华民族的风采,另一方面,我们必须积极寻求与西方发达国家领导力教育对接的路径,注意学习、吸纳世界各国先进的领导文化和优良传统,让大学生看到我国在领导理论和实践上与西方发达国家存在的差距,在接受本民族的价值规范体系的同时,又能对接融入世界优秀领导文化之中,用战略的眼光看待国内外形势。

三、大学生领导力教育的全球性维度

大学生领导力教育的全球性维度,是指教育活动的组织落实要有国际化视野,善于借鉴各国知名大学的领导力教育经验,在学习和创新的辩证统一过程中,强化大学生的全球意识,培养他们既有包揽全球的胸怀,严格遵守国际化的行为

---

① 《毛泽东选集:第5卷》,人民出版社1977年版,第287页。

准则和道德底线，又有胸怀祖国、兼济天下的人文精神，具有"先天下之忧而忧，后天下之乐而乐""天下兴亡、匹夫有责"的爱国意识和民族情怀。

大学生领导力教育全球性维度的提出，是以其时代需要和现实为依据的。一是就客观层面而言，全球化进程的加快，推动世界在政治、军事、环境以及教育文化等各个领域密切互动、交流，环境问题、安全问题、能源问题等全球性问题迫切地摆在了新世纪领导者的面前。在这些国际问题和事务的沟通处理过程中，文化差异造成的文化障碍往往使不同文化背景成员之间出现沟通不良、误会丛生等现象，使得跨文化的沟通和管理能力成为回避不掉的领导能力。因此，重视并加强大学生的全球化领导力教育，已成为国际教育共同关注的焦点问题。二是就国家利益层面而言，多元化、全球化和科技进步加剧了国家间既互相联结又互相竞争的趋势。甚至，在一国内部的社会运行也因此变得更加复杂，各种政治决策、社会矛盾的处理，都不再囿于一国狭小的范围内，而与国际大舞台密切相连。基于这个认识，为了紧紧抓住全球化进程中的发展机遇，更多地分享经济增长的利益，优化本国的资源配置，提升本国的国际影响力，各国在顺应世界发展趋势的同时，都在积极探讨加强国际化领导力人才的培养，以最大限度地维护本国的整体利益。三是从个人主观层面而言，经济全球化背景下，人才资源正在以更快的速度在更广阔的领域内流动。那些拥有一门学科的渊博知识、理解能力、探索精神，而又具有在跨文化环境下所需要的新型的、有效领导力的专业领导人才，往往备受国际知名公司青睐。因此，胸怀远大理想和远见卓识的大学毕业生，着眼于未来长远发展，往往格外关注自己在全球化环境中领导素质的培养与训练，以适应全球化发展的人才需求。

领导力教育的全球性，既反映了不同国家和民族在领导力教育的方法、途径和目标等方面表现出的相近性，也反映了教育内容、教育观念的传统性和差异性。在领导力教育起步相对滞后的情况下，厘清顺应世界发展趋势与进行大学生领导力教育的关系，制定正确的、适合我国国情的大学生领导力教育策略，需要我们高度关注与国际领导力教育理论和经验的积极对话，以实现我国大学生领导力教育的本土化转换，创造和提升我国特色鲜明的大学生领导力教育理论。当前，应积极采取多种方式"请进来""走出去"，让青年大学生以及教师了解更多的世界其他国家的相关情况，也向世界其他国家介绍我国优秀的领导思想和文化传统。一方面，要放眼世界，了解他国文化背景所决定的领导行为准则和思维方式，尊重、学习其他国家成功经验，以更加开放的姿态进一步拓展对外交流渠道，建立更加广泛的合作关系，通过培训师资、考察访问、学术研讨等形式，加强大学生跨文化领导意识的培养，增强对多元文化信息的鉴别能力和选择能力。另一方面，要积极输出我们的民族文化,让外界了解我们。通过梳理反思中华民族传统的领导思想,并与西方业已成熟的领导文化对接、对话,让我国优秀的传统文化成为营造适合全球化人才生存文化的重要推动力量,促进中西领导智慧的会通和共享,使我们的学生既具有世界眼光与国际意识,又具有强烈的民族自豪感,以积极的状态融入世界优秀文化之中。

  党的十届六中全会指出,"以民族文化为主体、吸收外来有益文化、推动中华文化走向世界的文化开放格局进一步完善"①。在多元文化的激荡中,与时俱进地实施中国化的大学生领导力教育,必须在学习、借鉴和吸收其他国家、民族合理方法的基础上,在多种文化体系的交融中,高度重视坚持和创新本国、本民族的科学的方法,努力构建我国当代本土的大学生领导力教育理论。在具体教育活动中,要帮助学生及时领会洞察、敏锐识别跨文化环境中的具有文化独特性的各类信息,正确分析文化差异对人的态度、沟通形式、处事方式、生活工作习惯等方面产生的不同影响,引导青年大学生主动学习、积极调适,激发他们对人类社会的责任感,对国家、民族深深的热爱,迅速获得与多元文化相适应的领导素质和能力。这样,既有利于我们正确对待当今世界一切有价值的大学生领导力教育方法,拓宽教育思路,又有利于我们探索、增进我国大学生领导力教育的针对性,使之形式更为严密、内容更为丰富、功能更为完善、方法更加科学,做到知识性与实践性相统一、传统性与时代性相统一、全球性与民族性相统一,不断提升大学生领导力教育水平。

---

① 《中央关于深化文化体制改革若干重大问题的决定》,http:www.gov.cn/jrzg/2011-10/25/content 1978202.htm(访问时间:2011年10月25日)

新媒介时代大学生数字化阅读素养的内涵与培养*

媒介形态的不断演变,使得以网络阅读、手机阅读及电视阅读等为主要形式的数字化阅读成为大学生获取信息、学习知识的重要途径。新媒介时代的数字化阅读利用新技术融合文字以外的声音、影像、气味、触感,让大学生回归综合运用各种感官的全观认知经验,是充满人性化的阅读、是声色俱全的阅读、是互动便携式的阅读,对大学生合理知识结构的塑造和人文素养的培养具有重要意义①。因此,对大学生进行数字化阅读素养教育,培养大学生遵守信息道德规范,掌握检索数字化信息资源、学习数字化阅读知识、分析评价数字化阅读信息、识别数字化阅读信息需求,并在此基础上有效利用数字化阅读信息具有举足轻重的意义。

一、数字化阅读素养的定义和内涵

(一)数字化阅读素养的定义

国际阅读素养进步研究项目组织曾把阅读素养界定为:理解和运用社会需要的或个人认为有价值的书面语言形式的能力,年轻的阅读者能够从各种文章中建构意义,他们通过阅读来进行学习、参与学校中和日常生活中的阅读群体、并进行娱乐②。从定义中不难看出阅读素养是一种基于终身学习观构建的广义的含义,强调阅读双方的交互及其含义的建构性,重视阅读者会运用各种阅读技能和策略来促进、控制、理解阅读的动态发展过程。

凭借现代数字化新媒介平台、移动终端设备等获取信息的数字化阅读,其发展速度快、范畴广,不仅包括被当前大多数读者所青睐的电子阅读器阅读和网络在线阅读,还包括了日益走热的手机阅读等。数字化阅读拥有信息量大、更新速度快、呈现形式多样、交互性强、类型多样且便于读者进行复制等特点③。因此,

---

* 本文作者:王健、张立荣
① 朱咫渝、史雯:《新媒体时代数字化阅读的审视》,载《现代情报》,2011年第2期。
② 张颖:《国际阅读素养进展研究(PIRLS)项目评介》,载《中学语文教学》,2006年第12期。
③ 唐小美、李湘萍:《数字化阅读——开启阅读新时代》,载《广西日报》,2009年11月11日。

数字化阅读素养是新媒介时代公民的一种必备素养,可以将其概括为是一种在数字化阅读中能通过合法方式快速高效地获取、辨别、分析、利用、开发信息等方面的素养,这一素养可以通过教育养成和提高的。良好的数字化阅读素养主要体现在:遵守数字信息的相关法规,合法运用各种新媒介,掌握数字化阅读的基本操作技能,知晓计算机和网络之外的其他信息技术知识,能够主动地传播文明上网的理念等。

(二)数字化阅读素养的内涵

由数字化阅读素养的定义可看出,数字化阅读素养既包括认知态度的层面,也涵盖技术层面、操作层面和能力层面。概括讲,数字化阅读素养主要可包括数字化阅读意识、数字化阅读能力和数字化阅读道德三个方面。

1. 数字化阅读意识

数字化阅读意识是指读者已具备的数字化阅读知识和在数字化阅读活动中所呈现的心理状态。数字化阅读心态也可分健全和不健全两种。健全的数字化阅读心态表现为对数字化阅读活动有正确认识,在数字化阅读过程中主要表现为注意力集中、稳定,态度积极,具有开放性、选择性和有序性的特点。不健全的数字化阅读心态则表现为对阅读活动认识错误,对知识信息吸收的封闭性,非系统性,对数字化阅读信息良莠不分、食而不化、追新立异、趋众赶潮等,并且在阅读过程中注意力分散、易烦躁、焦虑等。高校图书馆及相关教育部门有必要对当前大学生数字化阅读现象给予足够重视,及时发现大学生在数字化阅读中出现的新问题,建立适合大学生自身特点的、健康向上的数字化阅读指导体系,引导大学生树立正确的数字化阅读意识,帮助大学生在数字化阅读过程中取得良好的阅读效果。

2. 数字化阅读能力

数字化阅读能力是为取得更好的数字化阅读效果而拥有的知识和能力储备,是指读者运用已具备的数字化阅读知识,操作数字化阅读行为和阅读活动的能力。形成数字化阅读能力的表征是掌握数字化阅读技巧、具备良好的数字化阅读和理解能力、能够对数字化阅读内容作出正确评价、具有记忆已读材料的能力、将阅读材料中有价值的部分提炼出来进行加工并转化为自己观点所用的能力。综合已有研究成果,一般将认读能力、理解能力、想象力、鉴赏力等认为是数字化阅读能力的重要构成部分。此外,记忆力、数字化阅读速度等个体素质也是影响数字化阅读能力的重要因素。数字化阅读是一种发展阅读,是其有别于传统印刷文本阅读的关键,数字化阅读能力的培养即是对读者的阅读行为和阅读活动进行有目的、有计划的训练,帮助其树立正确的阅读观念,以使读者具备良好的阅读选择能力、阅读思维能力、阅读评价能力及阅读效率。

3. 数字化阅读道德

数字化阅读道德是数字化阅读素养形成的保证,它引导着数字化阅读素养的发展方向。数字化阅读道德指读者在数字化阅读活动中表现出来的阅读道德品质,它是对数字信息生产者、加工者、传播者及信息使用者行为之间相互关系进行规范的伦理准则,是新媒介时代每位读者都应该遵守的道德标准。其主要内容包括遵循数字信息法律法规,自觉抵制违法行为,尊重知识产权,正确处理信息开发、传播、使用三者的关系等。数字化阅读过程中只有读者以信息道德为准绳,严格疏导自己的数字化阅读心理和规范自身的数字化阅读行为,才易取得高效的数字化阅读效果。

二、大学生数字化阅读素养的现状

数字化阅读的主要特点是借助电子媒介移动终端获取多媒体合成信息,其动态开放的信息资源、多元主体的便捷阅读方式以及虚拟互动的阅读环境等,大大拓展了大学生的阅读空间和阅读渠道,日渐融入大学生的生活甚至成为大学生日常生活不可或缺的组成部分。但调查研究发现,许多大学生在数字化阅读过程中持一种简单消费者倾向,缺乏品读的耐性,对阅读内容仅仅是走马观花式的从标题到标题的快速浏览或是对片段阅读内容的随意扫描,只是简单停留在浏览信息和休闲娱乐等知觉层面上,并没有进入或较多地进入到对阅读内容进行深层加工、理解、记忆的层面,数字化阅读心理卷入水平也明显低于传统纸质印刷文本,培养的也只是碎片化、跳跃式的简单思维,阅读中虽有所思索却因缺乏深层思考和系统论证而变成一种"泡沫思维",数字化阅读效率较低,数字化阅读能力也未得到有效提高。因此,大学生在数字化阅读过程中都面临是否能够有效地搜索、筛选、评估和使用信息的阅读素养问题和如何利用数字化信息资源进行学习并形成终生学习能力的问题。

(一)大学生数字化阅读心理意识浅薄

数字移动电子终端设备的海量式更新以及数字阅读信息的裂变式生长,使得数字化阅读随时随地都可以进行,然而良好的阅读效果需要阅读主体对阅读内容进行复杂的心智加工后,才能将阅读内容内化为自我知识结构体系的一部分。著名的"眼球理论"曾很好地说明了数字化阅读只作用于感官而不是作用于心灵这一特点,这样阅读通常只能让大学生获得短暂的快感,而难以实现知识的积累与意义的构建,易导致大学生阅读心态浮躁、意识淡薄和思维惰性。

1. 大学生数字化阅读易使注意力涣散

适度的信息呈现和信息变换可以丰富大学生的知识,激发其阅读兴趣,而数字化阅读内容中色彩场景的拼贴以及图文信息的闪动一旦超过了一定限度,就会导致注意力涣散,影响注意力集中的持久度。

2. 大学生数字化阅读易使想象力水平降低

读者往往通过头脑的想象来补充和加深对阅读内容的理解,丰富和强化阅读所得。数字化阅读中丰富直观的图、文、声、像很容易诱使大学生只浏览那些直观便利的阅读辅助信息,而懒于或放弃通过自己的想象去演绎阅读信息中的某个场面或补充完善其他未知信息,一定程度上减弱了大学生阅读纸制文本时能够得到的逻辑思维训练,同时也影响甚至遏制了阅读主体在阅读过程而衍生的思维和情感活动。[1]

3. 大学生数字化阅读易使思维缺乏深度

数字化阅读往往注重阅读主体对阅读内容的一种认知与感官享受,对阅读内容的空间展现形式较多,而留给读者对阅读内容进行分析综合、比较以及抽象概括等的时间较少,一定程度上不利于读者逻辑思维能力和理性认知的提升,弱化了读者思维的力度和深度。

4. 大学生数字化阅读易弱化创造能力

大学生数字化阅读注意力涣散必然带来思维能力的下降,思维能力的下降易导致想象力的降低,从而致使大学生创造能力下降。也可以说数字化阅读弱化了大学生的专注与沉思的能力,淡化了大学生对阅读内容的接受力、降低了大学生对阅读内容意义的再创造程度。

(二)大学生数字化阅读理论知识和专业技能有待提高

大学生数字化阅读是一个复杂的信息获取过程,高效网络阅读的取得需要大学生具备扎实的网络阅读基础知识和很强的网络阅读技能。而当前大学生在面对这个鱼龙混杂、良莠不齐的网络环境时,因自身基础知识和业务技能的限制,往往存在着数字化阅读过程中的茫然紧张、链接迷航和沉迷难返等现象,缺乏对最佳信息资源有效的选择和甄别,最终导致数字化阅读效果不佳等一系列问题。

---

[1] 陆海、姜平波:《大学生"网络阅读"呼唤文化回归——当代大学生"网络阅读"调查》,载《教育与职业》,2007年第10期。

1. 茫然失措

突然置大学生于一个信息内容海量、展现形式丰富的数字化环境时,很多大学生往往表现为因缺乏必备的网络阅读常识和网络信息获取技能而茫然失措,感觉无从下手,最终被淹没在望眼欲穿、深不见底的数字化信息海洋中。

2. 噪声干扰

信息的传播一直存在着干扰因素,而大学生数字化阅读过程中的噪声干扰又表现得尤为突出。数字页面的上下翻动、背景颜色的随意改动以及无关图文声像的迂回闪动,都易干扰和吸引大学生的阅读注意力,给大学生的数字化阅读增添了无关紧要的认知负荷。[①]

3. 迷航难返

大学生数字化阅读过程中,面对数字信息层层无限链接,常因网络阅读基础知识缺乏和搜索技能有限,难以把握数字信息的广度与深度,最终导致一失足终成千古恨,迷航于数字信息的港湾中,越陷越深,归途难返。

4. 沉溺成瘾

数字信息的丰富和便携,往往易使大学生在数字化阅读需求的基础上产生依赖感,淡化了潜心阅读纸质文本的耐心和诚心,只满足于浏览缺少时间感和空间感的数字信息,甚至沉溺于数字网络。

(三)数字化阅读道德水准不高

由于家庭教育、专业喜好以及社会信息媒体多样化的影响,在大学生数字化阅读中存在着逆反阅读、猎奇阅读、恋网阅读、恶意阅读等不良行为和现象,这类现象是对大学生数字化阅读道德水准的反映。

1. 逆反阅读

当代大学生思维敏锐、认知活跃且受传统观念的影响较少,个性化强、大胆开放,对各种规章制度和常规管理很容易产生逆反心理,在躁动探异心理的驱使下,很容易借助数字化平台进行逆反阅读。

2. 猎奇阅读

数字化阅读方式的虚拟性和隐蔽以及外界不良诱惑的存在,一些大学生对娱乐八卦、游戏交友甚至一些低级色情的数字化阅读资源"情有独钟"。他们从那些曲折离奇的恩怨情愁中、虚无缥缈的幻想里以及凶杀色情的低俗诱惑中来满足对猎奇、冒险的心理需要。

[①] 张智君:《超文本阅读中的迷路问题及其心理学研究》,载《心理学动态》,2001年第2期。

3. 恋网阅读

一方面,数字化阅读资源的丰富便捷和表现形式的多样,而另一方面大学生世界观、人生观、思想价值观还处于不成熟阶段,对外界诱惑缺乏一定的抵制能力,导致有部分大学生沉迷于网络,甚至参与网络色情赌博、暴力犯罪、传播网络消极文化等现象,给其身心带来极大危害,严重影响了大学生全面健康发展。

4. 恶意阅读

在网络言论泛滥的冲击下,少数思想不成熟的大学生在扭曲的知识占有欲的驱使下完全颠覆自己的形象,在数字化阅读中充斥着太多的信口胡言和恶意灌水,甚至诽谤中伤和破口大骂,有些大学生读者则在数字化阅读过程中故意攻击图书馆或他人的网站。这种恶意阅读行为给图书馆和他人造成极大的危害和损失。

三、大学生数字化阅读素养的培养途径

数字化新媒介时代对大学生数字化阅读素养的培养要体现出对大学生的自我监督、社会责任感以及阅读技能培养等方面的关注,努力培养新媒介时代大学生数字化阅读的适应和应变能力。数字化阅读意识、数字化阅读能力及数字化阅读道德三者相互联系、相互依存,并构成统一的整体,其中理念是先导,技能是基础,而数字化阅读道德则是数字化阅读素养健康发展的根本保证。

(一)营造健康有序的大学生数字化阅读环境

激发大学生对数字化阅读产生浓厚的兴趣是培养大学生数字化阅读素养的首要条件。这就要求高校图书馆和相关教育信息管理部门不仅要努力营造一种适宜阅读的文化底蕴浓厚、界面清爽简洁、用户体验性良好、能提供随时下载和离线阅读设计以及图文并茂、动静相宜的数字化阅读空间,更要激发大学生的阅读兴致,令其在已有阅读知识和经验的基础上,引发深邃的内心活动,通过注意深化、联想补充等认知活动来理解数字化阅读内容的实质,提升大学生数字化阅读效果。

高校图书馆及相关教育部门应通过创设健康有序的数字化阅读环境,设立校园数字化阅读服务小组和共享阅读资源等,营造良好的数字化阅读校园文化氛围,从而使学生时时沉浸在数字化阅读知识信息的海洋中,遨游在信息的时空中。同时还要通过各种形式的赏识与激励机制,使每个大学生都认识到只要自己积极努力投入到对数字化阅读的学习中,就能成为驾驭网络阅读信息这艘大船的杰出舵手,就能够适应数字化阅读方式并取得良好的数字化阅读效果。

(二) 普及大学生数字化阅读常识

有研究者把今天大学生面对的这个鱼龙混杂、良莠不齐的新媒介时代比作"潘多拉的盒子",实不为过。数字化新技术的日新月异,新媒介本身具有自由、开放特性,大学生强烈的求知欲和好奇心以及适应和应变能力,不可能将大学生与这个"魔盒"相隔离。他们终究会有一天要亲手打开这个对他们充满诱惑的"盒子",这是一种时代发展必然①。因此,无论是从道德教育的角度,还是从社会责任的视域,高校图书馆和教育信息管理部门都有责任在大学生触及这个"魔盒"之前,详尽告知他们盒子里装的是什么,指导他们如何正确使用这个"盒子",教会他们如何辨别和选择,保证他们在这个充满诱惑和魔幻的数字化虚拟环境里,在阅读行为和心理上都已经具备了相应的常识,形成了强大的抵抗力和免疫力。大力开展大学生数字化阅读常识教育,增强大学生的数字化阅读免疫力,塑造正确的数字化阅读理念,培养良好的数字化阅读道德素养,能够使大学生减少对信息的滥用和误用,降低不良信息的影响程度,为处理好大学生与数字媒介的关系、信息与注意力之间的关系、信息与观念之间的关系奠定基础,进而保证大学生取得良好的数字化阅读效果。

高校图书馆和教育信息部门可采取讲座培训、网络交流研讨和实践互动等形式,培养和强化大学生的数字化阅读技能,帮助大学生真正认识数字化阅读、理解数字化阅读的内涵与本质,提高大学生驾驭数字化阅读的能力,使其具备良好的获取信息和学习资源的能力、对信息资源进行查询和使用的方法,并能对所得信息进行准确的鉴别分析。同时要积极营造健康有序的数字化阅读氛围,使大学生具备良好的数字化阅读意识、娴熟的数字化阅读技能和高尚的数字化阅读道德,引导大学生树立正确的数字化阅读意识,文明阅读,减少数字化阅读的盲目性,提升大学生数字化阅读素养。

(三) 积极开展大学生数字化阅读指导

积极在大学生群体间开展数字化阅读指导是指在大学生数字化阅读过程中,及时发现大学生数字化阅读中存在的问题,有针对性地去引导大学生去健康阅读并及时反馈信息,培养大学生数字化阅读的甄别能力和创造能力,促使大学生形成数字化阅读的自我效能感,使其在数字化阅读观念、阅读习惯、阅读能力以及阅读质量等方面全面协调发展,提升大学生数字化阅读素养②。因此,积极开展大学生数字化阅读指导,努力提升新媒介时代大学生的数字化阅读素养,使大学生

---

① 檀传宝:《网络环境与青少年德育》,福建教育出版社2005年版,第189页。
② 王健、陈琳:《促进大学生网络阅读效果的策略研究》,载《图书情报工作》,2010年第3期。

在数字化阅读的窗口中感受到传统纸制文本中所不能及的阅读世界,不仅接受人类经典文化的熏陶,更能分享理性世界带来的乐趣,获得心灵与情感的满足,为更好地适应急剧变革的新媒介数字化环境奠定良好的基础,以应对未来世界可能发生的变革和挑战。

在大学生数字化阅读过程中,积极引导其形成对数字化阅读资源的自我评判标准,使其对自身能否有效获取信息和进行意义建构的能力做出明确判断。或者说提高大学生数字化阅读中与之相应的自我调控能力和自我创造能力。其意义表现为:在开展大学生数字化阅读之前,使其能够端正自己的数字化阅读动机,明确数字化阅读目的和数字化信息获取方式;在整个数字化阅读过程中,使其能够监督自己的数字化阅读策略和调整自身精神状态等;在完成数字化阅读之后,使其能够积极反思自己的阅读行为,完善自身数字化阅读品质等。

(四)组织丰富的大学生数字化阅读活动

高校信息管理部门还可通过组织丰富的大学生数字化阅读实践活动深化大学生对数字化阅读素养内涵的理解和掌握。经历了各个阶段的应试教育的学生,他们的思维往往被锁定在黑板和课堂的框框里,而跨进大学校门以后,以新媒介为载体的丰富的阅读内容及其极富感染力的呈现形式恰似一眼对大学生文化学习和创新思维方式培养取之不竭的源泉。因此,新媒介时代培养大学生数字化阅读素养,首先要帮助大学生树立"大数字化阅读生活观",将数字化阅读和学生的生活相融合;其次要充分利用国内外便利的数字化阅读资源,拓展大学生阅读学习的外延;再次还可以通过组织富有教育性、综合性的大学生数字化阅读活动,促使大学生在持续的数字化阅读活动中掌握数字化阅读技巧,形成良好的阅读习惯,提升其数字化阅读素养,为大学生的终身学习和持续发展打下坚实基石。"授人以鱼,不如授人以渔",通过组织丰富的数字化阅读活动历练大学生的数字化阅读能力,有利于大学生在海量的数字化信息中,掌握信息搜索、分析、整理、设计、应用和创造的能力,也是大学生数字化阅读素养培养的直接目的。

(五)强化大学生数字化阅读元认知

有效的数字化阅读需要大学生在阅读过程中积极地控制自己的认知活动,能够深刻检测自己的理解能力。大学生数字化阅读元认知是指在数字化阅读活动中大学生能够对自己的认知方式和认知过程给予及时的监控和调整,不仅能够有效地利用已有的知识去吸收和同化数字信息,而且能时刻反思自己的认知过程和认知方式,以此来掌握和控制自己信息获取的过程,并不断地调整阅读策略,主动去建构知识,进而提升自身数字化阅读效果①。注重大学生数字化阅读元认知能力的强化,培养大学生数字化阅读过程中的自觉性和自控性,促使大学生在数字化阅读活动中探索个性化的阅读方式,培养自身良好的阅读习惯,强化数字化阅读技巧,提升数字化阅读素养。

全面的数字化阅读评价是阅读元认知的主要内容,是对大学生数字化阅读能力形成和阅读效果的重要考核途径,有效的阅读评价将会对大学生数字化阅读素养的形成起到激励作用。数字化阅读过程是复杂的语言实践活动、复杂的心智活动和情感活动的有机结合。因此,对大学生数字化阅读素养的评价要依据新媒介时代赋予大学生的新要求、新任务,以推动大学生全面发展为基础,以培养大学生的阅读文化素养和创新能力为核心,以当前大学生数字化阅读活动为抓手,逐步完善大学生数字化阅读素养评价体系。为使评价涉及范围全面、层次合理、应用科学,应实现对大学生数字化阅读素养评价的系统性、多元性和全程性,以推进大学生数字化阅读素养高效快速地形成。

---

① 王龙:《阅读研究引论》,天马图书有限公司2003年版,第108页。

新时期侠义文化对大学生志愿服务的影响*

中国侠义文化在文学作品中的展现最为凝练。从《史记·游侠列传》、唐传奇的豪侠题材、明清侠义公案小说,到现代白话武侠小说、新派武侠小说,无不展现出浓厚的侠义文化。这些侠义文化内容并不是固定的,而是在各个时期有各自的特点,这是与社会发展相匹配的。当今网络侠义小说之热,集中反映了新时期人们的心理状态与价值观念。但万变不离其宗,以尚义、助人、重诺为核心的侠义文化是不变的。探寻新时期侠义文化的新内涵,对于"大力弘扬中华传统美德,结合时代条件深入挖掘和阐发,进行创造性转化、创新性发展,赋予志愿服务深厚的传统文化内涵"①具有重要意义。

一、行侠仗义与志愿服务

志愿服务是不计得失、乐于奉献的行为。虽然是外来词,但无论是外在表现还是内在核心,志愿服务都不让人感到陌生,因其与中国侠义文化传统有共同点。或者说,在这个词出现以前,此类行为有另一个被广泛认可的称谓:行侠仗义。

"侠"一般被认为出自主张"兼爱""非攻"的墨家。"侠"不单指侠客,更指向一种行为模式,是关于要帮助谁和怎么帮的问题。儒家也有"侠",章太炎就曾著《儒侠》一书。有学者指出,"儒和侠天然地具有共通性,那么他们的区别在哪儿?区别在上层和下层之间。"②广义上的"侠"并不单属某家某派,而是一种国民性的认同。武侠小说的兴盛在思想上扩大了"侠"的功能,满足了大众的情感需要,而仙侠小说是其进一步的发展。

"义"是一种价值标准,是社会默认的秩序,讲究的是合宜,"不义,祸也"(《左

---

* 本文作者:姜云峰、郇宇、匡艳丽。
① 中央精神文明建设指导委员会:《关于推进志愿服务制度化的意见》,载《人民日报》,2014年2月27日。
② 张飞岸:《中国传统的"仁""侠"精神不能丢——与学者孔庆东对话》,载《中国社会科学院报》,2009年1月6日。

传·昭公三年》)。对个人来说"多行不义必自毙"(《左传·隐公元年》),对国君来说"不义则民叛之"(《国语·周语中》),"义"的执行范围是全部个体。"清君侧"的义高过封建伦理秩序,说明"义"的第一性。在社会发展中,"义"也衍生出"义气"等人际间的交往准则,且因个人观念的限制与误用使其受"不白之冤"。这就要我们有判断地区分,有扬弃地继承,从传统的文化土壤中剔除不符合当今时代与社会需要的"假义"和"小义"。

所谓"侠义","侠"是行为模式,"义"是价值标准。"义"需要"侠"的行动来展现,没有不侠之义;"侠"也要受到"义"的指导,没有不义之侠。侠义小说体现了国人的道德观念与价值选择。

团中央把志愿服务精神概括为"奉献、友爱、互助、进步",这种精神与当代的社会主义核心价值观体系相契合,"培育和弘扬社会主义核心价值观必须立足中华优秀传统文化"①。志愿服务之所以能迅速在中国扎根,是因为它符合中国崇尚侠义的文化传统,而尚义、助人、重诺的侠义文化符合社会主义核心价值观,是对志愿服务精神的具体注解。如今研究志愿服务,不能忽略侠义文化的作用,国人这种深厚的价值经验会在方方面面影响大学生志愿服务的开展。志愿服务巧妙地与侠义文化传统结合,必能更好地发挥实践育人的效果,促进当代大学生的成长与进步。

二、网络侠义小说中的侠义解读

"进入现代文化,由于社会时代的不同,游侠行为基本上已没有滋生的土壤,人们对侠义的看法,一是侠义作为助人为乐和见义勇为的文化符号融入社会的日常道德规范,二是武侠小说的普及带来人们对江湖武侠的审美和回味,同时潜在地影响着人们的恩怨行为"②。如今,在民国武侠小说和新派武侠小说上发展起来的网络侠义小说最为火热,这正是侠义审美符号的集中展现,展现了侠义文化传统的新内涵。

网络侠义小说是指通过网络传播的类型小说,以青春题材故事为主,描写主人公成长、成熟,最终获得成功的经历。书中人物往往具有匪夷所思的无法用科学解释的超能力,其根本是以超验性的表现方式对具体存在的问题做出新的解释。网络侠义小说具体又分为玄幻、灵异、魔幻等众多类别,但它们具有共同的

---

① 《把培育和弘扬社会主义核心价值观作为凝魂聚气强基固本的基础工程》,载《人民日报》,2014年2月26日。
② 韩云波:《从侠义精神到江湖义气》,载《新东方》,1998年第5期。

特点：

1. 仙侠般的行为模式和互利共赢的价值模式。网络侠义小说用神仙般的能力无限地扩大侠的行为模式，展现出当代侠义精神的嬗变。然而，侠义行为并不是不求回馈的，确切说是内功利的。主人公助人不仅有道德上的愉悦感，也包含隐性的功利诉求。如《大道独行》中，主人公坚持助人的原因是其道德宗的天赋驱动：助人可以收获受助者产生的感激，借此获得更强的超能力，从而趋利避害，让自身强大。

2. 惩恶扶弱的道义使命。因为小说中的人物有着稀奇古怪的超能力，小说中的世界因此难以维持现实社会中的正义。但主人公面对普通人受强权欺压时的反应却是一致的。如《诛仙》中的主人公就对魔教肆意妄为的行为不齿，所见必会铲恶扶弱，即使无奈入魔，也是盗亦有道，维护人性尊严，恪守做人的道义底线。这一定程度上也折射出当代人在现实环境中受到压抑，但是社会伦理情感始终占据上风的心理。

3. 人文关怀的转向。此前的侠义小说多以人为侠义主体，以妖魔鬼怪为侠义客体。但近些年，网络侠义小说的主体发生了转变，如《万妖之祖》就是描写一个人重生为妖。在转换身份视角以后，主人公看到了人类唯利是图、唯我独尊的狭隘，于是侠义主体转为被人类欺压的异类：以妖为代表的自然万物。这是环境污染日益严重，人类自身生存危机意识的展现。人在反省过去犯下的错误，尤其是大学生对其他者的弱势地位抱有很大的同情，并积极报以行动。

4. 侠义认识简单化。在以仙侠标榜自身、有别于传统侠义小说的网络侠义小说中，侠义行为的简略化暴露出作者对侠义的认识简单化。这些小说侧重于"仙"而忽视了"侠"，"侠"中的"义"也就随之失落了。主人公的侠义行为要么惊天动地，力挽狂澜；要么顺手而为，一笔带过。作品缺少了对"侠"和"义"的深刻思考，这暴露出作者对侠义的认识不足。如《狂神》《斗破苍穹》等作品，主人公都是以拯救世界的英雄形象出现，侠义被简化为当代人的英雄梦。在现实中，很多大学生不了解志愿服务的精神内涵，盲目地从事志愿活动，想当然地把志愿活动简单化、理想化。在受挫于现实的琐屑和平凡时，他们往往产生活动惰性。

民国时期，侠义被视为救亡图存的力量，侠义小说先后塑造了大刀王五、霍元甲等大侠形象。此后的新派武侠小说中，金庸塑造了以郭靖为代表的侠之正统人物。这些人物都是各个时期所代表的侠义主体。但网络侠义小说中的侠义主体却走上了主流的对立面。如《猎国》中的夏亚雷鸣等人，他们热血冲动，做事不计后果，凭喜好行事，有着明显的性格"污点"，是主流眼中的正邪同一体。命运与时势在他们身上产生了重要影响。但是细细观照，这些主人公不过是没长大的孩子,是在个性与传统、自我与他人、道德与情感之间挣扎的矛盾体。或者说,网络侠义小说中主人公的矛盾是"自我"与"超我"之间的纠葛,在某些方面表现出当代大学生的纠结状态。

三、对大学生志愿活动平台的借鉴

继 2008 年《关于深入开展志愿服务活动的意见》出台后,2014 年中央文明委又印发了《关于推进志愿服务制度化的意见》。这体现了志愿服务层层深化的态势,说明国家对志愿服务的发展提出了更高的要求。我们试图借鉴当代网络侠义小说传达出的侠义精神,搭建一个大学生志愿活动平台,实现志愿服务制度化与常态化。

高校志愿活动平台的构成实体由供给方(志愿者)、中介方(组织者)及需求方(服务对象)三者组成。志愿服务资源通过供给方提供、中介方调配、需求方接受的方式流动,然后通过志愿评价与反馈实现逆向传递。在这个过程中,起资源配置作用的不是价格杠杆,而是中介方的中转与统筹,这也是志愿活动平台的主要运行保障。组织者是"有形之手",连接着志愿者与服务对象,调节着志愿服务资源。而这"有形之手"要想行之有效,必须严格执行制度、准确把握情况。通过对网络侠义小说中侠义文化特点的诠释,可以发掘大学生志愿活动中的"无形之力",中介方要尊重和引导这股"无形之力",尽可能完善志愿活动平台的构建。

首先,满足供给方的合理诉求,形成激励保障机制。助人不等于损己,志愿服务是一种互利行为。正确的义利观能够让志愿者处理好个人与社会的关系。大学生提供了志愿服务资源,理应受到积极的肯定。这并不违背志愿的无偿性,而是新形势下志愿服务的必要补充。

其次,扩大需求方的范围,提供多元化选择。一是服务对象的扩大,注意人文关怀的转向。高校志愿服务客体应扩大范围,涉及社会发展、救灾减灾、公共安全等多方面。二是服务对象的纵深发掘,注意发挥大学生的专业优势,深挖学生的志愿服务潜力。

再次,加强供给方的培训,培养合格的志愿者。一要普及志愿服务知识,加强学生对志愿服务的认识。志愿服务并非是感天动地的壮举,更多的是平凡中的坚持,平民与英雄并不矛盾。学校可增设相关通识课程或举办相关讲座,普及志愿服务知识。二要加强实践训练,强化志愿服务技能。大学生志愿者具有其特殊性,他们年轻有活力,学习能力强,需要给他们提供检验知识的机会。

最后,组织者要加强学习,善于发现问题、解决问题,提高理论认识。要从学生所爱、所言、所读中可以了解到学生的思想,听到学生的无声诉求,读出学生内心的表达。志愿活动平台是个动态平衡的平台,组织者必须不断从实践中积累经验,用理论指导实践,在深挖传统文化的心理基础上,结合时代特征,抓住志愿活动的话语权,深化志愿活动平台建设,使得志愿活动设计、解释、指引的力量更加强大,从而更好地服务学生、服务社会,发挥高校志愿活动应有的功能。

陶行知生活德育的精神内涵及其现代启示*

当代的思想文化建设,必须基于当下的社会生活。然而,思想文化积淀于民族的心灵深处,因此,从历史视角深刻发掘富有时代精神和鲜活价值的思想道德资源是文化传承创新的重要使命。就当下的道德建设而言,"回归生活世界"成为德育改革的重要趋势和现实选择。"回归生活世界"的德育改革,需要我们进一步发掘"生活德育"的先行者——陶行知的"生活德育"理论的精神内涵,用以指导和创新德育实践。

一、陶行知生活德育理论的精神内涵

我国近代伟大的人民教育家陶行知先生一生都在倡导和践行生活教育,他的生活德育理论体系对当前高校德育改革具有指导意义。

(一)"教人求真、学做真人"的生活德育目标

陶行知指出,"道德是做人的根本。根本一坏,纵然使你有一些学问和本领,也无甚用处。并且,没有道德的人,学问和本领愈大,就能为非作恶愈大"[①]。因此,他提出了"教人求真""学做真人"的德育目标,这一目标成为他开展生活德育的出发点和根本归宿。

在陶行知看来,教育的最终目的就是培养为真理而奋斗的人,就是要"千教万教,教人求真;千学万学,学做真人"。这里的"真人"是指具有完善人格与渊博知识、高超能力的人,是说真话、办真事、求真知、为真理而奋斗的人,是"捧着一颗心来,不带半根草去"为人民服务的人。他一生都把"真人"作为自己的人格追求和立德行世的基本原则,强调每个学生都应当有强烈的社会责任感和历史使命感,追求真理,爱护真理,为国家、为人类服务。

---

* 本文作者:沈道海
① 《陶行知全集:第4卷》,四川教育出版社1991年版。

他强调,作为"真人",要成为爱国亲民的"人中人"(而非"人上人"或"人下人")①。使知识范畴的求真与道德范畴的求善结合在一起,以求真为基础,以求善为旨归。可见,陶行知的生活德育目标和现代德育目标有着内在的一致性,是具有时代意义的德育主张。

(二)"爱国主义、集体精神"的生活德育内容

陶行知从其"生活即教育"的思想原点出发,把德育寓于生活之中,围绕当时的个体道德修养,相继开展了爱国教育、理想教育、法纪教育、人格教育、政治教育、民主教育等广泛的教育实践,这就构成了生活德育的基本内容。这些教育内容的基本要义就是爱国主义、集体精神。

陶行知认为,爱国主义是民族的凝聚力和向心力,是推动历史前进的一种巨大力量。他说:"国家是大家的,爱国是个人的本分"。当然,"各人所处的地位不同,爱国的方法也不尽相同"陶行知的生活德育始终贯穿着集体精神,他认为,个人的力量是单薄的,只有联合起来的自觉的大众力量才能无坚不摧。个人要在集体之下发展民主、追求自由、张扬个性。这就把个人的道德追求与社会的发展进步紧紧联系在一起,体现了其德育内容的先进性、时代性和广泛性。

(三)"教训合一、知行统一"的生活德育方法

陶行知认为,传统教育中道德与行为分离,其弊端在于理论脱离实际,思想与行为不一致,容易造成学生"嘴上讲道德,耳朵听道德,而所行所为却不能合乎道德的标准,无形无影当中,把道德与行为分而为二"。为了克服这种弊端,陶行知提出"教学合一"的思想,后又发展为"教学做合一",既重视教,更重视学;既重视知,更重视行;既重视教师的主导作用,更重视学生的主体作用,力图把主体和客体、理论和实践有机统一起来。他主张,"教学做合一是生活法,也就是教育法"。②

"教学做合一"的提出,为其生活德育赋予了新的理论内核,"生活教育是生活的教育,用生活来教育,为生活向前向上发展而教育"。强调要让学生独立地参加社会活动,给学生练习道德的机会,培养言行一致的道德行为,力求做到知行统一。这就构成了陶行知整个生活德育理论体系的方法论。

(四)"相师互学、学生自治"的生活德育路径

陶行知在具体德育实践中极力推崇"教学相长"的原则,认为教师的天职"是自化化人",主张"相师互学",即师生"共学、共事、共修养",并深信这是真正的教

---

① 《陶行知全集:第1卷》,四川教育出版社1991年版。
② 《陶行知全集:第2卷》,四川教育出版社1991年版。

育"。他认为,师生有了共甘苦的生活,就能渐渐地相亲相爱,大家由亲近而达到相知相爱,自然可以造成和乐的境界,各人肯以灵魂相见,才算是真正的共生活,才能培养"真人性",这样就把"相师互学"成功运用到德育实践中,使教与学统一起来,通过师生共同进修实现在道德生活中共同进步的目标,最终帮助学生提高道德修养。

另一方面,陶行知还极力倡导"学生自治性"。他明确提出:"智育注重自学,体育注重自强,德育注重自治。"在他看来,学生自治是学生练习道德行为的有效手段,"为学生预备种种机会,使学生能够大家组织起来,养成他们自己管理的能力"。这是道德修养的最高境界。但他同时强调,这种自治不是"个人"自治,而是以"团体"的形式共同管理,通过不断地自我反省、自我锻炼、自我提高,养成良好的道德习惯,提高解决实际问题的能力。陶行知的这一生活德育过程观,揭示了师生在道德修养上的辩证关系,突破了传统德育对学生主体性的禁锢,使德育摆脱了单向灌输和师生关系对峙的局面。

(五)"爱满天下、人民至上"的生活德育价值

陶行知生活教育的基本点是立足人民群众、服务人民群众,是以改造社会为目的的,他认为,爱是德育的前提,也是德育的归宿。他积极倡导爱满天下、爱人如己、以爱爱人,并把"爱满天下"作为自己的崇高理想,深信没有爱便没有教育,教师的爱是培育"英才"的源泉和动力。在他看来,每个人都应将自己的爱奉献给民族的解放、人类的自由、人民的幸福,有了这种爱才能为民族振兴做出积极贡献。

反映在价值观上,陶行知的这种德育理论坚持了"人民至上"的目的观,其价值主体是人民,价值标准是人民的根本利益,价值期待是把生活教育与服务人民融为一体。教育的最终目的"在止于人民之幸福"。"我们要大学培养与国计民生有关系的学者领袖,不要大学培养避世的隐士、出世的僧民、不知世事的书呆子"。这都充分体现了他一心为人民谋幸福的道德情怀。

二、陶行知生活德育理论的现代启示

陶行知创立的生活德育理论,为中国近现代德育做出了重要贡献,至今仍具有其不可磨灭的时代价值。

(一)在德育目标上,培养全面发展的"真人"

培养什么样的人是教育的首要问题,陶行知的生活德育理论对此做出了自己明确的回答,即培养全面发展的"真人性",他的这一思想与马克思关于全面发展的思想是一致的,也与党的十八大报告中"把立德树人作为教育的根本任务,培养

德智体美全面发展的社会主义建设者和接班人。"①基本一致。它启示我们,在具体德育实践中,要克服德育目标过于理想化的问题,从现实出发,贴近学生的真实生活,针对不同特点,把统一的先进性的目标要求转化为切合实际的目标定位,构建多层次的目标体系。

(二)在德育理念上,强化学生的主体地位

陶行知的德育理论主张以人为中心,强调人要做自己的主人、做社会的主人。这就启发我们,在德育工作中要始终坚持以人为本的理念,强化学生的主体地位,发展学生的主体意识,尊重学生的人格、个性和基本权利,促进学生全面发展。

长期以来,我们的德育忽视了学生在道德生活和德育工作中的主体作用,导致学生始终处于一种被动接受者的客体地位,致使德育常常收效甚微。以此为鉴,在现代德育中,必须努力克服主客二分倾向,高扬人的主体精神,真正确立教师与学生之间的交互主体关系,切实尊重学生的个体差异,激发他们进行自我教育的主动性与自觉性,最终将教师的主导作用有效地转化为学生的主体效应。

(三)在德育内容上,反映学生的现实生活

陶行知的生活德育理论强调教育的内容来源于社会生活,并为社会生活服务,体现了"实践第一"的特点,并深刻揭示了生活的品性对人的教育作用。这就启示我们,德育要与社会生活相结合,积极反映现实生活,真正回归到现实的生活世界和生活实践。

以往的德育中广泛存在着过分注重道德理论知识的传递,对学生是否将这些知识内化并转化为个体价值信念很少关注,造成德育实践脱离学生实际生活的现象。究其根本原因,是德育工作者没有真正从学生的生活和实际需要出发,德育内容与现实生活严重脱节,难以解决学生生活中的道德困惑,学生很难产生对德育内容的认同和情感的共鸣。"生活和道德是一体的,离开了生活,道德也就成了僵死的条文和抽象的原则。生活是道德的存在方式"②。新时代的德育,更应该关注学生丰富的生活世界和文化积淀,重视学生的内在建构和体验认同。注重反映大学生的思想和实际问题,及时有效地化解其思想矛盾、心理冲突、情感困惑、就业困难等突出问题,才能收到事半功倍的效果。

(四)在德育方式上,突出学生的道德践行

陶行知的生活德育理论从根本上所要解决的是理论与实践相脱节的问题,他

---

① 《胡锦涛在中国共产党第十八次全国代表大会上的报告》,载《光明日报》,2012年11月18日。

② 范树成:《当代学校德育范式转换与走向研究》,人民出版社2011年版,第128页。

提出并成功推行的学思并重、德治兼求、知行合一的德育方法,从根本上说是一种实践性德育,注重的是道德能力建设,这对摆脱今天的德育困境、提高德育实效具有很强的指导意义。新时代的德育必须加强学生的道德体验、道德反省和道德实践,从关注道德认知转向注重实际生活体验,从强调道德认知能力转向注重道德践行能力,从封闭的道德教学转向开放的社会活动。

"社会生活在本质上是实践的"。[①] 只有在社会生活交往中进行的德育才能培养出人的良好品行。"生活德育的实践性来自于生活的实践性,生活不能只是思,而是过的"[②]。就是通过道德的生活而学习道德、认识道德、体验道德、践行道德、发展道德。这就要求我们要深刻分析学生的素质基础和能力差异,打通知行之间的通道,充分调动学生参与道德生活的主动性,指导他们积极投身各种道德生活实践。教师要加强对德育实践的规划和引导,拓展德育实践的渠道和阵地,增强学生德育实践的自觉意识和自我管理能力,强化对德育实践的考核与评价,努力提高德育走进学生真实生活的力度与效度,增强德育工作的针对性和实效性。

---

① 《马克思恩格斯选集:第1卷》,人民出版社1995年版,第60页。
② 高德胜:《知性德育及其超越》,教育科学出版社2003年版,第189页。

健全师德建设长效机制　提高师德师风建设水平*

2014年9月,习近平总书记与北师大师生代表座谈时提出"四有"好老师的新要求:"做好老师,要有理想信念、道德情操、扎实学识、仁爱之心。古人说教师'传道、授业、解惑',排在职责第一位的应该是'传道'。"师者,人之模范也,师德是教师素质之魂,是教师做人从教的根本,必须将师德建设放在教师队伍建设的首位,健全师德建设长效机制,不断提高师德师风建设水平。

一、适应时代要求,提高师德水准

2013年以来,教育部先后出台《关于建立健全高校师德建设长效机制的意见》《关于建立健全中小学师德建设长效机制的意见》《中小学教师违反职业道德行为处理办法》《严禁教师违规收受学生及家长礼品礼金等行为的规定》和《严禁中小学校和在职中小学教师有偿补课的规定》等一系列有关师德方面的文件。教育部近期在教师工作司专门成立"教师管理与师德建设处",将"推动完善师德建设长效机制,从源头和根本上遏制违反师德行为的发生"作为2016年度五项工作要点之一。

高校教师的思想政治素质和道德情操直接影响着青年学生世界观、人生观、价值观的养成,决定着人才培养的质量,关系着国家和民族的未来。适应时代要求,提高师德水准,加强和改进高校师德建设工作,对于全面提高高等教育质量、推进高等教育事业科学发展,培养中国特色社会主义事业的建设者和接班人、实现中华民族伟大复兴的中国梦,具有重大而深远的意义。

我校作为一所教师教育传统底蕴深厚的师范大学,历来高度重视师德建设工作,将师德建设既当成师资队伍建设、校园文化建设的重要组成部分,也当成高水平、有特色、有品位大学建设的一项重要内容。每年举办不同主题的"师德建设月"活动,至2015年已连续举办16年。每两年开展一次师德模范、"三育人"先进

---

* 本文作者:王树良

集体、先进个人评选表彰活动的历史则更加久远,所形成的师德师风已经融入我校"守正出新,坚志勇为"的大学精神。

二、通过教育宣传,强化思想引领

教育科学学院和教师教育学院的教职工主要从事师范专业人才培养、教育科学研究和服务基础教育等工作,他们是培养教师的教师,因而对于师德的要求更高,加强师德教育和宣传工作,常修为师之德,有助于培养教师高尚的道德情操。

2014年9月,习近平同志与北师大师生代表座谈之后,学院及时召开教师座谈会,组织教师认真学习,畅谈心得体会,老师们既欢欣鼓舞,又感到任重道远,认为总书记教师节前夕在北师大的讲话,对我国教育工作给予高度重视,对教师工作给予高度评价,同时也提出殷切期望。总书记提出在传道授业解惑中,"传道"是第一位的,这也是立德树人理念的必然要求。对于师范生的培养工作也提出了更高的要求,为培养专业化、高素质、适应基础教育改革发展需要的新型师资指明了方向。

学院充分利用一年一度的学院暑期发展战略研讨会和教代会,加强师德宣传,比如宣传教育部《关于建立健全高校师德建设长效机制的意见》和《中小学教师违反职业道德行为处理办法》中分别列出的"红七条"和"红十条",作为不可逾越的红线;对于老师们在课堂教学中注意把握意识形态问题提出明确要求。同时坚持价值引领,以社会主义核心价值观作为教师崇德修身的基本遵循,宣传全国最美教师——浙江大学苏德矿等老师的先进事迹,切实增强教书育人的光荣感和责任感,增强师德建设的针对性和贴近性,营造良好氛围,传递正能量。

学院在教职工年度考核奖励办法等文件中,明确规定了师德要求,作为平时听课等教学督导、质量评估的重要内容。将教职工的师德表现作为年度考核、职务晋升和评优奖励的重要依据。通过正面引导、师德激励,充分发挥榜样示范作用,引领教师提升精神境界。通过强化师德监督,促进教师提高自身修养,有效防止师德失范行为。

三、提升核心素养,增强人格魅力

古人云:"亲其师,信其道"。只有学生敬佩老师,老师的引导和教育才更有效。作为教育学科的老师,深知掌握看家本领、成为教学的行家里手,与教书育人成效之间的紧密关系。因此,学院的老师们努力提升核心素养,增强人格魅力。

首先是严格要求自己。教师的一言一行对学生的思想、行为和品质的影响具有潜移默化的作用,因此,教师们注意时时处处为学生做出榜样,凡是要求学生做到的,教师自己首先做到,平时严于律己,以身作则,让学生心服口服,把老师当成良师益友。只有不断提高教师自身的道德素养,才能培养出明礼、诚信、自尊、自爱、自信的高素质人才。

其次是不断提高自身教学科研能力和水平。在教学上,老师们努力做到精益求精,掌握渊博的专业知识,熟练运用各种教学技能,追求自己独特的教学风格;在科研上,老师们努力成为学科专家,把握学科前沿动态,充分发挥新学院的团队优势,培养学生的科研创新能力;在实践方面,老师们经常深入基础教育开展形式多样、内容丰富的教育实践活动,密切与基础教育界的联系与合作,掌握丰富的实践素材,实现教育教学理念的不断更新。

学院每年都积极参加学校的"师德建设月"活动,结合学院教学科研工作和学生的成长成才,认真制订活动方案,举办师生共话"核心价值观"、师生共评"师德好传统""我心目中的好老师"主题征文、走近名师等生动活泼、内容丰富、感染力强的活动,此项活动师生共同参与、共同受益。在学校2014年、2015年两个"最佳师德建设月活动"评选中,教师教育学院、教育科学学院分别获得一等奖、二等奖和一等奖、三等奖的好成绩。

四、抓住课堂教学,实现育人职能

课堂是实施教育教学的主阵地,也是实现育人职能的主阵地。在教学内容方面,学院的老师们重视开发教学内容中的育人因素,充分利用部分教师教育课程教学内容的有利条件,如结合《教育学》课程中的教育目的与功能、教师职业道德、德育与班主任工作、中外教育家思想等内容,结合《心理学》课程中的认知活动、人格形成、心理健康等内容,有针对性地开展教书育人工作。

对于师范生而言,老师的每一堂课都是观摩课,因此学院老师们非常重视科学运用各种教学方法与手段。注意体现学生主体地位,充分调动学生学习的积极性和主动性;注意教育理论与教育实践的紧密结合,积累和运用各种鲜活的教学案例;注意因材施教,培养学生发现问题、分析问题和解决问题的能力。因此学院老师整体教学水平较高,以2015—2016学年度第一学期学生评教得分为例,教师教育学院和教育科学学院教师的平均得分均在97.2分以上。

老师们在课堂上还通过言传身教、以高尚的言行影响学生。不少老师表现出对教师职业和对学生的热爱、对工作和生活充满热情、对社会和他人常怀感恩之心、对学习和生活有困难的学生常常伸出援助之手及从保持教室清洁卫生等细微之处感化学生。学院涌现出以段作章、魏本亚等老师为代表的一批为人师表、德艺双馨的师德模范。

五、师生教学相长，追求全面发展

未来适教、乐教、善教的教师，要求具有较高的综合素质。为了实现师范生德智体美全面发展，学院为他们搭建各种平台，通过"第二课堂"发展作为教师的各项素质。创办"雅润女子学堂"，开设女红、雅乐、学思、修身四个主题坊，以"博雅艺能"为学习内容，培养学生的优秀品德、良好品行和高雅品位；举办"教师教育论坛"，邀请著名教育家、教育局长、中学校长和教学名师来校为师范生作系列报告，让他们及时了解基础教育改革发展形势；每年组织师范生集体观看中央电视台《寻找最美乡村教师》颁奖晚会视频，用他们的感人事迹诠释师德内涵，坚定教师职业信念；加强各类教学基本功训练与考核，组织教学技能大赛与才艺展示，提高学生教育教学实践能力。

通过师生双方在第一课堂、第二课堂中的共同努力，一批又一批优秀的师范毕业生从学院走上基础教育战线，老师们用心灵坚守着美丽的校园。他们在收获学生成长与进步的喜悦，赢得学生的尊敬与爱戴，享受着作为教师的幸福和快乐的同时，也收获了许多荣誉和成果。教育学系连续3次被评为学校"三育人"先进集体，一批老师获得校师德模范、优秀共产党员、"三育人"先进个人等荣誉称号，获得教学成果奖、教学优秀奖、青年教师教学优胜奖、教学管理奖等各类奖项。

在未来的岁月里，教育科学学院（教师教育学院）将与兄弟学院一道，不断加强和改进师德建设，健全师德建设长效机制，为学校培养造就一支师德高尚、业务精湛、结构合理、充满活力的高素质、专业化的教师队伍，为我校在建设高水平大学征程中，早日实现"全国百强高校"目标而不懈努力。

教育奠基　实践搭台　文化铸魂　网络布局[*]

——培育和践行社会主义核心价值观四维工作格局

培育和践行社会主义核心价值观要从更加宽广的视角去审视这一问题；要与高校立德树人的根本任务和拔尖创新人才培养的基本职能紧密结合，不能脱离学生工作实际。因此，"教育奠基、实践搭台、文化铸魂、网络布局"是在培育和践行社会主义核心价值观引领下，日常工作开展的四个维度，对应解决使青年学生将社会主义核心价值观根植于心、力践于行、注入灵魂和融入生活的四个层面的问题。

一、教育奠基——打造思想政治教育载体，强烈感召青年学生将社会主义核心价值观根植于心

教育奠基重在打造思想政治教育载体，通过教育培训甚至是灌输，强烈感召青年学生将社会主义核心价值观根植于心。结合日常工作，我校加强社会主义核心价值观教育有六大载体：润德讲堂、教授有约、少数民族榴光溢彩工程、与信仰对话、我的青春故事会、青马工程。润德讲堂重在立德树人；教授有约重在传道授业解惑；榴光溢彩重在少数民族学生引领；与信仰对话重在理想信念教育；我的青春故事重在成长体验分享；青马工程重在学生骨干培养。以上六大载体充分发挥了社会主义核心价值观教育的基础功能，取得了良好的效果，教育部简报专题报道，团中央领导多次来校视察并予以充分肯定。

二、实践搭台——依托实践育人平台，积极推动青年学生将社会主义核心价值观力践于行

实践搭台强调实践育人平台的重要作用，将教育成果转化为实践锻炼的行动，积极推动青年学生将社会主义核心价值观力践于行。我校主要有三大实践育人平台：社会实践平台、志愿服务平台、创新创业平台。通过常态化开展社会实践和志愿服务活动，增强学生对国家富强、社会进步、人格提升的不懈追求，用实际

---

[*] 本文作者：商亮

行动践行社会主义核心价值观。我校获得了全国大中专学生"三下乡"社会实践活动优秀单位荣誉称号;获首届中国青年志愿服务项目大赛金奖,连续三年荣获"西部计划"全国优秀单位,《教育部简报》《中国教育报》、中央电视台等相继报道。同时,通过精心搭建大学生创新创业孵化平台,组织参与大学生创新创业活动,鼓励青年学生把创新创业实践与社会主义核心价值观有机融合,在"挑战杯"等赛场上展现青春风采,取得优异成绩,融入"大众创业、万众创新"的时代浪潮。

三、文化铸魂——立足文化涵养功能,着力促使青年学生将社会主义核心价值观注入灵魂

继承和弘扬中华优秀传统文化对社会主义核心价值观有重要的涵养作用。我校以国学研究为依托,弘扬传统文化精髓;以重大仪典为载体,彰显传统文化内涵;以学生社团为抓手,深化传统文化认同。由我校创编的"大雅传承"——全国中华优秀传统文化经典"诵讲传"展示活动,通过三个篇章生动展现了社会主义核心价值观的三个层面,取得了很好的效果,《中国青年报》重点报道;《光明日报》等主流媒体以"穿越中的文化自信与责任担当"为题,竞相报道了我校融合汉代礼仪举办的研究生毕业典礼;我校悠然诗社、汉乐团、中华五禽操健身社等学生社团在国内外及海峡两岸的文化交流中,在青奥会的赛场上彰显青春活力以及对社会主义核心价值观的生动诠释。

四、网络布局——利用网络新媒体技术,悄然吸引青年学生将社会主义核心价值观融入生活

近年来,我校积极运用网络新媒体平台,吸引青年学生讲好师大故事,品味师大生活,乐享师大活动,对培育和践行社会主义核心价值观起到了润物细无声的效果,被师生誉为"指尖上的德育"。我校精心策划的"时针上的江苏师大"系列微信,用真实的生活照片、质朴的网络语言,编织出一个个师大人敬业爱生、积极向上的图片散文故事,每期阅读量高达1万人次,转发5000余次,内容的转发评论使教育效果进一步向外辐射。我校充分运用信息化元素,推出"我的大学"微信平台,把每一个学生大学四年学习生活的数据融入到"我的大学"中,这种大学数据的呈现,被学生们称为史上最温暖的毕业礼物。我校积极运用网络新媒体与"十佳歌手大赛""舞蹈大赛""青春剧场"等品牌校园文化活动相融合,开展网络抢票、选手风采展示、人气投票等互动方式,挖掘活动背后明星选手的励志故事,学生关注和参与覆盖率达到90%以上,获得了师生一致好评,真正将社会主义核心价值观融入大学生活。

03

第三篇

校史校训

江苏师范大学校史

远古洪荒,印度板块楔入亚洲板块,东方大地不断崛起,沧海东退,江淮成陆,河泽安澜,土地肥沃,为江苏这个省份的经济社会发展造化了美好的舞台。五千年的历史洗练,五千年的文化陶冶,江苏不仅成为全国经济最发达的地区,并且亦拥有灿烂的区域文化和先进的教育事业。

地壳造山运动,挤对泰山山脉至大别山山脉形成一条东北至西南走向的褶皱,阻隔了中原与江淮的交通。恰恰就在这阻隔带上有一个缺口,北来的泗水、西来的汴水在此相会,汇入淮河,再经邗沟连接长江,串通了中国的西北与东南。口岸边逐步形成了一个城市,历史上因长寿的彭祖封国于此而叫彭城,这就是今天位于江苏省西北端的徐州城。

徐州城因山河形胜、交通势优自古为兵家必争之地,无论环境如何变迁,制度如何兴替,千百年来始终保持战略襟要的中轴地位。徐州城因帝王辈出、群英荟萃又是天下闻名的千古龙飞之地,历史上曾经是诸侯国都、西楚王都、刺史、郡守、州牧、知州、知府、道台等军政衙门的驻地,始终都是地方政权统治中心,战役军事指挥中心,城乡经济调控中心和区域文化传播中心。近代以来,津浦、陇海铁路在这个苏鲁豫皖接壤地区的中心城市交会,南国重镇北国雄关的地位更加突出。

进入 21 世纪以来,徐州成为江苏省规划建设的三大都市圈之一。高速铁路的运行,使传统铁路地位产生了质的飞跃;纵横交错及绕城四环高速公路的建成,为可持续发展打下了良好的基础;观音机场国际化二期工程的建设,缩短了徐州与世界的距离;数字化通信骨干网、局域网的建设,不仅使徐州跃上发展数字化城市的平台,亦奠定了徐州在淮海地区信息枢纽的地位。昔日的兵家必争之城成了商家必争之城;昨天的龙飞凤舞之地,又呈现出更加繁荣兴旺的景象。在吴文化怀抱中诞生发育、在汉文化温床里成长壮大的江苏师范大学就坐落在徐州这个山中有城、城中有山、山水天全、人和天和、大气雄风、超然俊朗、兼具北雄南秀的历史文化名城。

江苏师范大学有 4 个校区:云龙校区、奎园校区、贾汪校区、泉山校区。

云龙校区是老校区,江苏师范专科学校从无锡北迁徐州后就落脚在这著名的云龙山东坡。云龙校区文化底蕴深厚,曾经出土新石器时代下园村人类文化遗存;西楚霸王项羽亦曾在这开阔地上戏马点兵。云龙校区风景优美,《古文观止》选载苏东坡散文名作《放鹤亭记》,其中所描绘的"春夏之交草木际天,秋冬雪月千里一色"就是这个地方。今天这里是语言科学学院、信息传播学院、管理学院的办学地点,目前正在兴建的是江苏师范大学科技园(文化创意产业园)。云龙校区主建筑是品字形布局的三座苏俄风韵的教学主楼,培养了50多届师大学子,承载了老中青三代人的青春梦想。计日奏功的文化产业大厦宏伟壮丽,正寄托着无数师大人未来的憧憬和希望。

奎园校区坐落在风景如画的淮海战役烈士陵园边,明清时保卫徐州城和广运仓的南苏堤紧贴校区。1989年并入徐州师范学院前是徐州师范专科学校校园,这里不仅培养了数千名基层教师,还培养了许多杰出的地方干部。奎园校区现为继续教育学院办学地点和江苏省中小学骨干教师培训基地,承载着中学师资培训、函授教学和社会化成人教育的任务。周边已建成淮海地区最大的国家级大学科技园。

贾汪校区坐落在江苏第二高峰大洞山下,傍倚以清泉著名的贾汪区大泉镇。在这里何基沣、张克侠率部起义,掀开了淮海战役的序幕,让全世界人民看到了新中国诞生的曙光。贾汪校区前身是徐州工业学校,办学48年,为国家煤炭工业和社会发展做出了巨大的奉献。并入后,在此成立了技术教育学院,现为继续教育学院办学地点,亦是学校新兴产业的发展规划区。

泉山校区现为主校区,位于徐州市铜山区,坐落在拱卫主峰泉山的牛山台地上。牛山为靠山,台地坡面向阳,地势高敞。游目骋怀,晨则远峰如阙,紫气东来;暮则河山带砺,金光遍野。难怪明末天启年间徐州淹城,署州事的兵备道杨廷槐敦请许多风水先生反复勘察,选定该处为迁城新址。当年迁城因朝廷拮据未果,而今这一片宝地上已崛起林立的高楼,成为高校集聚区和铜山区域行政中心。江苏师范大学泉山校区居高校集聚区的核心地段,2.5万名师生工作、学习、生活在这里,正意气风发地描绘着新世纪高速发展的宏伟蓝图。

2012年3月18日,江苏师范大学4个校区喜气盈盈,经教育部批准原徐州师范大学正式启用江苏师范大学新校名,揭牌仪式隆重举行。欢笑随着鞭炮,泪花伴着礼花,领导同志的鼓励,兄弟院校的祝福,校友的祈愿,师生的誓言,令人胸怀激荡,神驰遐想。春华秋实一甲子,薪火相传六十年;白发青丝齐聚首,品茗高声话当年。君不见,当年的校徽成文物;最难忘,老师的老师把歌唱……

"汴水流,泗水流,流到瓜州古渡头。吴山点点愁。"词中的吴山泛指古吴围属地的山峰。吴山最有名的山峰之一叫惠山。惠山之脐有一眼泉水,号称"天下第二泉"。那无锡惠山之麓"二泉"侧畔的一片园地,就是江苏师范大学发展长河的源点。

蓦然回首,并不仿佛;穿越时空,记忆犹新。

1952年8月5日,为了执行国家政务院提高军队转业干部文化水平,为各条战线建设提供干部人才的有关决定和中央军委有关文件精神,苏南军区决定创办苏南军区转业干部文化速成中学。办学地点起初在惠山,接着又迁至社桥。1955年授予中将军衔的刘先胜司令员为第一任校长,苏浙太湖剿匪总指挥兼政委朱亚民任副校长。建校之初,老红军老革命出身的刘校长曾经指示:时代变了,角色变了,艰苦奋斗的品质不能变,勤奋学习的精神不能变,建设美好社会的理想不能变,积极勇敢行动的作风不能变。广大教职学员积极响应,开创了学校良好的风气。

1952年11月15日,苏南、苏北两个军区合并为江苏军区,苏南军区转业干部文化速成中学与苏北地区转业干部集训大队分别整编为江苏转业干部文化速成学校一分校和二分校。学校地域专名始用"江苏"二字。

1953年1月,中共江苏省委和江苏省人民政府成立。16日,省政府决定二校合一,成立江苏省转业干部速成中学。又整编其他补习学校教育团、文化大队等,在无锡成立二分校、三分校,在常熟成立四分校,总计在校注册学员3485人,按规模在当时亦可算是个大学校。

1953年,为了培养抗美援朝结束后大批转业军队干部,江苏省军区在泰州原政府所在地"中山塔"还开办了"江苏军区干部文化学校",级别相当于部队师级,学员最多时达到7000名。1955年1月,江苏省政府和江苏军区共同决定将泰州的江苏军区干部文化学校建制撤销,与江苏省转业干部速成中学合并。泰州干校教职员与学员冒着严寒过江会聚。

1956年6月28日,江苏省人民委员会决定在速成中学基础上筹建无锡师范专科学校,学校的性质专名始用"师范"二字。

1956年8月24日,江苏省教育厅决定,在无锡师范专科学校报请国务院批准前,学校可以办"江苏省中学师资训练班"。该班当年即从全国普通高校统一招生考试考生中录取语文、数学、史地3个专业600名学生。这是学校正式纳入高等教育系列的首次招生,掀开了建设综合性多学科师范大学的第一页。

1957年6月15日,江苏省人民委员会决定,在江苏省中学师资训练班基础上成立江苏师范专科学校筹备委员会。同年12月,为了适应苏北经济社会发展和文化建设的需要,江苏省人民委员会决定并报请教育部批准,江苏师专迁往徐州市建设新校。

1958年5月25日,教育厅批准校园选址,即今天位于徐州市和平路57号的云龙校区。8月21日,江苏师专在《新华日报》《无锡日报》《徐州日报》上发表了迁校启事,全体师生浩浩荡荡北上徐州,开始了楚风汉韵的跨世纪之梦。

1959年2月中央召开教育工作会议,下发了10个关于教育发展的重要文件。根据中央精神,江苏省委宣传部作出决定,江苏师范专科学校与徐州师范专科学校合并。徐州师专校址在邳县运河镇,前身是1928年创立的"第四中山大学区立东海中学乡村师范科",几经易名,1953年3月更名为江苏省运河师范学校,1958年8月18日中共江苏省委正式批准成立徐州师范专科学校。在日后的历史岁月中,人们为便于记忆,易于区别,仍习惯简称"运师"。1959年4月15日,江苏师专与徐州师专联合成立徐州师范学院。这所当时苏北大地上唯一的本科院校,开始了它风风雨雨坎坎坷坷曲折而又漫长的历程。

徐州师范学院时间跨度较长,1959年至1966年可谓前期,是学校重要的成长时期。1959年,徐州师范学院首届专科生毕业,首届本科生入学,教学管理渐入正轨。三年自然灾害,学校的用房、教具、生活物资严重短缺,全校师生员工勤恳踏实、团结奉献,建成了"五系七科"的基本格局;还轮流去柳泉公社高皇农场劳动,解决供应问题,强化了艰苦奋斗的校风。

1962年春,国务院讨论高等学校调整方案,周恩来总理以其睿智的战略观点明确指出:"徐州地域辽阔,要有大学",使徐州师范学院在布局调整中被保留下来。50年后的历史证明周恩来总理的决定无比地英明正确,江苏师大人应当永远铭记周总理的无量功德!

1963年至1965年,全国各条战线都在调整、巩固、充实、提高,徐州师院在求生存、求发展的奋斗历程中有了很大起色。教学体制逐步健全,科研成果逐渐增多,函授教育、师资培训进入常态,全面发展制定了十年规划,毕业生质量誉满淮海,获得社会的如潮好评。

1966年至1976年,史称"文化大革命"时期,历时十年,为徐州师范学院中期。在这场内部革命斗争中,高校首当其冲,领导干部普遍受到批斗,许多教师、专家遭受凌辱,又办工厂、又办农场,教学秩序非常混乱,教学质量严重下降。文革初始,学生组织将校名改为"淮海大学",民间传播甚广。1972年,高校恢复招生,至1976级共招收5届,史称"工农兵学员",水平质量良莠不齐。其中"老三届"生源综合素质较好,是徐州师院毕业生出现高级干部最多的群体。

1977年至1996年为徐州师院后期,其中存在着恢复与重建、调整与改革、奋发与进取三个阶段。这段时期,调动了干部和教师的积极性;77级、78级进校,学校出现崭新的气象;举办干部班及与煤炭部合作办学,增加了多元化的培养形式。1980年,夜大、函大相继恢复招生;1981年,学校成为文革后首批硕士学位授予单位;1982年学校开始聘请外籍教师任教;1986年,学校完成牛山东麓的征地,为创建新校区打下基础;1988年,牛山新建校区开始招生,掀开今日泉山校区走上繁荣的第一页。1989年,经国家教委批准,前身是徐州市教师进修学校的徐州师范专科学校并入。1990年,牛山新校区筹备处改为一分部,原徐州师专校园管理处改为二分部,云龙山东坡老校区称为本部。通过改进师资队伍,实施课程改革,创设非师范专业,加强学生工作,开展国际交流,改善基础设施,强化保障保卫,一个积弱积贫的师范学院逐步走向健康,并成长壮大,取得本省师范高校一流地位。

1996年4月4日,国家教育委员会批准学校更名为"徐州师范大学",5月14日,学校举行了揭牌仪式。1999年2月经江苏省人民政府批准,前身是徐州煤炭工业学校的徐州工业学校并入,学校在此基础上成立了技术教育学院和工学院。2000年,经省教育厅批准,学校民办二级学院科文学院成立。时至2012年初,在党的建设引领下,学校通过强化学科建设,重视科研立项,优化师资结构,深化教学改革,创新学生工作,实行后勤社会化,实现了本科教学评估优秀、研究生一级学科授权点大突破、国家级科研立项和省优势学科立项大丰收,为建设具有国际化背景的品牌大学奠定了坚实的基础。

2011年11月2日,经江苏省人民政府同意并报请教育部批准,学校更名为江苏师范大学。人们感叹,历史自有自己的逻辑,时空自有自己的轨迹。仅从校名而言,专名"江苏师范"既实现了传统的继承,亦实现了历史的回归;通名初由"速成中学"到"专科学校",继由本科"学院"到综合性"大学",既实现了历史的进步,亦实现了时代的跨越。

现在的江苏师范大学是江苏省人民政府和教育部共建高校,是区域引领性示范高校。学校现有泉山、云龙、奎园、贾汪4个校区,占地2047亩,校舍面积81.2万平方米;教学科研仪器设备总值5.31亿元;图书馆藏书284万册。学校设有22个专业学院以及敬文书院、继续教育学院、国际学院、独立学院科文学院和教育部批准设立的首个非独立法人中俄合作办学机构——江苏师范大学圣彼得堡彼得大帝理工大学联合工程学院。现有68个本科招生专业,28个一级学科硕士点,1个服务于国家特殊需求博士人才培养项目,1个博士后科研流动站,覆盖11个学科门类。有教育硕士、体育硕士、汉语国际教育硕士、艺术硕士、翻译硕士、工程硕士、法律硕士、公共管理硕士等8个专业硕士学位授权点,并具有以同等学力申请硕士学位授予权和硕士研究生推免权。现有在校普通全日制本科生2万余人,博士、硕士研究生3100余人。学校是全国首批"有资格接收外国留学生的高校"之

一、"中国政府奖学金生委托培养高校""留学江苏目标学校",相继与英、美、澳、俄等国的64所高校建立了友好合作关系,先后接收44个国家和地区的留学生来校学习。与美、澳两所大学联办孔子学院,其中迈阿密达德学院孔子学院荣获"全球优秀孔子学院"称号。在马来西亚设立全球首个海外孟子学院。与美国、澳大利亚、日本、俄罗斯和白俄罗斯等国高校开展合作办学和学分互认项目,与哈佛大学、香港大学等世界著名高校合作开展师资和管理人员培训项目。建校以来,学校已向社会输送了18万余名毕业生,一大批取得突出成就的江苏师范大学校友活跃在海内外政治、经济、文化、科技和教育等各个领域。

学校坚持以立德树人为根本,深入推进教育教学改革,切实提高人才培养质量。2004年在教育部组织的本科教学工作水平评估中获得优秀等次,2015年高质量通过教育部本科教学工作审核评估。近几年,获得国家级教学成果奖2项(其中一等奖1项)、省级教学成果奖49项(其中特等奖3项),首届全国研究生教育成果奖二等奖;获批国家级特色专业建设点4个、教育部"十二五"专业综合改革试点项目2项、省品牌专业建设工程一期项目4项、省"十二五"重点专业(类)11个。建有国家级教学团队1个、省级优秀教学团队2个;获批国家级精品资源共享课9门、国家级精品教材和规划教材6部、省级优秀精品课程48门、省级精品教材和重点教材45部。获得国家级大学生校外实践教育基地建设项目1项,承担教育部卓越教师培养计划改革项目2项。获得"中央支持地方财政专项"46项,拥有国家级实验教学示范中心3个,省级实验教学示范中心18个。学校被教育部、国家语委确定为全国首批"国家语委语言文字应用培训基地"、全国唯一一家"经典诵读教育"学科(领域)培训机构,获评"国家级语言文字规范化示范校"。

学校积极实施人才强校战略,师资队伍建设取得显著成效。现有专任教师1551人,教授290人(其中博士生导师50人)、副教授627人,专任教师中博士占比53.58%,具有海外研修经历教师比例37.6%。目前我校有"长江学者"2人、江苏特聘教授9人;双聘院士量级人才11人,长江学者、国家"杰青"量级人才50人;24人享受国务院政府特殊津贴,1人获得"万人计划"教学名师,4人入选教育部"新世纪优秀人才"支持计划,2人获得国家优秀青年基金,2人入选中国科学院"百人计划",4人次获得"全国先进工作者""全国五一劳动奖章""全国模范教师""全国优秀教师"等荣誉,1人获中国侨界贡献奖,4人入选"江苏省高校教学名师",12人获"江苏省有突出贡献的中青年专家"称号,9人为省"双创计划"引进人才,21人为省"六大人才高峰"培养对象,105人入选省"333高层次人才培养工程",150人入选省"青蓝工程";有国家级省级教学科研团队19个。

学校注重学科建设与科研工作,内涵建设水平稳步提升。现有6个省优势学科、12个省重点学科,化学学科稳居 ESI 排名前 1%。拥有江苏高校协同创新中心 2 个,部省级科研平台 20 余个。近五年来,获批国家级科研项目 399 项,其中国家社会科学基金项目 141 项(重大项目 8 项、重点项目 8 项),国家自然科学基金项目 258 项,先后突破国家重点科研项目和国家优秀青年基金项目。在 SCI/EI/CPCI/SSCI/A&HCI 国际五大索引学术期刊上发表科研论文 2498 篇,其中 SCI 一区、二区 Top 等期刊论文 370 篇,在 Science、Nature、PNAS 等国际一流期刊上发表论文 7 篇。自然指数(Nature Index)连续 5 年进入"中国内地高校 Top100",2016 年位列 54 位,江苏省内高校第 8 位,全球高校排名第 428 位。获得教育部高等学校科学研究优秀成果奖 8 项,省自然科学、社会科学优秀成果奖 54 项。"中国留学生与民国社科发展"研究成果入选国家哲学社科成果文库。在"一带一路"国家语言服务体系及区域社会经济发展中形成了一批有影响的智库成果,2 篇智库报告获中央政治局常委批示。通过武器装备科研与生产二级保密资质和质量管理体系认证。形成高层次科研平台建设、高级别的科研项目、高水平的科研成果"三位一体"的科技创新体系。

学校积极拓展服务地方经济社会发展的新途径,社会服务能力不断彰显。与徐州、连云港合作共建江苏师范大学"一带一路"研究院;立足基础教育改革和区域经济社会发展需求,探索形成"十五年一贯制"创新人才培养模式;牵头成立淮海经济区乡村卓越教师教育联盟;获批开设淮海经济区首家雅思考点。与徐州、连云港、盐城、宿迁、宁夏中卫、内蒙古满洲里等地方政府建立了校市战略合作关系;建立校地共建载体平台、校企联合研发中心等产学研合作基地 160 余家。大学科技园获批国家级科技企业孵化器、国家级高校学生科技创业实习基地。技术转移中心获批国家技术转移示范机构。学校主动发挥服务社会功能,不断为推进校地、校企深度合作,全面融入地方经济社会创新驱动发展战略作出积极努力。

近年来,我校学生获得"挑战杯"全国大学生课外学术科技作品竞赛特等奖、"创青春"全国大学生创业大赛金奖、全国大学生数学建模竞赛一等奖、中国青少年科技创新奖、中国青年志愿服务项目大赛金奖、全国大学生艺术展演一等奖,第十届全国少数民族传统体育运动会表演项目综合类一等奖,"东芝杯"中国师范大学理科师范生教学技能创新大赛一等奖 2 项。先后四次获评大学生志愿服务西部计划全国优秀项目办,连续八年荣获大学生志愿服务苏北计划优秀组织奖。校女子足球队多次获得中国大学生女子足球锦标赛冠军,主力队员曾入选国家队参加奥运会和女足世界杯。学校荣获"全国五四红旗团委""全国大学生'三下乡'社会实践活动先进单位""全国大学生心理健康教育先进单位""全省共青团工作先进单位",多次获评江苏省高校"就业工作先进集体",多个班级获江苏省"周恩来班"命名表彰,多次获得江苏省学生资助工作绩效评价优秀。

学校已连续十次被省委、省政府表彰为"江苏省文明单位",四次被表彰为"江苏省文明学校",五次被表彰为"江苏省文明单位标兵",被授予第三批"全国文明单位",2017年获评首批"全国文明校园"。

薪火绵延,文化永续。今天的江苏师大人站在建校66周年这个发展里程的节点,回顾历史,瞻望未来,更加深刻地感悟到:一个大学的历史,是大学形态与模式的演进史,是大学水平与功能的提升史,更是大学精神与理念的成长史。江苏师范大学的历史,是江苏师大人谱写的一曲层层递进、步步高亢的时代凯歌,更是江苏师大人秉承"崇德厚学,励志敏行"的人文精神努力践行的奋斗史诗。江苏师大人始终以国家利益为重,无论是在医治战争创伤、建设新中国的时刻,还是在经济贫困、文化落后的苏北地区,她的命运时刻与祖国的发展紧紧相连,她的理想永远与人民的福祉息息相关;坚守信仰,忠诚党的教育事业;奉献赤诚,为祖国培育合格人才,让幸福的桃李根发江苏,香满寰宇。

迈入新的发展时期,江苏师大人将继续发扬"守正出新,坚志勇为"的新时期校园精神,进一步解放思想,全面深化改革,推进内涵发展、转型发展、特色发展,为建设高水平、有特色、有品位的综合性教学研究型大学而努力奋斗!

江苏师范大学校训

崇德厚学　励志敏行

一、形式

文字简练,字无重复,包容量大,内涵丰富,文字张力强。且富含对称之美,读之朗朗上口,思之回味无穷。

二、释义

1."崇德",即崇尚道德,追求品德端正,意在告诫师生彰明伦理,完善品德。它是校训中最基本的要求,故而放在最前。"崇德"极富传统文化意蕴,它与《周易》的"厚德"、《大学》的"明德"(大学之道,在明明德,在亲民,在止于至善)异曲同工,且又避免了使用这两个词而与其他许多大学校训重复的弊端。

2."厚学"与"崇德"相对应,指要博学、厚积薄发。

3."励志",是砥砺、激励人树立远大志向,志存高远,注重知识的拓展、素质的培养、品格的塑造。

4."敏行",意思为"勉力修身",语出《论语》:"君子讷于言而敏于行",意指君子应该在言语上谨慎庄重,在行为上要迅速、灵活。

三、内涵

"崇德厚学,励志敏行"具有深厚的中国哲学、历史、文化底蕴。"崇德厚学"彰显了办学理念和宗旨,对教师来说是要树立高尚师德,注重言传身教,对学生来说强调是要建树高尚人格,注重德才兼备;"励志敏行"是实现途径和方法,在学校层面上是要瞄准高水平大学的建设目标,科学谋划,积极推动,灵活应对;在个人层面上是要求知行合一,勇于实践,擅于巧干。

江苏师范大学校园精神

守正出新,坚志勇为

一、形式

四字结构为一句,上下句对仗呼应,文字精练无重复,字音富含韵律,易于上口记忆。

二、释义

"守正出新"语出《国语·管子》。守正是指恪守正道,胸怀正气,行事正当;出新是指勇于开拓,善于创造,懂得变通,不断推陈出新。"坚志勇为"语出戚继光《练兵实纪》,"坚志而勇为,谓之曰刚。"坚志是指志向坚定,为实现理想矢志不渝;勇为是指勇于作为,为达成目标不懈奋斗。

江苏师范大学校徽

  江苏师范大学校徽由校名中英文、盾牌、青龙及玉兰花等元素组合而成。整个校徽外形简洁美观、内涵丰富，易识记，有较强的视觉冲击力。标志也凸显了一种开放融合的国际视野，表明学校立足江苏、面向全国、开拓进取、求实创新，为建设高水平大学而努力奋斗的精神风貌。

守正传承 以文化人 >>>

江苏师范大学校歌

梁国华作词
马东风作曲

1=F 2/4 有朝气、行进速度

(3. 4 5 6 | 5 0 | 3. 4 3 | 2 0 | 6. 6 | 7 5 |

1 — | 1 0) | 1 5 | 6 5 | 3 2 3 | 1 5 |
　　　　　 1.古 彭 云 龙　锦 绣 山　水，
　　　　　 2.崇 德 厚 学　励 志 敦　行，

6. 7 | 1 3 | 2 — | 2 0 | 1 5 | 6 5 |
玉 泉 披 彩 霞，　　　日 月 星 辰
诗 书 气 自 华，　　　尊 师 重 道

3 2 3 | 1 6 | 7. 1 | 2 5 4 | 3 — | 3 0 |
晚 风 晨 露，伴 我 度 春 夏。
薪 火 相 传，芳 草 遍 天 涯。

3. 4 5 6 | 5 0 | 3. 4 3 | 2 0 | 5. 5 | 6 7 1 |
菁 菁 校 园　　莘 莘 学 子，　长 在 阳 光
汉 风 吴 韵　　激 情 飞 越，　光 阴 莫 虚

2 — | 2 0 | 3. 4 5 6 | 5 0 | 3. 4 3 | 6 0 |
下，　　　走 过 甘 苦　　走 过 青 春，
度，　　　志 向 高 远　　道 义 文 章，

4 4 3 | 2 3 | 1 — | 1 0 :‖ 1 — | 1 3 4 |
追 梦 的 年 华，　　　　　 家。 啦啦
回 报 国 与

5 5 0 6 | 5 0 2 3 | 4 4 0 5 | 4 0 0 | 7. 1 2 2 | 4. 4 4 2 |
啦啦　啦啦　啦啦啦啦　啦啦　　走 过 甘 苦　走 过 花 季，

172

```
6 6 6 | 2 6 | 5 -  | 5 0 | 4 4 3 | 2 3 |
火热  的 年   华。       大热  的  年

1 -  | 3 5 1 1 | 7 6 7 5 | 6 - | 6 0 |
华。    啊  风 华  江苏 师 大，

4. 3 | 2 3 1 | 5 - | 5 0 | 6. 6 | 5 6 |
桃 李 吐芳 华，        不   忘 母 校

5 6 | 1 - | 4. 3 | 2 3 1 | 2 - | 2 3 5 |
养育 情，    永  远 心 牵 挂，    啊

1 1 | 7 6 7 5 | 6 - | 6 0 | 4. 3 | 2 3 1 6 |
感恩  江苏 师 大，         我  们 温 暖的

5 - | 5 0 | 6. 6 | 5 6 | 5 6 | 1 0 |
家，       同  学 少 年 当 自 强，

1 1 7 | 6 5 | 1 - | 1 0 ‖
豪情 走 天  下。
```

江苏师范大学校花

白玉兰

江苏师范大学校树

银杏

第四篇 04
经验成果

江苏师范大学理想信念教育助推学生成长成才

江苏师范大学积极践行立德树人教育使命,把服务学生成长成才作为一切工作的出发点和立足点,以理论宣传为引领,以特色活动为驱动,以创新创业为助力,积极打造大学生思想政治教育高地,切实发挥高校人才培养职能,探索出了一条富有时代特色的育人新径,努力为"中国梦"的实现培育更多的合格建设者和圆梦人。

一、思想教育激发"追梦动力"

大力宣传学习习近平总书记系列讲话和党的十八大、十八届三中全会精神,引导全体学生树立"我是圆梦一分子"的主人翁精神和责任使命意识,志存高远,勇于担当,将青春梦融入中国梦。

一是优化理想信念教育机制。全面整合思想政治理论教育资源,成立马克思主义学院,加强马克思主义学科建设,有效提高思想政治课教育教学质量,有力推动先进理论进教材、进课堂、进学生头脑;将"中国梦"理论纳入形势政策课教材,深入开展党情国情社情教育,坚定学生理想信念;将基础型初级培训和强化型高级培训相结合上好党课,向党组织输送优秀分子;举办"青马工程培训班",不断提高学生骨干的思想政治素质和政策理论水平;鼓励学生申报马克思主义学科研究课题,支持学生成立马克思主义研究会等理论社团。

二是汇聚理想信念教育合力。着力抓好舆论阵地建设,充分发挥校报、广播、校园网、校园电视台、宣传栏、报廊、展板作用,形成舆论宣传合力,旗帜鲜明地宣传社会主义核心价值体系,同时策划专栏、专题,详细报道"中国梦"相关活动,深入解读"中国梦"理论内涵,引导青年学生将共筑中国梦的要求转化为内在精神信仰和现实行为追求,坚定不移地走"中国道路",自觉弘扬"中国精神",用共同理想凝聚"中国力量"。

三是抢占理想信念教育先机。针对当代大学生思维活跃、接受力强的特点,搭建舆论宣传教育新平台,抢占德育先机,把握好时、度、效,增强理想信念教育的吸引力和感染力,让学生爱听爱看、产生共鸣。大力开发使用微信、掌上党校、手机校报、掌上官方论坛、物电通等手机客户端,与已经建立的校园网、官方论坛、官方微博及数字化校园等形成互动互融,构建全媒体、立体化的宣传格局,不断提高宣传质量和水平,利用新建平台讲中国好故事、传中国好声音、塑中国好形象。

二、特色活动引领"筑梦行动"

以教育部党组《关于在全国各级各类学校深入开展"我的中国梦"主题教育活动的通知》和江苏省委教育工委有关工作要求为统领,认真筹划、精心组织,开展富有特色、卓有成效的主题教育活动。

一是让"师大梦"助推"中国梦"。开展"中国梦·师大梦"主题教育活动,以构建进取、和谐的校园环境为主线,以激发全校师生共同奋斗的动力为目标,凝聚师生期盼、汇集发展能量,以"中国梦"引领"师大梦",以"师大梦"助推"中国梦"。六大板块活动相辅互动,精彩纷呈:以绘画、摄影的形式聚焦美丽师大;校领导做客学校官方微博,畅谈学校发展,领航师大;"@我心中的江苏师大",寄语师大;以艺术片形式再现印象师大;设计建设校史长廊、迁移教育名言碑园,打造记忆师大;征集梦想故事,分享追梦历程,共话梦想师大。

二是让"青春梦"融入"中国梦"。举行"坚守信仰 导航青春"为主题的大学生理想信念教育活动,旨在强化核心价值体系的德育引领,推进立德树人工程。通过五个板块的系列教育活动,引导和帮助学生科学确立自己的"中国梦",并积极投身到实现梦想的行动中去:向大学生推荐百部影视片和百本图书,通过组织学生观看、阅读、撰写观(读)后感、表演展示等方式,集中展现广大学子热爱祖国、朝气蓬勃的精神风貌,让经典为青春启航;开展"我的中国梦"微媒体传播活动、征文比赛和演讲比赛及"我的梦想"微电影征集大赛;架设"梦想墙"主题户外媒体平台,让梦想为青春领航;通过事迹宣讲、榜样座谈、专题研讨等形式,让榜样为青春导航;组织开展"青春在实践中闪光"主题实践活动,引导学生走入西部、关注农村、深入一线,让实践为青春助航;邀请校领导、教师、家长、校友代表,回忆他们成长过程中对信仰和梦想的追求与坚守,汇集、编印《青春故事汇》,与青年学生分享青春故事,让爱心为青春护航。

三是让"实践梦"见证"中国梦"。开展"实践激扬青春志,奋斗成就中国梦"主题社会实践活动,将社会实践作为加强和改进大学生思想政治工作的重要环节和践行中国梦的广阔舞台,鼓励学生走向社会,走向基层,在了解社会、服务地方的实践中提升自身能力。组织多支"我的中国梦·基层宣讲"团深入农村乡镇、城市社区、企业、部队等,通过理论宣讲、文化讲座、文艺演出等形式,有效激发广大群众共建中国梦的奋斗热情。组织多支实践团队走进留守儿童、低收入家庭、空巢老人等群体,提供帮扶、奉献爱心。引导学生利用所学专业知识回报社会,为群众排忧解难,解决实际问题。"阳光"社会实践团队走进睢宁县王集镇为村民义务维修家电,并与当地政府签订科技支农战略协议书;"儿童爱心设计营"走进社区,义务教幼儿画画、做手工等。"卓越教师西部支教团"远赴陕西省渭南市澄城县沟西希望小学,进行义务支教活动;"社工在行动"实践团队先后在无锡、苏州、泰州为百余名低收入家庭的孩子举办青少年领袖训练营;"点滴情意,温暖你我"团队走入兴化市李中镇李健卫生院的病房,帮助照顾病人,表演文艺节目,为病人带去欢乐。

三、创新创业助力"圆梦征程"

把创新创业教育融入大学生培养各个环节,引导大学生正确理解创业与国家经济社会发展的关系、与职业生涯发展的关系,鼓励学生走在科技创新创业前沿,服务大学生成长成才、成就青春梦想。

一是开展创新创业培训。构建创新创业教育课程体系,先后开设企业管理、创业技能、财务管理、市场营运、政策法规等培训课程,通过举办专家讲座、市场调研、参观园区公司等方式,帮助学生掌握相关行业知识,增强对创业知识的系统把握。从企业负责人、优秀创业校友,人社、工商、税务、财政、物价等部门专家中选聘17名大学生创业导师,对创业大学生进行单个指导、会诊指导、授课指导和陪伴指导。借助央视七套《致富经》栏目专题报道我校毕业生张天君"天恩养兔合作社"的机会,深度挖掘成功创业就业典型团队及个人先进事迹,强化点线面结合的立体式宣传,积极发挥创新创业典型的示范引领作用。

二是提升创新创业能力。实施卓越人才培养计划,加强协同培养创新联盟建设,面向学生开放实验室、研究基地、工程训练中心,鼓励大学生开展科研创新实验、科技创新发明、创业计划竞赛和创业模拟活动。开展"赢在校园"创新创意创业系列活动,活动包括校园商品微创意方案征集、特色手工工艺(文化)作品征集、校园微创业方案征集、校园营销模拟大赛等四个项目,不断提升在校大学生对创新创意创业活动的关注度、参与度和认可度。积极组织学生申报科研创新项目、参加创新创业大赛。2013年,学校获省研究生科技创新计划项目47项;获国家级大学生创新创业训练计划项目53项、省级大学生创新创业训练计划项目97项;获第十三届"挑战杯"全国大学生课外学术科技作品竞赛一等奖1项、二等奖2项、三等奖2项;获"第八届中国青少年科技创新奖"1项。此外,学校还获得了第七届"挑战杯"江苏省大学生创业计划竞赛金奖;鼎杰文化创意有限公司被授予江苏省第一届科技创新创业成果(项目)交流会"最具创业潜力项目"称号。

三是推动创业项目孵化。每年开展"就业创业指导服务月""优秀校友创业论坛""民营企业家进校园"等活动。设立"大学生创业基金""创业先锋班"及创业奖学金,鼓励和扶持大学生自主创业。共资助创业项目16个,发放创业基金144万元。以校大学科技园为依托,成立五大研发中心、九大技术服务中心、两大创业体验与实践基地。积极整合师资、政策、资金、场地等多方资源,通过项目推介、市场论证、专家指导、市场拓展、成果展示对团队和项目进行全程孵化,推荐实践性和市场前景俱佳的优秀团队和项目入园。目前园区入驻企业76家,其中大学生创业企业32家,有效促进了学生和学校的双赢。

在传承中培育　在实践中养成

——江苏师范大学积极培育践行社会主义核心价值观

培育和践行社会主义核心价值观是贯彻党的教育方针、履行立德树人根本任务的内在要求,也是培养中国特色社会主义合格建设者和可靠接班人的根本路径。江苏师范大学以党的十八大及历次全会精神为指导,按照习近平总书记"青年要自觉践行社会主义核心价值观"要求,全力推进社会主义核心价值观从理论认知、情感认同到实践养成的培育践行全过程,使其真正成为学校的育人之本、办学之基、兴校之魂。

一、培育宣教辟新径,加强理论认知

社会主义核心价值观的培育和践行是知行合一的现实命题,"知"是前提和基础。学校构建了理论研究、课程学习、主题教育的立体化认知体系,强化师生对社会主义核心价值观的理性认知。

(一)主题教育对接新形势

学校深入开展"以核心价值凝聚青春力量,用传统文化点燃青春梦想"主题教育实践活动,内容包括社会主义核心价值观主题宣讲、"玉泉河畔——我们的核心价值"校园辩论赛、涵养社会主义核心价值观道德实践等;深入开展专职团干讲团课、专家学者讲理论、优秀学生讲事迹、青年学生讲体会的"四讲"活动;办好"书记讲堂",鼓励各基层党委(总支)、党支部负责人面向师生举办社会主义核心价值观专题讲座,引领青年大学生汲取正能量、树立正确的价值取向,让核心价值观入脑入心。

(二)理论研究力求新成果

学校发挥社科基金的导向作用和人文智库功能,把社会主义核心价值观纳入重点课题研究规划,组织专家学者对社会主义核心价值观重大理论和实际问题进行研究阐释,并不断推出有价值的研究成果,为推进社会主义核心价值观建设提供学理支撑;加强社会思潮动态分析,强化社会热点难点问题的正面引导;学校的第十一次党建与思政研究会年会,以"中华传统文化与社会主义核心价值观"为主题进行了专题研究与交流。

(三)培育普及搭建新平台

学校积极搭建核心价值观培育新平台,开发使用官方微信、掌上党校、校报微信订阅号等手机客户端,与已经建立的校园网、官方论坛、官方微博及数字化校园等形成互动互融,构建了全媒体、立体化的宣传格局,形成合力,旗帜鲜明地宣传社会主义核心价值观;运用覆盖全校的学工信息系统平台开展核心价值观大讨论;将微信引入形势与政策教学,使用微信平台进行课程安排、专题讨论、作业讲解、深度解读,有效扩大课堂容量,为搜集和研判学生思想动态提供了新渠道。

二、传创文化有特色,加深情感认同

学校高度重视传统文化的柔性浸润作用,并结合独特的师德文化,凝聚了以社会主义核心价值观为引领、以鲜明的传统地域文化为特色的师大文化,使核心价值观在大学生中真正内化于心,得到深刻的情感认同。

(一)传统文化涵育现代品格

社会主义核心价值观倡导的"爱国""诚信""友善"等观念与中华传统文化中蕴含的道德内涵和人生信条一脉相承。江苏师大地处两汉文化的发祥地,长期致力于"重礼守信"的汉文化精神的传承与创新,致力于打造汉风特色校园文化品牌。学校先后成立了汉文化研究院、汉文化创意产业园,编撰《汉学大系》,开设"两汉文化讲堂""润德讲堂""国学周""汉风学社"等文化项目,努力培养大学生深厚的家国意识和民族情怀;创办汉乐团、汉舞团,并依据东汉名医华佗的五禽戏编创了《中华五禽操》,让学生在传承创新的实践中体会中华文化的博大精深,增强文化自信。

(二)师德文化确立道德规范

育人者必先自育。为倡导广大教师带头践行社会主义核心价值观,自觉增强立德树人、教书育人的荣誉感和责任感,学校实施师德师风建设工程,有效提高了教师的育德意识和育德能力。学校连续15年举办师德建设月活动,今年则以"践行核心价值观,做人民满意教师"为主题,开展了"用品格铸就未来"主题教育活动,组织全校辅导员和两课教师利用微博、微信解读核心价值观,与学生共话人生;围绕习近平总书记教师节讲话的"四有教师"要求,全体教师开展师德师风大讨论,进一步增强了为国育才的责任意识和使命意识。

(三)红色文化铸就理想信念

红色经典文化中蕴含了老一辈无产阶级革命者的坚定信念和崇高品格,是社会主义核心价值观的凝练和体现。学校在全国首个烈士纪念日设立开通了专题网站,并在全校师生中发起了"网上祭英烈"活动,组织全校基层党团组织、学生干部利用微信、微博等微媒体平台祭奠英烈,同时开展寻访烈士足迹、学习弘扬烈士精神等活动;学校常设"党史文献专架",大力开展党史国情教育;结合党的重大活动、节日开展"红色记忆"系列活动,深化对民族精神和时代精神的感悟体会,激发广大师生的爱国主义情怀和坚定的理想信念。

三、志愿服务重实效,加速实践养成

培育和践行社会主义核心价值观是重大的理论命题,同时也是重大的实践课题。实践养成环节是连接核心价值观知与行、内化与外化的核心枢纽。学校以日常行为规范、志愿者服务、社会实践活动为抓手,有力推动了社会主义核心价值观的理念外化与行为养成。

(一)严格规范日常行为

学校将核心价值观的要求落实到相关制度制定和日常教育管理之中,使这项看似具有"软性"特点的建设任务有明确制度可遵循,依靠制度贯彻落实。如建立完善行为识别系统,融汇社会主义核心价值观的基本要素,制定《江苏师范大学学生行为规范》《江苏师范大学综合素质测评细则》等,同时大力开展诚信教育、法制教育活动,促进大学生自我管理、积极参与。在循序渐进的教育和管理过程中,促使社会主义核心价值观相关要求为大学生个人的文明习惯和优秀品格,外化为大学生自觉的理想追求和实践路径。

(二)积极倡导志愿服务

志愿者所秉承的"奉献、友爱、互助、进步"精神,符合社会主义核心价值观的内在要求,同时开展志愿服务也是培养大学生社会主义核心价值观的重要途径。学校组建了教师志愿者服务协会和校青年志愿者协会,吸收了万余名师生,立足苏北实际,深入乡村、企业、社会福利机构一线,每年常态化开展志愿服务活动300多场次。近年来,学校参加苏北计划、西部计划的人员位居全省高校前列,获得了"苏北计划优秀组织奖""全国西部计划优秀高校项目"等荣誉;社会工作专业创立的省内首家专业社会工作服务机构——乐助社工,经过多年发展,已逐步成为在国内较有知名度的、社会建设与社会管理领域的综合性服务机构;在省第十八届运动会上,我校共有3000余名志愿者参与其中、热情服务,获得了广泛好评,受到了组委会的表彰和嘉奖。

(三)着力强化实践创新

学校高度重视学生科技实践和科技创新能力的培养,并投入专项资金组建了

900余个大学生创新创业团队,引导青年学生通过参与团队创新项目关注科学技术前沿、关注社会生活热点,深入生产生活一线开展社会调查和生活体验,把科技创新实践、学生专业学习与社会主义核心价值观有机结合;同时,学校大力开展社会实践活动,组建"我的中国梦"系列服务团,其中国家级重点服务团队1个、省级重点服务团队6个,共同奔赴祖国各地开展社会实践活动,活动范围遍及陕西、安徽、山东等省以及省内各大城乡,参观走访企业66家,开设讲座33场,文艺演出9场,观众逾万人,捐赠图书和学习资料3000余册、文具千余件,修理电器200余台,发放宣传资料8000余份,解决困难群众生活难题100余件,受益群众超过2万人。

培育和践行社会主义核心价值观是一项长期、复杂的系统工程,是时代赋予我们的职责和使命。江苏师大将继续以社会主义核心价值观引领学校事业发展,在培育和践行中切实增强全体师生的价值观自信,为实现中华民族伟大复兴的中国梦提供坚强的思想道德支撑。

江苏师范大学积极推进优秀传统文化教育融入育人全过程

近年来,江苏师范大学坚持将传承中华文明、复兴传统文化、以文载道、以文化人作为大学的责任和使命,以高度的文化自觉主动适应民族复兴对优秀传统文化教育的新要求,充分发挥人文社科优势,立足地域文化传承创新,积极推进优秀传统文化教育融入育人全过程,形成了特色,取得了实效。

一、推进优秀传统文化教育融入科学研究

(一)基地化建设,专题化研究

该校先后成立汉文化研究院、汉文化创意产业园、苏北文化产业研究中心等机构,并开展优秀传统文化专题研究。编纂《汉学大系》《徐州简史》,推出汉文化研究的科普性、学术性、权威性"百科全书";依托国家社科重大招标项目"中国家训文献资料整理与优秀家风研究",编纂《中华家训文献集成》。这些专题化研究成果为优秀传统文化教育提供了更为丰富的内容,大大提升了教育效果。

(二)高水平团队领军,高水准成果支撑

学校建立专家型传统文化教育科研团队,对传统文化资源进行充分发掘和阐释,强化传统文化教育的学理深度,引领传统文化教育内涵式、可持续发展。学校的语言学科拥有国家重点学科培育点——语言学及应用语言学和首批国家特色专业、国家级优秀教学团队,该团队围绕语言能力及教育进行系列专题研究,建构了"母语素质"概念,形成了一批高水准学术成果,引发校园语言类传统文化教育活动热潮。

二、推进优秀传统文化教育融入日常教学

(一)公选课多,选择面广

学校开设中国优秀传统文化系列公选课程,内容涵盖文学、哲学、艺术、体育、历史、政治等多个学科,共数十门课程,尽最大能力满足各类专业的学生需求。

（二）专业课精，认同度高

学校在政治学、社会学、法学、历史学、新闻学、文学等专业中开设中华优秀传统文化必修课，打造了诸如《孟子的文化精神》《经典诵读》等国家精品课程，以更为细致、系统、深入的专业教学增强学生的文化认同度，提升其传统文化自信。

（三）推陈出新，渗透融合

注重传统文化教育类的课程创新：依据东汉末年名医华佗创编的五禽戏，研发"中华五禽操"课程，以科研立项的形式支持传统文化类新课程开发、新教材编写；将优秀传统文化教育与各门课程教学有机结合，形成渗透融合，使优秀传统文化教育贯穿到学科教学的各个环节之中，并录制优秀传统文化网络课程，将相关资料、音频、视频等上传到网络，进一步促进学生的独立学习和自主教育。

三、推进优秀传统文化教育融入校园文化建设

（一）丰富内涵，拓展外延，实现古代与现代的圆融过渡

在校园文化建设中，注重汲取优秀传统文化精髓，拓展其外延，使其与当代文化相适应，推动其在大学校园里重生、重塑，焕发现代魅力。一是以优秀传统文化涵育现代品格。致力打造具有汉风特色的校园文化品牌，开设"两汉文化讲堂""润德讲堂""国学周""汉风学社"等文化项目，努力培养大学生深厚的家国意识和民族情怀。创办汉乐团、汉舞团，编创、推广"中华五禽操"，让学生在传承创新的实践中体会中华文化的博大精深。二是以家风文化传承家国情怀。开展"写家书，集家训，传家风"系列活动，将优秀家书、家训故事汇编出版；由学校师生主创的廉洁教育微电影《家书》获得省检察机关预防职务犯罪微电影大赛"十佳作品"等奖项。三是以师德文化确立行为规范。牵头成立全国首家乡村教师教育联盟——淮海经济区乡村卓越教师教育联盟；与中国人民解放军73101部队共建师德培育基地；连续17年举办师德建设月活动，开展"咖啡时光·教授有约"活动57期。出版《问道》《论道》《弘道》师德文化系列图书；推出"时针上的江苏师大"系列主题微信，弘扬新时代师德精神。

（二）集聚优势，形成特色，实现内容与形式的完美统一

学校不断创新传统文化教育形式，形成了亮点众多、感召力强、影响力广泛的生动局面。首创"汉式毕业典礼"，设计"汉服学位服"；开办"雅润女子学堂"，提高学员认识美、创造美、践行美、传播美的能力；鼓励学生创办传统文化社团并积极开展活动，悠然诗社、舞龙舞狮协会等已成为闻名国内高校的明星社团，多次获得国家级奖项；常年举办优秀传统文化进校园活动，已形成"中华母语节""我爱记诗词""汉风武韵"等品牌项目，引领校园里的传统文化复兴热潮。

四、推进优秀传统文化教育融入传承传播实践

（一）走出校门，服务传承

学校连续四年承办"国培计划 2012"——紧缺薄弱学科骨干教师培训项目，有力推动了经典诵读在基础教育中的发展和语言文字素质教育质量的提升；"中华五禽操"被纳入到中小学体育与健康必修课程，在江苏试点推广，使亿万学生受益，并在南京青奥会网络火炬传递抵达江苏欢迎仪式暨"砥跑江苏"启动仪式和第十八届省运会开幕式上精彩亮相，广受赞誉。2015 年，"中华五禽操"团队代表江苏参加第十届全国民族运动会荣获金奖，创造了江苏代表团参加历届民运会的最佳成绩。

（二）走出国门，交流传播

积极推动落实中国文化"走出去"战略，全力促进传统文化的国际传播与交流。受国务院侨务办公室和江苏省侨务办公室的委托，组织师生参加中华文化印尼行活动，在海外宣传推广传统文化；应南京青奥会组委会邀请，中华五禽操教学团队进驻青奥村，作为中华文化特色符号教授国内外选手习练；2016 年，学校在马来西亚设立全球首家海外孟子学院，传播中华优秀传统文化；多次组织汉乐团、传统文化巡演团等赴境外进行表演交流，展示了中华文化艺术的独特魅力。

江苏师范大学以师德建设引领教师成长

习近平总书记提出的做"四有"好老师的要求,是对广大教师的砥砺鞭策。作为教育者,面对激烈的国际竞争、迫切的国家需求,要清醒地知道自己做什么、怎么做。

江苏师范大学作为一所省部共建高校,60多年来扎根苏北、辐射全国,向社会输送了18万余名毕业生。学校紧紧围绕高水平师范大学建设目标,重视教师思想建设和师德建设,深入推进人才强校战略和师资国际化,不断改善人才队伍结构,提升教师队伍整体水平。

一、保证方向正确,注重思想建设

随着中国国际化程度增强,多元思潮的涌入、不同思想的碰撞使得整个社会更加包容和开放,但也面临着严峻的意识形态挑战,这在我国高校尤为突出。

为此,高等学校必须引导教师树立坚定、正确的理想信念,增强广大教师对中国特色社会主义的理论认同、政治认同、情感认同,自觉增强政治意识、大局意识、核心意识、看齐意识,把培育和践行社会主义核心价值观融入教书育人的全过程。必须强化思想引领,推动社会主义核心价值观进教材、进课堂、进学生头脑。作为师范类高校,还应该认识自身担负的社会使命,不仅要通过"学高为师"服务社会生产和科技进步,还要通过"德高为范"引领社会道德提升和社会文明进步。

江苏师范大学始终把教职工的思想政治学习放到首位,以与时俱进的科学理论武装头脑、指导实践、推动工作。学校坚持和完善校院两级中心组学习制度,深入学习党的十八大以来各项精神,扎实开展"两学一做"学习教育活动,着力提升党员队伍党性修养和思想政治素质。学校要求教职工大力弘扬社会主义核心价值观,不断自我强化师德为上的理念,先正己,后正人,为学生做好示范。通过各类政治学习活动,使全体教师深入理解党和国家的强国战略、教育战略和人才战略,牢记为人民服务、为中国特色社会主义建设服务的职业使命。

同时,学校牵头多所淮海经济区高等院校,成立教师教育联盟,合作开展教师教育学科建设、科学研究、队伍建设、课程开发、技能培养,提升教师专业化水平,促进区域教育事业内涵发展,体现当代师范大学的责任担当。

二、坚持教育梦想,加强师德建设

教师良好的师德修养与道德情操表现在对教育事业的忠诚和无私奉献上,也体现在生活的言行举止、处世之道中。教师要时刻注意用自己的言行给学生做好榜样,对学生关怀关爱、理解宽容,做他们的良师益友。

近年来,江苏师范大学坚持把加强教师思想政治工作摆在突出位置,把爱的理念贯穿师德建设始终,以"六大工程"为抓手,着力打造一支师德高尚、业务精湛、党和人民满意的高校教师队伍。一是实施"关爱学生工程"。以"爱与责任"为主线,尊重和维护学生的个人权益,保障并服务于学生的价值需求,努力促进学生的全面成长和进步。二是开展"道德教育工程"。学校已连续10余年开展师德建设月活动,每年确定一个教育主题,开展系列活动。将师德岗前培训和岗位培训相结合,建立了多渠道、多层次教师职前、职中一体化培训机制。三是实施"典型塑造工程"。学校每两年评选一次师德建设先进个人、师德模范和"三育人"先进个人,大力宣传优秀教师和师德模范的先进事迹,定期开展优秀教师报告团活动和师德论坛。四是启动"激励凝聚工程"。将师德建设贯穿于教学评优赛、优秀教师团队建设、优秀教学成果奖评选等教学科研业务之中,加大对优秀教师的奖励力度,建立了一整套符合学校实际的人文关怀机制。五是推行"制度创新工程"。建立完善了教师职业道德规范、课堂行为准则、学术道德规范等制度,建立了师德建设领导责任制,探索实施了教师"自我评价""学生评价""专家评价"的三维评价体系,强化了教师监督制约、考核奖惩、教育培训等工作机制。学校于2013年与驻徐部队共建师德培育基地,开展师德教育的崭新尝试。六是推出"评估保障工程"。学校每年都与教师签订"师德规范承诺书",明确师德建设目标;坚持开展学生评教活动,并将师德评估渗透于职称评定、晋级、教师评优评先等活动中。

三、完善知识体系,提升专业素养

时代发展对教师提出了更高知识素养的要求。对教师而言,立足于三尺讲台的基石在于具有较丰富的专业知识储备和专业素养。业务素养高的教师往往在课堂更受学生推崇,教育教学效果更佳。

多年来,江苏师范大学一直高度重视师资队伍专业素养建设。"十二五"期间,学校深入实施"师资队伍建设153工程""师资队伍建设国际化331工程",实施国家杰出青年科学基金后备人选培养规划和国家哲学社会科学基金重大项目后备人选培养规划等,努力培养一支具有国际视野和学术竞争力的优秀师资队伍。一是高度重视学科建设。先后荣获省优势学科一期项目4个、二期项目6个,一级学科中省重点学科由1个增加到9个。5年来荣获国家基金项目356项,其中国家社科重大、重点项目15项。二是坚持"项目—平台—团队—成果"四位一体的工作体系。加大科技资源整合力度,大力推进文理渗透、理工结合、优势互补、学科交融的科技创新机制建设,建立以质量和贡献为导向的科研评价体系与科研激励机制,推动高级别研究成果和奖项的产出。三是通过国际交流与合作提升教职工特别是青年教师的国际视野与人文情怀。深入推进国际化发展战略,积极推进国际化办学,推动国际交流合作。"十二五"期间,学校每年资助80至90位青年教师出国访学或者深造,赴海外进行研究和培养的教师达780人次,"十三五"期间将继续加大力度选派教学科研骨干赴海外一流大学进行教学研修、合作科研等。

  面向未来,江苏师范大学将继续把教师队伍建设放在重要位置,引导教师牢记教育使命,争做新时代学生"锤炼品格、学习知识、创新思维、奉献祖国"的领路人,书写精彩的教师职业生涯。

四位一体　凝练特色
努力创建学习型党组织

江苏师范大学始终把学习型党组织建设作为首要政治任务,着力改变学习理念,努力拓展学习内容,大力创新学习方式,通过领导带动、机制发动、载体促动、成果推动等具体举措,不断推进学习型党组织建设向广度和深度发展,形成了鲜明特色,取得了显著成效。

一、领导带动,形成"三级"联动机制

(一)领导机构健全完善

早在2010年,校党委就制订下发了《关于开展创建学习型党组织活动的意见》,成立了以党委书记为组长,组织部、宣传部等部门负责人为副组长,相关部门和专家为成员的建设学习型党组织工作领导小组,建立了校党委统一领导,宣传部牵头协调,各部门分工负责,校院两级党组织积极参与的领导体制和工作机制。

(二)学习规划专题研讨

每年暑期,校院两级中心组成员都要举行一次特殊的集中学习,每次会议都设立一个主题,由书记、校长分别作主题报告,会议报告立足现实,放眼未来,既务虚,又务实。与会同志深入思考和分组讨论,并选派代表进行交流发言,对领导干部提升学习能力起到很好的促进作用。2014年和2015年,分别以"深化改革与转型发展""践行三严三实,推动综合改革,加强战略谋划"为主题进行了专题研讨。

(三)示范带动分层推进

一是领导干部率先引学,下好"先手棋"。校党委中心组以身作则,以上率下。两年来,共组织集中学习27次,其中,专家论坛报告会8次,专题研讨会5次,读书会2次。每次校党委中心组集中学习都邀请两位基层党委书记列席,既是为基层中心组提供示范,另一方面也是主动接受群众监督。

二是基层党委主动带学,传好"接力棒"。从2012年起开展的"书记讲坛"活动,有效调动了两级党组织负责人带头学习、带头上党课的主动性和积极性,在此基础上,学校再设"书记论坛",两级党组织书记坚持聚焦主题,结合思想实际、问题实际、发展实际,定期开展理论研讨。

三是学生党员积极跟学,打好"组合拳"。实施班级中心组制度,举办"青马工程培训班",开展"中国梦·我的梦——学生党员在践行""我的价值观、我的中国梦"等主题教育活动,营造了浓厚的学习氛围,形成了敢于担当、勤于服务、党性铸魂的新气象。

二、勇于创新,打造特色载体平台

(一)主题宣讲求时效

先后约请王伟光、郑永廷、沈壮海、洪银兴等专家学者举办"十八届三中全会精神解读""坚持高校意识形态工作的领导权与话语权""培育和践行社会主义核心价值观"等专题报告,解读中央政策,回应师生关切,阐释文化内涵。面向大学生的宣讲平台"润德讲堂"成功举办九期,逐渐成为校园文化品牌。

(二)新兴媒体重覆盖

注重对新兴媒体和信息网络技术的运用,不断探索网络化学习的新途径。校党委宣传部直属的新纪元网站专门设立"理论频道",下辖"理论热点""经典导读""网上党校""高教探索"等专栏,提供全面翔实的学习资料,方便师生查阅、下载;充分利用短信、微博、微信等即时通信手段,向广大师生速递最新理论热点的简短表述,打破时空限制,实现随时随地学习。

(三)科学研究谋成果

充分发挥徐、淮、连、宿片高校思想政治教育研究会和我校党建与思想政治教育研究会的作用,设立专题研究项目,形成了一批具有前瞻性、指导性和现实意义的理论研究成果。"中国传统家训文献资料整理与优秀家风研究"入选国家社科重大招标项目;"社会主义核心价值观的深度凝练与传播、认同对策研究"获国家社科重点项目,获批首批"江苏省中国特色社会主义理论体系研究基地";优秀论文集《青春出彩与中国梦想》于2015年10月正式出版,并被教育部思政司列入《高校德育成果文库》。

(四)专题活动讲内涵

以一年一度的"读书节"为契机,结合群众路线教育实践活动和"三严三实"专题教育,广泛开展"九个一"读书学习活动。"坚守信仰,导航青春"主题教育活动声势持续,收效显著,教育部简报132期专题刊发,向全国高校推广。

三、示范辐射,扩大团队学习效果

(一)中心组学习常抓不懈

每月按时制定并公布校院两级中心组和教职工学习计划和具体内容,与"宣讲家"网站建立联系,及时下载相关学习辅导视频,制作光盘发到学习中心组。严格落实《中心组学习制度》,确保学习内容、学习时间、学习效果。努力使班子成员成为引领学习的"火车头"、组织学习的"发动机"、促进学习的"助推器"。

(二)联系点学习保质保量

确立了党委常委成员联系点制度,每学年至少两次参与联系点的集中学习,以把握联系点学习的进度质量,突出阶段主题,努力推动联系点搞好学习,力争把联系点建成学校开展学习型党组织建设活动的示范点。

(三)示范点建设形成辐射

自 2010 年 2 月起,校党委按照"注重实效、科学选点、典型引路、带动全面"的原则,在全省高校系统中率先开展"基层党委(党总支)中心组学习示范点创建"活动。通过专题交流、座谈、征文、编印交流材料等途径,以典型引路、以示范推动,在全校范围内营造重视学习、崇尚学习、坚持学习的浓厚氛围。

四、学以致用,积极促进成果转化

学习铸造发展力。两年来,学校的综合实力和办学水平得到进一步提升。2014 年 9 月,学校被确立为省部共建高校,开启了新一轮征程:获省优势学科二期项目 5 个、省重点序列学科 1 个;获国家级教学成果奖一等奖 1 项、二等奖 1 项;获国家社科基金重大项目 2 项、重点项目 3 项;国家自然科学基金 56 项;荣获首届中国青年志愿服务项目大赛金奖;"挑战杯"全国大学生课外学术科技作品竞赛实现特等奖突破。

学习有效提升了学校服务地方的能力。学校与徐州市人民政府共建成立"一带一路"研究院、大数据处理中心。先后举办"一带一路"战略与沿东陇海线城镇轴建设徐州论坛、中巴经济走廊与"一带一路"国际学术研讨会、"一带一路"语言能力建设研讨会暨中国语言智库高峰论坛,主编出版我国首部"一带一路"语言服务工具书《"一带一路"沿线国家语言国情手册》,致力于汉文化的传承与发展,承办江苏书展——汉文化传承与阅读推广,编撰《汉学大系》,出版《徐州简史》。

学习型党组织建设是一项长期的基础工程,需要持之以恒,久久为功。江苏师范大学将继续进一步提升思想认识,着力在"巩固、拓展、深化、提高"上下功夫、见成效,力争在全省学习型党组织建设中走在前列、作出表率。

构建"大服务"格局 打造"全息化"效应
立体式推进高校服务型党组织建设

党的基层组织是党全部工作和战斗力的基础,加强基层服务型党组织建设是党的十八大和十八届三中全会做出的重大战略部署。按照中央关于"坚持五项服务,达到六有目标"的总体要求,江苏师范大学党委从初端、中端、高端和终端四个层面,着力打造十大服务综合体,立体式地构建"大服务"格局,纵深式地打造"全息化"效应,率先在服务型党组织建设领域加强了探索,取得了实效。

一、夯实"初端"服务,实现服务的常态化

"初端"服务就是基础性服务、常规性服务、事务性服务。"细微之处方显服务本色。"对于高校来说,加强服务型党组织建设必须重视那些平常性、微小性甚至琐碎性的服务,并不断保持服务的常态化和持续性。

(一)坚持常规性服务

校党委坚持"服务无大小"的工作理念,把做好事务性、常规性服务作为服务型党组织建设的基础工程,切实把服务做细、做实、做到位,让广大师生通过接受看得见、摸得着、感受到的具体服务,增强对党组织的认同感。学生工作处所在的机关党委第十五党支部充分依托苏北首家大学生事务服务中心,以"方便学生办事,解决学生困难,维护学生权益,促进学生成长"为宗旨,为学生提供集服务、咨询、协调于一体的"一站式"服务,深受学生欢迎。图书馆第一党支部充分依靠馆藏资源,建立"诚信加油站"和"阳光资料库",把方便师生、倡导奉献融于日常性的服务管理之中,全力打造"明星党支部"。

(二)保持经常性服务

党组织的各类服务不能只是阶段性或应景式的,而应具有延展性和接续性。校党委始终坚持服务的经常化、常态化和制度化、长效化,避免"一阵风"和形式主义,努力追求服务的实际功效和持久受益。文学院学生党总支常年开展"学雷锋"活动,把助残支教、义务帮扶、文化服务等列为党员后续教育与管理的重要内容,

并向全体党员提出"让雷锋精神成为一种生活方式"的服务标准和服务要求。校青年志愿者服务总队带领全校 26 个二级志愿者服务队,通过暑期社会实践、节庆日活动等开展形式多样的志愿服务活动,把党的温暖及时送至校内外需要帮助的人群中。经常性服务使得党组织的服务始终持续不断,党的形象永葆活力和正能量。

(三)重视平台性服务

校党委积极落实中央提出的"有形式多样的服务载体,创新贴近基层、贴近实际、贴近群众的工作抓手"总体要求,重视服务平台和服务载体建设。一是优化支部设置,激发服务活力。适应国际化办学需要,积极探索为境外研修党员建立专门的"网络党支部",定期开展组织生活,跨国分享研修经验。支持基层组织把支部建在实验室、学科团队、科研团队和专业团队。物电学院党委在省级研究基地和协同创新平台建立"先进激光材料与器件实验室党支部";法政学院以"社会工作"专业为中心组建党支部,师生共建,形成合力。二是建立服务基地,创新服务载体。校团委立足长远,通过签约志愿服务基地,为广大学生和党员开展志愿服务提供常态化和长效化的平台,目前基地总量已增至 78 所,遍及陕西、贵州、西藏、四川、河北、河南等地。三是发挥媒体功能,提供高效服务。充分发挥信息网络和微博、微信、易信、QQ 群等新媒体在服务型党组织建设中的功能。计算机学院党委充分发挥专业优势,研发党建"交互式"管理系统,从"入学教育党建专题""入党申请及思想汇报资料""分党校培训教育""新老生党员'1+7'""党支部书记与班级'1+1'培养"五个专题模块,切实发挥党支部和党员的示范引领作用,取得了明显实效。

二、打造"中端"服务,促进服务的多元化

服务型党组织的服务内容不能只是单一的而应是多元的,不能只是局部的而应是全息的,不能只是粗放的而应是精细的。校党委坚持以推进多元服务、全息服务和精细服务的实际行动,不断拓展服务领域,不断丰富服务内涵。

(一)鼓励个性化服务

全息理论的核心是局部包含着整体的全部信息,总体性服务往往通过局部的个性化实践得以丰富和彰显。校党委认为,全校各基层组织往往蕴含着巨大的服务能量、服务激情和服务智慧,因而在服务实践中始终鼓励基层组织结合形势实际、发展实际和师生实际,通过参与党建品牌创设、党建创新项目评选、"明星党支部"评比等,努力争创特色化的服务型党组织。数学与统计学院党委以"朋辈教育"为切入点,通过创设朋辈教育平台、开展朋辈教育实践、强化朋辈目标管理等

举措,建立健全规范高效的"朋辈互助"教育体系,强化党员的后续教育管理与作用发挥。"朋辈互助"工作法曾入选江苏高校基层党支部优秀工作案例。

(二)推送全员化服务

校党委鼓励包括教工党员和学生党员、在职党员和离退休党员在内的所有党员,充分利用自身优势和特长,在服务和奉献中彰显组织风采和党员价值。在江苏师范大学的校园中活跃着一批党员老同志,他们凭借着自身的专业、智力、技术等优势,在关心下一代成长、申报高级别项目、发表高水平成果等方面,较好地发挥了传帮带作用,被誉为师大校园中的"银发学术团体"。原校级领导周明儒教授主持国家级精品课程"文科高等数学",邱鸣皋教授退休后坚持著书立说出版《陆游评传》,一批德艺双馨的老同志自愿承担关工委工作、深入苏北地区开展"义务送培下乡"活动。在他们的带头、带领和带动下,全员化的服务格局正逐步形成。

(三)落实精细化服务

校党委把"终端服务,精细管理"确立为年度工作主题,着力打造横向到边、纵向到底的精细化、立体式服务格局。在这一思想的引领下,"以人为本、服务师生"的服务理念、"乐教乐学、保障有力"的服务导向、"从细从实,群众满意"的服务宗旨,既有力地保障了事业发展和师生发展,群众的满意度也在精细管理和细微服务中明显提升。

三、凸显"高端"服务,提升服务的品牌化

校党委始终坚持以高端服务为引领,着力打造服务品牌,将服务型党组织建设不断引向纵深。

(一)开展博雅性服务

博雅服务强调的是服务的典雅性、高雅性和优雅性,它是服务型党组织建设的高远境界和深层追求。文学院党委在全体党员和入党积极分子中推行以国学功底、才艺素养和实践品格为主要内容的"博雅教育",开展以培养情操、注重内养、潜移默化等为旨归的隐性化服务,让服务对象长久受益、深度受益。教育科学学院党委通过开办女子学堂,成立女工坊、雅乐坊、学思坊和健身坊等兴趣小组,开设十字绣、针织、剪纸、绘画、茶艺等艺术类课程,培养学生党员的优雅气质和高端品位。

(二)彰显文化性服务

高校在文化传承与创新方面具有独特的优势。校党委充分利用专业资源、学术资源、文化资源,通过开展特色性的文化服务,不断提升服务的文化品位和审美品质。汉文化研究院积极开发地方文化资源,通过承担《汉学大系》和《徐州史

纲》编纂,为地域文化发展提供智力服务;淮海发展研究院团队、苏北"三农"研究中心等机构长期对接区域经济规划,聚焦现实发展问题,取得了较好的社会反响。全校支部书记培训班增设传统文化经典解读内容,为每位学员发放《论语》,校党委书记徐放鸣教授亲自主讲,深入解析"儒家经典中的审美智慧与价值追求",培训的文化底蕴和服务的文化品质大大提升。

(三)突出引领性服务

高校是学术高地和人才聚集地,理应在服务型党组织建设方面起到引领示范作用。法政学院社会学系党支部充分发挥专业优势,带领全体党员师生,以服务社会建设与社会治理创新为主线,大力开展社会政策决策咨询、社会创新发展规划、社会组织孵化培育、社会工作人才培训、社会服务项目运营管理、特殊群体社会工作服务等项目,先后获得"全国首届公益慈善大赛金奖""江苏省最具影响力的慈善项目奖"等荣誉,起到了较好的引领和辐射作用。

四、强化"终端"服务,推进服务的纵深化

强化"终端"服务,就是强化发展性服务。这是服务型党组织建设的最核心要素,也是"有群众满意的服务业绩"的根本性范畴。校党委坚持强化终端性服务和发展性服务,让服务型党组织建设服从服务于学校"顶天立地""一体两翼""开放融合""创新特色"的发展方略和转型发展、创新发展的战略布局,服从服务于师生员工的业务进展、技能发展、素质拓展和核心竞争力提升。通过强化"终端"服务,不仅学校快速发展见到了成效,党员自身也在服务奉献中获得了实惠、进步和提高。

通过多年的探索和实践,校党委充分认识到,与以往的一般性服务、常规性服务相比,加强服务型党组织建设显然具有更加超越的意义和更为丰富的内蕴。从横向的时间向度上看,平日里的"一时性服务"走向了"永续性服务",加强服务始终贯穿于学校办学和学生成长成才的始终,成为广大党员和师生的自觉行动和生活常态;从纵向的逻辑层级上看,传统的"小服务"策略走向了"大服务"格局,以往的"单一性"服务变成了"全息化"服务,服务内涵不断延伸,服务层级不断深化。通过全面实施十大服务综合体战略,点面结合开展服务,纵横交错推进服务,里应外合深化服务,立体式地推进了服务型党组织建设,为学校事业的转型发展、创新发展、持续发展提供了强有力的组织保证和动力源泉。

"四抓四强化"激活基层党建

——江苏师大探索高校青年教工党支部建设新模式

中国教育报

最近,江苏师范大学哲学与公共管理学院社会工作专业80后教工党支部书记董明伟有点儿忙,他刚刚在江苏省高校加强基层党支部标准化建设工作推进会上汇报了支部的党建成果,又忙不迭地赶回学校推进支部的标准化、创新性建设,看看"四抓四强化"工作法在党建实践中到底管不管用。

"我们就是要打造高校青年教工党支部建设的江苏师大样本。"面对成立仅10年、平均年龄只有38岁的年轻党支部,董明伟哪来的底气?

数据最能说明问题:社会工作专业毕业生就业率连年在98%以上,1个班级被评为"全国先进班集体"、8个班级被评为"江苏省先进班集体";2015年社会工作专业学生开展的项目被共青团中央授予"中国青年志愿服务大赛金奖";在教育部组织的首批全国社会工作专业综合评估中,进入5家A级评定的行列,被民政部授予全国首批社会工作专业人才培养基地。

"四抓四强化"工作法,是该支部经过探索形成的基层党建创新工作法,即抓机制建构,强化规范运行;抓制度落地,强化组织观念;抓理论学习,强化素养提升;抓载体创新,强化活力建设。

如今在该支部,支部书记和支委会工作职责明确可循,"三会一课"制度严谨有序,利用"两微一端"组织开展"双课制度",把集体学习作为基础课,把支部成员讲"微党课"作为必修课,通过被动和主动的双向拉动,年轻人学习理论的热情日益高涨。

形式活起来了,载体多元了,基层党建的生动素材从哪儿来?董明伟打起了社工专业得天独厚的社会资源"主意",将党支部建设与教学团队建设相结合,用支部建设促进团队的教学、科研水平的提高,从而促进支部成员个人的成长成才。

"向日葵计划"是社会工作项目组与无锡市锡山区民政部门联手开展的爱心帮扶项目,旨在为锡山区70余名孤儿提供扶助。在项目实施的10个月里,江苏师大社工专业师生为每个服务对象制定详细计划,根据个体心理、家庭关系、社会融入度等多方面情况对症下药,开展有针对性的配对帮扶。"这样的经历既为社会弱势群体提供了帮助,也让我们在实践中获取新知。"多次参加社会工作项目的张丽娜说。

据统计,该团队每年提交政策咨询报告近10万字,提供整体发展规划的社区近50家,优化督导的社会服务项目近1000个,提供专业咨询服务的社会组织近500家,培训社会工作人才近2000人,直接服务特殊困难群体近5000人,间接服务特殊群体近50万人次。

"社工党支部实现了党建工作与推动专业发展、队伍建设、社会服务紧密结合。"江苏师大党委书记徐放鸣说。

强化新兴媒体服务功能 追求"润物无声"宣传效果

——江苏师范大学新媒体建设经验谈

习近平总书记 2013 年 8 月 19 日在全国宣传思想工作会议上指出"宣传思想工作是做人的工作,人在哪儿重点就应该在哪儿"。近年来,江苏师范大学注重开发微信、微博等新媒体的服务功能,第一时间抢占学生聚集的阵地,通过信息发布、互动互助和主题活动进行教育引导,打造了掌上德育平台。

江苏师范大学一贯重视新媒体在教育引导服务师生中作用的发挥,2003 年宣传部即成立了网络科,专门负责学校网络的教育管理工作。2010 年宣传部注册了微博,搭建了政务微博平台。近年来,随着智能手机在学生中的流行与普及,手机已经成为学生获取信息、互动互助的主要手段,针对这一变化,宣传部联合信息网络中心第一时间研究部署微信平台的开发利用。目前,学校新浪、腾讯官方微博粉丝总人数达 76085 人,微信绑定用户 32736 人。

一、拓展微信服务功能,以强黏度聚拢人气

作为微媒体时代的新产品,微信被人们广泛使用,在学生中的普及率已经达到了 100%。为不失去这一学生阵地,经过论证,学校决定把微信作为数字化校园建设重要组成部分来抓,并专门投入资金立项对官方微信服务号——"江苏师范大学"进行了二次开发,充分发挥其在教育、引导和服务师生的作用。

开发后的微信实现了其后台与学校统一身份认证系统的对接,在这里,学校师生可以实时查阅校园新闻、通知公告、校内文件、招生信息和就业信息,可以查询学校课程安排、上课地点、考试成绩、校园卡状态和学校电话号码,可以进行失物招领、图书借阅、请假批假和互动互助等。通过微信学生可以更自由地根据自己爱好旁听一些课程,可以更便捷的与同学、老师沟通等。微信各项功能的丰富,使其与师生平时的生活、学习密不可分,大大增强了学校官方微信黏性和师生的依赖性。

二、创新舆论引导方式，以好创意巩固阵地

服务的提供、人气的聚拢为充分利用微信开展宣传教育工作奠定了基础，而特色鲜明的网络文化活动的开展，使其已经成为学校教育引导师生的重要阵地。

我们在网络舆论上被动，一个很重要的原因是网上内容建设滞后，网上正面声音不够响亮、内容不够鲜活、传播不够有效。学生对官方微信的关注与取消只在一秒之间。因此，每期的微信信息推送，宣传部都会进行巧妙的设计，努力增强标题的凝炼性、内容的故事性、语言的感染性、阅读的便捷性，对新闻信息进行"深加工"，重视网络语言的使用，提高传播的有效性。本着"三贴合"——贴合时事、校园、生活的原则进行组稿，如结合时事推送雷锋日记、核心价值观等内容，结合校园生活策划"我和春天有个约会"校园通讯，结合学校重大事务推出专题校园评论，结合师生特点推送科技前沿探索，结合学校校风学风建设推出"学霸""学术超人"和"爱岗敬业"模范等身边的榜样，结合学生的特点使用网络语言和卡通形象推出军训小贴士、新生校园生活宝典等信息，结合学校工作安排对重要活动进行预告等。努力把学校政策与师生利益联通，注重在与师生交流中形成共识，在加强信息服务中开展引导，让正面宣传有机融入日常工作生活之中，潜移默化、润物无声。比如，最近一期推送后的信息首日阅读量高达1万人次，转发5000余次，内容的转发评论使教育效果进一步向外辐射。

做好信息推送的同时，学校还积极探索利用微信开展主题教育活动的途径。在微信平台开发BBS论坛，并实现其用户和信息等数据与学校官方论坛——五省通衢的互通互联，功能的实现为主题活动的开展奠定了基础。近年来，通过微信相继开展了廉洁文化周活动，群众路线教育实践活动，主题党日、团日活动和校园网络文化节系列活动等主题教育活动，如刚刚过去的我国首个烈士纪念日，学校通过微信开展的"网上祭英烈"活动当天就有一万多人参加，收到了很好的教育效果。

三、发挥教师主导作用，以正能量引领话语权

干部教师、学生骨干积极触网用网、发出正面声音，做网络舆论工作的建设者、建言者，是最鲜明的旗帜、最重要的导向和最有说服力的教育。全国宣传思想工作会议后，江苏师范大学即组织了领导干部新媒体应用培训班，提高干部教师直面网络媒体和主动应用网络媒体的能力。学校建设了涵盖学院和机关部门的学校政务微博圈，积极组织学校的相关单位部门及时了解并解决师生反馈的诉求，组织有立场、有思想、有影响的专家学者、理论工作者通过微信、微博发声，强

化教师、干部通过对学校官方微博、微信信息的转发和点赞来激发学生的创意积极性,这些既解决了实际问题、服务了师生,又创造了良好的舆论氛围,发挥了很好的思想引领作用。

与书记、校长面对面一直是师生比较青睐的对话校领导的方式,我校将师生参与度比较高的"书记访谈""校长访谈"拓展到了微博、微信平台,师生通过手机就可随时随地参与访谈,这种便捷的方式吸引了更多的师生参与到访谈中来。在近期开展的以"以人为本·终端服务"为主题的校长访谈中,3000多人次通过微信参加了互动。

新媒体的应用、网上舆论的引导,少不了科学的规划,重点是内容的建设,关键在于干部教师的参与。通过近几年的实践,我们感觉要营造学校大宣传的格局,一是要引导更多的干部教师特别是辅导员融入新媒体、融入教育对象、融入学生。二是打造树立更多的网络意见领袖和校园达人,充分发挥身边榜样的引领作用。三是整合优势资源,开发教育引导的素材,如将本校教师的微课引入微信等新媒体。从而进一步提高新媒体的服务功能,努力达到"润物无声"的宣传教育效果。

江苏师范大学建设书香校园工作经验

我校高度重视《江苏省人民代表大会常务委员会关于促进全民阅读的决定》的具体落实，尤其注重发挥高校在全民阅读引领与推广上的优势，深入实施全面阅读"六大工程"，坚持以生产推介精品为基础，以开展品牌活动示范、完善阅读设施建设、树立数字阅读导向、营造全民阅读氛围为抓手，健全工作机制、整合社会力量，在全民阅读推广方面产生了广泛影响。

一、生产推介文化精品，丰富阅读素材

我校王建教授团队，承接并圆满完成了《徐州简史》的编纂任务，该书是一部系统性、学术性很强的史书精品，又是一部有着很强趣味性和可读性的大众教科书，目前该书已经作为徐州市中小学必读教材。

我校赵明奇教授团队完成了《徐州古方志丛书》的编纂，该丛书收集现存的36种徐州古代方志，考据31种已经失传的志书，是融徐州地区5000多年政治、经济、文化、地理、风俗、人物、名胜等信息资料于一炉，具有千年传承、百代收藏的历史价值和文献价值，是徐州地方志百科全书。

我校刘叶伟老师的"乡土中国三部曲"——《富矿》《后土》《福地》长篇小说系列已经发布，受到学界和读者的广泛好评，并被江苏省作家协会推荐入围2015年度茅盾文学奖的评比。

我校田崇雪老师编写了长篇电视剧文学剧本《中国人胡适之》。该书在加拿大、中国分别出版，在社会上产生强烈反响。

我校杨亦鸣教授团队编著的《"一带一路"沿线国家语言国情手册》以国家分立的形式描述了"一带一路"沿线64个国家的语言状况，一经发布引起强烈社会反响，被誉为第一部"一带一路"语言工具书。

这些精品书籍的出版发行，为全面阅读推广提供了丰富的素材。

二、完善阅读基础设施，提供全新阅读体验

在敬文图书馆增设"中文在线"云屏数字借阅机，实现 PC、手机、触控终端等多种方式间的无缝阅读。独创"读书+活动"的交互式阅读体验，用户可轻松畅想互动、共享的全民阅读学习型环境。

在敬文图书馆增设"歌德电子书借阅机"，预装了 2000 种正版图书，内容涵盖经典名著、小说传记、政史军事、文学艺术等。读者只需在屏幕上选择心仪图书，扫描图书封面二维码，便可将该书下载至手机，免费体验高清电子阅读。

通过增设电子图书借阅机等设施建设，给读者带来了全新的阅读体验，读者阅览图书更加方便快捷，受到读者好评。

三、运用新媒体平台，建立数字阅读引导

（一）新媒体互动

推出新媒体互动服务，提供在线读书平台，并在学校宣传推广。推出图书馆微信公众服务平台、新浪腾讯微博官方微服务、移动图书馆服务，可以在线检索馆藏、下载阅览电子图书，提供信息推送服务。在图书馆大厅开展为期一周的宣传推广活动，免费发放读书主题书签，面对面的辅导读者使用"移动图书馆"下载、阅览电子图书。

（二）举办 Free 电子阅读活动

图书馆电子阅览室免费开放两周。对于关注图书馆微信的读者，可以在电子阅览室免费阅读电子图书和利用网络资源。

（三）举办数字资源展活动

为推动数字资源、电子图书的广泛利用，图书馆在二楼大厅举办数字资源展，制作图书馆数据库、移动图书馆等各类数字资源的宣传板，展示各个数据库海报；制作发放资源介绍的小册子，开展数字资源现场咨询活动，指导读者利用数字资源。

通过运用新媒体平台、数字资源推介等服务，扩大了读者的受众面，收到了良好的社会效益。

四、开展品牌活动推广，示范引领全面阅读

我校是全国唯一拥有国培计划经典诵读骨干教师培训资质的单位，已连续六年为社会培养了一批具有较高阅读诵读指导能力的教师，为提高学生阅读能力水平做出了卓越贡献。

2015年，通过举办首届全国中华古诗文朗诵艺术交流研讨会，设立江苏省中华吟诵传承与研究中心，举办"大雅传承"——中华优秀传统文化经典"诵讲传"，承接国培项目、举办优秀传统文化教育骨干教师培训项目、江苏师范大学中小学经典诵读教育班等相关活动，开展诵读经典传承优秀传统文化的全面阅读推广行动。

在第五届江苏书展期间，我校承办了汉文化传承与阅读推广论坛，邀请了徐放鸣、杨亦鸣、王健、赵明奇、朱存明、田秉锷、汉风等一批学界专家和文化学者从理论角度对汉文化产生作源头探究、演变梳理和历史考证，从实证角度对徐州汉文化进行推介、探寻和传承，为广大读者精读相关著作，理解徐州、传承汉文化打开思路、启迪心智。

在校园阅读推广方面，我校各学院也积极参与，其中敬文书院的"书香敬文·乐享阅读汇"、文学院的"悦读假期·约会经典"、科文学院的"书韵科文，馨香满园"、教育科学学院的"美丽书屋"等主题活动在广大同学中产生广泛影响；文学院开展的校园诗歌节和经典诗词广场吟诵会活动，更是将引领大学生诵读经典、传承文明推向深入。

五、注重社会力量整合，提升全民阅读品位

我校采取请进来、走出去的形式，全面提升师生及市民的阅读欣赏品位。

（一）请进来

1. 举办"敬文讲坛"。邀请资深专家中国社科院学部委员黄长著教授做了"移动阅读与国民文化素养的提高：深阅读 vs 浅阅读"报告；南京大学的长江学者苏新宁教授做了"大数据时代数字图书馆面临的机遇和挑战"报告。"敬文讲坛"已成为图书馆的文化品牌。

2. 2010年起，学校开设"润德讲堂"，邀请校内外专家学者为学生解读相关课题，是学生文明养成教育的新渠道，也是校园倡导阅读风尚的新阵地。

（二）走出去

1. 选派我校9位在文学、戏剧、音乐、舞蹈、美术、书法、摄影、影视、动漫、曲艺、民间工艺等方面有研究成绩和研究特长的专家教授参加徐州市委宣传部承办了"十名专家学者百场文艺欣赏讲座"下基层活动。

九位专家学者的讲座以自己的研究领域为基础，结合精神文明发展要求和优秀文化传播导向，紧贴人民群众实际需求及兴趣点，受到热烈欢迎。讲座期间掌声不断，讲座结束掌声不停，甚至有的群众流下激动的泪水，拉着专家的手说："我们盼着您再来，我们不舍得您走。"

2. 陈洪教授受邀作为专家参加江苏省经典诵读骨干教师培训优质资源援疆项目,讲授中国古典文学阅读诵读欣赏。

六、开展形式多样的校园阅读活动,营造浓厚阅读氛围

(一)校长赠书,将阅读融入新生入学教育

2015年开学典礼上,校长华桂宏教授为4500余名新生赠送冯友兰先生的著作《中国哲学简史》,帮助新生学习古典文化,借鉴传统智慧,提升文化修养,启迪现实人生。

(二)学校主导,将阅读融入精品活动

2013年起,我校紧扣"中国梦"主题,强化大学生理想信念教育,开展"坚守信仰,导航青春"主题教育活动,以"经典启航""梦想领航""榜样导航""实践助航"和"爱心护航"五个部分构建大学生理想信念教育工作体系。在经典启航板块中,学校向大学生推荐100部影视片和100本图书。各学院通过组织学生观看、阅读系列文艺作品并撰写观(读)后感,引导学生确立并坚守自己的信仰与理念。在爱心护航板块,学校邀请优秀师长、家长、学长代表,回忆他们成长过程中对信仰和梦想的追求与坚守,利用家书、博客等形式,与青年学生分享他们的青春故事,传递梦想的正能量,并将他们的成长故事汇集、编印成为《我的青春故事汇》书籍,与学生共话青春与成长。

2015年起,学校开展"咖啡时光·教授有约"活动,是定位于教授与青年学子分享成长历程、共话青春梦想的创新性校园文化品牌。学生与各领域颇具声望、有影响力的名师面对面交流,聆听长者治学经验与人生智慧,当面请教自己的学业和人生困惑,实现文化引领。活动开始至今,已举办26期,教授嘉宾定期为学生推荐书目,共同探讨阅读心得,在咖啡和书籍中畅谈理想,让青年学子近距离感受学者精神风范和阅读魅力。

(三)学院主抓,促进阅读氛围养成

敬文书院结合自身办学定位和人才培养目标,创建"书香敬文"学生工作品牌活动,旨在点燃每一位学生的阅读热情,在阅读中提升人文素养和博雅气质。学院以每位学生为主体,以班级和团支部为载体,以增强学生文化底蕴为主线,通过搭建阅读平台、拓展交流平台、打造共享空间、健全激励机制等措施,吸引广大学生参与到品读书籍的行列中,在阅读中丰富涵养,拓展视野,增强底蕴,提升气质。

文学院制定《百部经典任你读》书目,持续开展"悦读假期·约会经典"活动,培养读好书、好读书的良好习惯,提高中文系学生专业素质水平,为塑造学院阅读氛围、鼓励学生深入阅读创造了良好环境。

（四）图书馆配合，举办读书月系列活动

1. 为提高读者阅读兴趣，开展读者读书月荐书活动。以多种方式接受读者推荐的好书书目，并根据读者推荐购买收藏，使读者能借阅到自己喜爱的图书，提高图书馆藏书有效性和质量。

2. 建立漂流图书书架。为倡导勤俭节约、互助友爱的风尚，传递爱心，传承知识，图书馆设立了"漂流书架"，收集同学不用的书籍资料设专架陈列，供同学们免费使用，既节约了资源又方便了广大同学，成效显著。

3. 为倡导和鼓励学生多读书，读好书，开展"阅读星"推荐活动。在全校范围内评选"阅读之星"，评选借阅 TOP10 读者，并对获奖者进行奖励、追踪访谈和宣传报道。

通过营造良好的阅读氛围，图书馆已经成为广大读者理想的精神家园和读书交流场所。

传统体育的"华丽回归"

——记江苏师范大学体育文化创新之路

舞龙舞狮作为中国历史悠久和文化底蕴深厚的民族传统体育项目，近年来在海内外蓬勃发展。前不久，第九届中国大学生舞龙舞狮锦标赛在江苏师范大学体育中心开赛。来自北京、上海、安徽、广东、江苏等20余省市38所大学，近700名运动员汇聚古城徐州，进行"龙狮争霸"。

传统体育项目是传承与发扬传统文化的重要载体。数年来，江苏师大体育专业以弘扬传统文化为己任，以服务需求为导向，坚持内涵式发展与特色发展，推动了传统体育专业的"华丽回归"，走出了一条独树一帜的文化传承创新之路。

一、从传承到创新

提到江苏师范大学体育学院近几年最引人注目的"标签"，"中华五禽操"是其中最为耀眼的一枚。"中华五禽操"名字很新，但说到渊源可就很有来头了，东汉名医华佗的"五禽戏"就是这套健身操的原型。据介绍，现在成形的"中华五禽操"是江苏师大受教育部委托，从2009年开始历时4年，融合徐州悠久的汉文化，编创出的一套配乐徒手象形操。

"目前'中华五禽操'已被列为'国培计划'的重要培训项目，曾代表江苏参加第十届全国民族运动会获得综合类一等奖，创造了江苏代表团参加民运会以来的最佳成绩。"江苏师大体育学院院长周武介绍说。该校学生徐永进告诉记者，自从学校的五禽操作为江苏省第十八届运动会的开场表演项目后，全校掀起了争相学练五禽操的风潮。"五禽操简单易学，伴随着古韵十足的音乐，虎啸、鹿奔、熊晃、猿摘、鸟飞翔等动作形象生动，且容易让人喜欢，还能强身健体。"

舞龙、舞狮运动作为民俗和现代竞技体育有机结合的中华优秀传统体育项目，也一直受到江苏师大的高度重视。自学校2002年成立龙狮队以来，多次在国家级、省级大赛中获得嘉奖。2009年至2013年，该队连续获得江苏省大学生舞龙舞狮锦标赛北狮自选套路金奖；2016年，在江苏省第十八届运动会获高校部舞龙舞狮锦标赛竞速北狮银牌，在中华龙狮文化节上获传统北狮银牌。

二、从研究到实战

足球是江苏师范大学体育学院的传统长项。对于这一运动，从研究到实战，江苏师大取得了骄人成绩。该校体育人文社会学专业团队以汉画像石体育文化资源为基础，以蹴鞠为核心，形成了一系列标志性的体育史研究成果，在海内外具有一定的影响力。该校教授刘秉果、赵明奇出版了国内第一部足球史专著，证明了"足球起源于中国"，获得国际足联前主席布拉特的高度赞誉。西班牙环球制片公司受国际足联委托，专程来徐州与学校合作拍摄纪录片——《激情的诞生：足球的起源》之《中国蹴鞠》。

作为教育部批准的具有招收高水平运动员资格的高校，江苏师大培养了一支技艺精湛、素质超群的高水平女子足球队。学校充分发挥学科优势，大力推进教体融合，在对高水平运动员进行完整文化教育的同时，保证其接受系统的专业运动和训练。文化课程和专业训练的双管齐下、深度结合，使得江苏师大女子足球队近年来迅速崛起，捷报频传。

2015年，在省教育厅的统筹指导下，16所高校共同成立了"江苏省高校体育教育专业校园足球联盟"。作为联盟主席挂靠单位，江苏师大以校园足球为抓手，通过科学研究、课程教材研发、人才培养、竞赛组织等形式，致力于提高体育教育专业毕业生足球专业水准，以适应开展校园足球的要求。

三、从育人到惠民

当前，全民健身已上升为国家发展战略，江苏师范大学紧抓机遇，充分发挥专业优势，将育人与惠民有机结合，积极推进体育惠民，服务全民健身。

"舞动汉风"广场舞是徐州市民喜闻乐见的大众健身形式，该舞由江苏师大和徐州市体育局共同研发，体现了彭祖文化、汉代遗存与古典礼仪，彰显了城市特色文化底蕴。喜爱"舞动汉风"广场舞的市民徐女士表示，"这个舞蹈比一般的广场舞学起来要复杂一些，但一套动作跳下来浑身都非常舒服。""健身腰鼓"也是江苏师大打造的一项集健身、娱乐与传统文化为一体的全民健身体育项目。该校先后两次承办全国健身腰鼓(手拍鼓)培训班，培训骨干成员达180余人。

此外，江苏师大在校学生组成的"快乐足球"支教培训项目成立于2010年，该团队利用寒暑假及课余时间，通过对农村希望小学贫困学生以及进城务工人员子女进行免费足球教学和服务。迄今为止，已有近50名学生参与了"快乐足球"支教培训项目，与5家希望小学建立了支教关系，有500余名希望小学学生和外来务工人员子女接受了培训,得到了社会的广泛赞誉。

"从育人到惠民,江苏师大不断打造'中华五禽操'、'舞动汉风'广场舞、'健身腰鼓'等特色品牌项目,体现了学校文化传承的责任担当。"江苏师大副校长黄军伟表示,学校将进一步发挥专业优势,持续推进体育文化品牌建设,力争为促进全民体育事业繁荣发展作出更大贡献。

创编中华五禽操　传承中华体育文化

——江苏师范大学创编推广中华五禽操

江苏师范大学深入贯彻落实中央关于培育和践行社会主义核心价值观的意见要求和习近平总书记关于弘扬中华优秀传统文化系列重要讲话精神，立足"立德树人"这一根本任务和"文化传承"这一根本定位，积极探寻优秀中华传统文化的深刻内涵，依托学校所在地徐州地区汉文化优势和体育运动、学科专业优势，将开展大众体育运动与弘扬中国传统体育文化巧妙融合，编创中华五禽操，组建中华五禽操健身社团，在全省范围内普及推广中华五禽操，开展了一系列有声势有影响的特色活动。

一、科学研究、精心设计

学校党委和行政注重发挥高校在推进中华优秀传统文化创造性转化、创新性发展中的独特作用，在弘扬中华文化工作总体布局中把创新载体建设作为重点，组织协调校内汉文化研究院、博物馆、文学院、体育学院相关优势学科力量，深入挖掘传统文化资源，开发编创出中华五禽操。中华五禽操根据东汉名医华佗创编的五禽戏，依托徐州区域悠久的汉文化养生基础，运用现代体育运动理论，加入古韵悠扬的乐曲，通过模仿虎、鹿、熊、猿、鸟五种动物形态，配以调身、调心、调息的要求，达到内外合一、形神兼备的强身健体功效。与传统广播体操相比，中华五禽操每一套动作都在情景音乐伴奏下配以吟诵口令进行身体互动活动，其中每一个动作均被赋予一定的故事元素，每一节均有匹配的故事情节，所配音乐更加注重以音色和旋律的变化来塑造动物的形象和激发动作的表现，节奏上紧抓五禽的不同动作特点和气运缓急，使学生在锻炼身体的同时陶冶情操。

中华五禽操具有三方面的创新：一是融民族传统体育于现代体操为一体，丰富了学校大课间操和课外活动的内容和形式；二是拓展了五禽戏的用途，以象形仿生的动作提高了学生的运动兴趣，增强了锻炼效果，促进了学生综合体能的提高；三是配以传统文化素材的音乐吟诵，创新了传承优秀文化的载体，推进了学校体育的文化发展。目前,根据不同年龄阶段的学生特点,我们已设计出了幼儿、小学1-3年级、4-6年级、初中、高中、大学等多套不同的动作样式,成功探索出一条通过体育锻炼践行社会主义核心价值观、弘扬中华传统文化的新路,不断提升广大师生对社会主义核心价值观的文化自觉和精神共鸣,进一步增强了对中华文化的认同。《光明日报》、人民网、新浪网等主流媒体进行了专题报道。

二、依托社团、积极推广

为做好中华五禽操的推广、普及和认同,学校成立中华五禽操健身社团,吸收社团固定会员415名,流动会员2000余人,辐射全校两万余名师生。社团先后举办了中华五禽操武术文化展演等极具特色和影响力的社团活动,参与了南京青奥会"砥跑江苏"网络火炬传递仪式、江苏省第十八届运动会开幕式五禽操展演、江苏省第十八届运动会高校部跆拳道比赛开幕式展演等多项大型社会活动,组织开展了南京青奥村中华五禽操公益教学与国际交流、五禽操进社区、乡村支教等形式多样的公益活动,活动期间,我校中华五禽操展演得到了江苏省委省政府领导和青奥会组委会领导的肯定,在青奥会和省运会期间掀起了一股弘扬传统体育文化之风。

社团定期在校园范围内开展以"汉风武韵"为主题的中华传统文化校园宣讲活动、中华五禽操的校园展示和比赛活动,利用暑期社会实践,深入南京、徐州、宿迁、淮安、连云港等五市的13所中小学,开展"中华五禽操"宣传推广活动,让青少年通过这种既蕴含传统文化又不失趣味时尚的体育锻炼方式,强健体魄,润养心神,实现青春梦想。中华五禽操健身社团的相关活动得到了国家体育总局官网、新华网、凤凰网、中国江苏网等多家主流网络媒体和江苏卫视、南京电视台、徐州电视台、灌云县电视台等多家电视媒体的广泛关注与报道。

三、对接需求、辐射全省

依托传统文化典籍创编和推广中华五禽操是提升青年身体素质的重要载体和有效途径,是体现和传播科学健身理念、强健青年体魄的重要举措,是将社会主义核心价值观与中国传统文化内化于心、外化于形、固化于制的重大需求。中华五禽操从创编到推广普及的全过程得到了教育部体卫艺司及江苏省教育厅体卫艺处的大力扶持和重点推广。教育部专门组织专家组对中华五禽操进行了项目鉴定,专家组认为:中华五禽操提高了青少年体育锻炼的兴趣,解决了学校体育面临的一个困境,同时弘扬了中华优秀传统文化,在教育中让中华文化润物细无声,还可以加大力度进行国际化推广,弘扬我国传统文化精髓。

江苏省教育厅发布的《江苏省义务教育体育与健康课程实施方案(试行)》明确规定体育教学有三类必学项目:基本活动技能、武术、体育与健康知识,中华五禽操被列入武术课的"学习主角"。目前,中华五禽操的教学和展示活动已辐射全省13市,并逐步以中小学课间操的形式在全省一千余万中小学生中实现全面推广。在高校层面,中华五禽操已经成为江苏师大学生体育训练和课外活动必修项目,且正通过校际间交流逐步向全省高校推广。

守正传承　以文化人　>>>

文化薪火照亮精神恒途

——江苏师范大学积极弘扬汉文化系列活动相关做法

文化是民族的血脉,是人民的精神家园。中华传统文化博大精神、源远流长,铸就了生生不息、厚重磅礴的中华文明之魂。社会主义核心价值观是中华优秀传统文化在当代中国的集中体现。习近平总书记强调,培育和弘扬社会主义核心价值观必须立足中华传统优秀文化。江苏师范大学高度重视传统文化的柔性浸润作用,在培育和践行社会主义核心价值观的过程中,立足于中华优秀传统文化的继承与发展,并结合独特的汉风地域文化主题,拓展了新视野,探索出新路径,收获了新成果。

一、舞汉风扬汉魂,传拓地域文化

江苏师大坐落于两汉文化发源地的古城徐州。巍巍汉风,悠悠古韵,是江苏师大人心头挥之不去的汉代情结。多年来,学校始终致力于汉文化的传承与创新,将汉文化中崇尚的"重礼守信"与社会主义核心价值观的培育践行相结合,舞动汉风,弘扬汉魂,传拓地域文化,服务地方发展。

(一)首创"汉服毕业礼"

穿汉服,奏汉乐,行汉礼——学校借助区域文化优势,汲取新世纪以来方兴未艾的汉服运动精华,设计出了"汉服学位服",并自2012年起融合汉唐礼仪举办硕士研究生毕业典礼。毕业生们身着汉服,伴随汉乐,在赞礼的主持下施行汉代三拜之礼,感恩父母师长和母校,齐声诵读毕业誓词。古老的仪式更添庄严,感召着即将离开母校的毕业生们常怀感恩之情,常持进取之心。汉服毕业典礼既弥补了纯西式的学位服无法体现中国文化特色与中国精神的遗憾,又充分传达毕业典礼的精神意涵和社会意涵,使古老的文化传统与现代仪式文明水乳交融,相映生辉。

(二)编创"中华五禽操"

《中华五禽操》是江苏师大受国家教育部体卫司委托,历时4年,根据东汉名医华佗的"五禽戏"为蓝本,结合青少年身心特点创编的新型健身操。该健身操于

2013年12月正式通过教育部专家验收并在江苏试点推广,或将替代现行广播体操。《中华五禽操》是在华佗"五禽戏"的基础上创制的。《中华五禽操》的编创体现了虎、鹿、熊、猿、鸟的形,更突出其"神",结合现代美学要求,做到了动作简单易学,姿势优美大方。每一套动作都在音乐伴奏下,配以诗词吟诵和相应的故事情节,习练此操不仅能够强身健体,还能感受到我国传统诗词乐律文化的熏陶。

(三)编纂"汉百科全书"

为更好地贯彻落实省、市"舞动汉风"战略部署,学校于2007年建立了汉文化研究院、2010年启动建设汉文化创意产业园、成立苏北文化产业研究中心等机构,这些科研机构既是产学研一体化的研制开发中心,又是教学科研的实习基地和高层次人才的培训中心。通过产业园孵化的大学生创业项目"徐州鼎杰文化创意有限公司"被评为全省64个最具潜力大学生创业项目。2012年底,在江苏省教育厅主办的首届科技创新创业成果交流会上,学校精心设计的"文化创新呈大汉之美,环境优化引创业潮流"主题展区特色鲜明、内容丰富,获得了参会领导及各界人士的广泛好评。2013年3月,汉文化研究院联合文学院、校博物馆等单位共同编纂《汉学大系》,旨在全面整合汉文化相关历史资料和研究成果,推出汉文化研究的科普性、学术性、权威性"百科全书"。2015年8月,由学校王健教授率队主编的《徐州简史》首发,该著作第一次系统地梳理了徐州上至远古、下至本世纪以来的历史发展脉络,史论精辟、宏微相济,为传承徐州历史文明、延展地域乡土文脉提供了宝贵的人文资料。

(四)涵育"汉文化品格"

2013年,江苏师大在原有"艰苦创业,厚重笃实"的校园精神基础上,结合学校事业发展新态势,凝炼出"守正出新 坚志勇为"的新时期校园精神。"守正"与"坚志"较好地诠释了学校代表的地域文化色彩,与徐州刚健有为、豪情正义的人文底蕴高度契合,"出新"与"勇为"则显示了胸怀天下、放眼国际的大校风范。此外,学校还设立了"两汉文化讲堂""润德讲堂""国学周""汉风学社"等校园文化项目,努力培养大学生深厚的家国意识和民族情怀,进一步激发文化自觉、提振文化自信、催生文化自强。

二、以优势创特色,弘扬传统文化

社会主义核心价值观倡导的"爱国""诚信""友善"等观念与中华传统文化中蕴含的道德内涵和人生信条一脉相承。江苏师大充分发挥人文社会科学优势,将文化传承创新融入社会主义核心价值观培育践行的全过程。

(一)诵读经典,打造诗词校园

作为全国语言文字工作先进单位,江苏师大充分发挥学科优势,把经典诵读作为弘扬中华传统文化、培育和践行社会主义核心价值观的重要抓手,倾力打造"诗词校园"。学校依托学科优势,围绕语言能力及教育进行专题研究,建构了"母语素质"的概念,提出了"强化高师学生母语素质,提升公民语言能力"的理念,并构建了母语素质"两维四面三层"的塔形结构,以高端的学术成果引领经典诵读活动的勃兴。大力开展以弘扬中华传统文化为主旨的经典诵读活动,扶持明星社团,打造古朴雅致、和谐温文的"诗词校园",让学生在感悟经典魅力的同时,领悟中华优秀传统文化的魅力,加深对社会主义核心价值观的情感认同。此外,为使这种认同外化于行,学校还广泛开展社会实践活动,2013年,"经典诵读到乡村·关爱邳州农村留守儿童"活动被评为江苏省"全民阅读·手拉手春风行动"优秀活动项目奖。

(二)突出传统,形成特色品牌

在江苏师大,传统文化类活动广受喜爱,经久不衰。学校的"中华母语节"每年举办一次,至今已经举办了五届,包括经典诵读大赛、规范汉字书写大赛、诗词歌赋创作大赛等多项子活动,是最受师生关注和欢迎的校园文化活动之一;学校利用传统节日开展经典诵读活动,已多次举办"我们的节日·清明篇""我们的节日·端午篇"经典诵读晚会;文学院的广场诗词吟诵大赛、卓培部的"我爱记诗词"等活动也都形成了各自的传统和特色。学校开展非物质文化遗产进校园活动,激发师生学习传统文化的热情,进一步丰富知识,拓展视野,培养品质,增强爱国主义情感。成立于1993年的校舞龙舞狮协会将传统舞龙舞狮不断发展完善,使这一寄托着中华民族精神图腾和气质风范的体育项目不断发扬光大,连续三届蝉联江苏省舞龙舞狮大赛冠军。组建于2010年的江苏师范大学汉乐团是全国第一个重现汉代器乐合奏风范的大型乐团,乐团按照中国古代以九为尊的礼制,组建了99人的演奏团体。这种"学校资助、社团搭台、学生唱戏"的制度模式给青年学生提供了亲身体验、展示传统文化魅力的舞台,促使他们自觉将社会主义核心价值观融入自我教育、自我管理的全过程。

社会主义核心价值观充分体现了对中华优秀传统文化的传承和升华,在培育和践行社会主义核心价值观的过程中,传统文化如熊熊薪火,照亮着这一精神恒途。江苏师范大学将进一步借助区域文化优势,结合语言文字工作特色,发挥文科高校特长,不断探索培育和践行社会主义核心价值观的行之有效的新途径。

江苏师范大学实施"榴光溢彩"少数民族学生引领工程

教育部简报

江苏师范大学实施"榴光溢彩"少数民族学生引领工程,通过共建、结对等形式,帮助少数民族学生实现"我在内地有个家"的期待,推动参与引领工程的导师、益友、伙伴达成"我在边疆有朋友"的心愿,促进各民族师生像石榴籽那样紧紧抱在一起。

"曙光导师"提高少数民族学生综合素质。由部分二级学院党委(党总支)书记、副书记和机关处级干部担任"曙光导师",通过谈心谈话、活动参与、暑期家访等方式深入开展民族团结教育,引导少数民族学生树立正确的国家观、民族观、价值观。通过开展"家乡经济文化调研""边疆摄影展"等活动,帮助少数民族学生坚定中国特色社会主义道路自信、理论自信、制度自信和文化自信。通过"人物生涯报告会""求职技能辅导""模拟面试"等活动,提升少数民族学生的就业创业能力。积极引导少数民族学生参与校园文化活动和学生自主管理,全面提高综合素质。

"韶光益友"解决少数民族学生生活难题。由各学院辅导员、学工部门工作人员担任"韶光益友",通过深入宿舍、课堂、访谈、定期约见等方式扎实开展法治教育、心理健康教育,增强学生守法、守纪、守规意识。通过开展"民族团结联欢会""民族文化讲堂"等活动鼓励少数民族同学主动融入学校、融入集体。在日常的相处中,结合少数民族学生的实际情况,及时协助解决其生活难题。

"星光伙伴"提升少数民族学生学习能力。由优秀学长担任"星光伙伴",通过"一起学习""一起讨论""一起活动"等形式实现朋辈互助,促进民族交流。强化对少数民族学生日常辅导,对结对对象弱项课程进行精准帮扶,帮助其掌握学习方法。大学生发展中心定期通过"周末课堂""专题辅导"等形式对少数民族学生难度较大的课程进行集中授课、辅导答疑。

江苏师范大学探索青年志愿服务新模式

江苏师范大学改变传统"输血式"志愿服务模式,积极探索"造血式"志愿服务新模式。

"项目管理"模式。依托民政部首批社会工作专业人才培训基地,在大数据和统计量表筛选的基础上,精心设计帮扶项目,精准对接帮扶。"新风"志愿服务队定期到徐州市福利院、铜山县聋哑学校、徐州市培智学校等单位开展帮扶活动。"儿童爱心设计营"走进社区教幼儿唱歌、跳舞、画画、做手工。"漂流瓶"志愿者协会赴陕西省渭南市澄城县沟西希望小学开展义务支教活动。目前,学校共成立青年志愿者组织31个,建设志愿服务基地78个,注册志愿者5758名。

"赋权反哺"模式。长期开展"'太阳盒子'——赋权反哺志愿服务行动",将外界帮扶与自身增能相结合,赋权反哺、授人以渔,通过建设农民工子女志愿服务"小领袖、小团队、小盒子、小基金"四小志愿服务体系,促进农民工子女自我责任、家庭责任、社会责任、国家责任的觉醒与成长。该项目荣获全国首届志愿服务项目大赛金奖。

"双向互动"模式。开展"青春伴夕阳"志愿服务活动,青年志愿者与退休老教师及有特殊困难的老人签订"爱心户口本"、结对组建"爱心家庭",针对他们在购物消费、寻医问诊、家政服务、家电维修、生活照料等方面的困难提供"按需服务"。志愿者在帮扶过程中与老教师开展"技能交换",在学术问题、职业规划、成长困扰等方面得到老教师的悉心指导,获得道德修为、治学精神、生活智慧等方面的启迪,在双向互动中实现"增能成长"。

江苏师范大学扎实推进卓越人才培养工作

江苏师范大学坚持把人才培养作为学校的中心工作,依托学校卓越人才培养强化部,以提高培养质量为核心,创新卓越人才培养模式,努力培养符合社会需求的高级专门人才和拔尖创新人才。

建立健全各项规章制度。贯彻落实本科卓越人才培养相关规定,不断总结和探索卓越人才培养工作中的实践经验,聘任专业导师59位。制定卓越人才培养强化部专业导师考核实施办法、卓越人才培养强化部实践导师选聘和考核办法,为导师制实施提供制度保障。

修订完善人才培养方案。在完善各项规章制度的同时,积极构建科学的教学运行监控体系,通过班级专业学习信息员等途径,多渠道了解日常教学工作状况。针对教学计划实施过程中的具体问题开展专题调研,及时与开课单位、任课教师以及相关单位进行沟通,及时发现问题解决问题,以保证教学运行工作的正常有序进行。注重过程管理,加强专业思想教育,组织开展专业发展瞭望论坛,分专业举办学科前沿动态讲座。通过兄弟高校调研,召开专家研讨会、学生和教师座谈会等形式,进一步修订和完善卓越人才培养方案。

强化创新实践能力提升。组织学生参加科研训练活动,通过参与导师课题研究的形式强化科研训练。鼓励学生申报大学生实践创新课题,组建科技创新团队和创业团队,让更多的学生有机会参与大学生创新实践活动。组织学生参加希望之星英语风采大赛、全国大学生数学竞赛、校英语单词听写大赛,并取得了良好成绩。积极创造条件,拓宽大学生境内外交流的平台,积极推动与北京师范大学等知名高校合作,接受该校部分学生短期交流学习。

重视拓宽学生国际视野。鼓励和支持学生参加海外游学和毕业后出国留学。组织"大学生发展瞭望论坛"国际化视野专题。组织学生分别前往美国、英国、加拿大和澳大利亚等世界名校进行短期的学习和交流,面向低年级学生开展海外游学的专场宣讲会。组织学生参加香港中文大学青年领导力培训班。

江苏师范大学微信讲述"好故事"

江苏师范大学积极运用新媒体手段,努力增强官方微信的服务功能,提高微信的黏性;精心策划宣传内容,提高官方微信的吸引力,讲好中国故事、本校故事,起到了润物无声的宣传教育效果,被师生誉为"指尖上的德育"。

学校把微信作为数字化校园建设重要组成部分来抓,投入专项资金对官方微信服务号——"江苏师范大学"进行了二次开发。开发后的微信实现了其后台与学校统一身份认证系统及校园信息系统的对接,师生可以实时查阅校园新闻、通知公告、校内文件、招生信息和就业信息,可以查询学校课程安排、上课地点、考试成绩、图书馆书籍信息、校园卡状态和学校电话号码,可以进行互动互助等。服务功能的实现使学校官方微信迅速在学生中走红,目前绑定用户为23000多人,平均每天互动人数达500人次。

每期微信都特别注意增强标题的凝炼性、内容的故事性、语言的感染性、阅读的便捷性,对新闻信息进行"深加工",提高传播的有效性。本着"三贴合"——贴合时事、校园、生活的原则进行组稿,如结合时事推送雷锋日记、核心价值观等内容,结合校园生活策划"我和春天有个约会"校园通讯,结合学校重大事务推出专题校园评论,结合师生特点推送科技前沿探索,结合校风学风建设推出"学霸""学术超人"和"爱岗敬业"模范等身边的榜样,让正面宣传有机融入日常工作生活之中,潜移默化、润物无声。精心策划"时针上的江苏师大"系列主题微信——"师大的24小时""辅导员的一天""寒假的一天"等,用真实的生活照片、质朴的网络语言,影印出一张张鲜活感人的真情瞬间,编织出一个个江苏师范大学敬业爱生、积极向上的图片散文故事,受到师生的广泛关注和好评,每期阅读量高达1万人次,转发5000余次,内容的转发评论使教育效果进一步向外辐射。

鉴于已推出的"时针上的江苏师大"主题微信深受师生喜爱,该校计划将其打造成为微信的精品栏目、品牌栏目。计划陆续推出"学霸的一天""师德模范的一天""青年教师的一天""后勤职工的一天""校长的一天"等,从而引导师生都来思考自己的一天,并在此基础上面向全体师生征集"我的一天",努力发现和挖掘凡人之美、生活之美，讲好普通人追梦圆梦的精彩故事，释放校园正能量。专题积累到一定数量后还将结集成册。

学生最了解自己的需要和兴趣点，为此学校着力打造了一支学生队伍——新媒体中心。该中心有50多名大学生，来自10余个学院，在文字编辑、摄影摄像、创意制作等方面各具特长。为调动大学生社团的创作积极性，学校对新媒体中心成员进行定期的评奖评优，使推出的每一期微信都成为精品。

第五篇 05
活动案例

江苏师范大学举办特别成人礼
过"雪山草地"纪念长征胜利 80 周年

中国江苏网

2016 年 11 月 5 日下午,徐州市云龙湖风景区中一群扛着红旗、穿着红军服装的年轻人吸引着路人的目光。原来,这群穿着红军服装的年轻人,是来自江苏师范大学敬文书院的学子,他们正在开展纪念红军长征胜利 80 周年红色定向越野暨成人礼活动。

一、红色定向越野——体验长征艰辛历程

为纪念红军长征胜利 80 周年,江苏师范大学敬文书院特举办了"传承长征精神,争做四有青年"的红色定向越野比赛,本次活动由 2016 级新生和学生党员共组建了 10 支队伍,每支队伍都有自己特有的名称,"瑞金队""遵义队""井冈山队"……这些在长征路上有着重要历史意义的地点成为了本次活动队伍名称的来源,"当我从老师的手中接过队旗的那一刻,我感觉自己仿佛回到了那个革命时代,自己也不再只是一名当代大学生,而是一名真正要踏上长征之路的红军小战士",湘江队的队长张睿涵同学如是说。每个队伍在赛前都领取到了活动的路线地图,湘江之战、遵义会议、过草地、四渡赤水、飞夺泸定桥、直罗镇大捷、血战独树镇、胜利大会师,这些在红军长征中的八大事件,也成为了每支队伍要完成的任务,如在"遵义会议"环节需要确定团队负责人和团队的前行路线等,在"过草地"环节,需要在草地上通过参与"有轨电车"的拓展项目,感受齐心协力,共同前进的力量。"会宁队"成员甄方正同学在参加了"飞夺泸定桥"活动后,这样描述自己的感悟,"虽然眼前没有那时的硝烟,但是参与在活动里的那一刻,我仿佛听到了冲锋号那响亮的声音,今天能用这样的方式向英雄们致敬,我感觉自己既需要感恩,更需要珍惜。"

二、新生成人礼——铭记青年使命与担当

作为江苏师大敬文书院的新生成人礼的组成部分——红色定向越野比赛全程约为8.6公里,是对青年学生意志和身体的强大考验。区别于往年举行的汉式成人礼,此次活动结合了红军长征主题,在长距离的行走中每支队伍要团结协作、克服种种困难等问题,让参与活动的同学们对使命和责任有了更深刻的认识,践行长征精神,踏上人生更高的阶梯。本次活动还吸引了众多学生家长前来观礼,大部分家长徒步随队前进,与同学们一起体验了一次难忘的成人礼。特意从扬州赶来的詹晨萱同学的母亲,这样评价此次活动,"我们孩子在高中的时候也有成人礼,但是这一次成人礼活动,贴合了红军胜利80周年的时代背景,加深了孩子对长征的认识,锻炼了孩子的体力,与孩子的共同前进,也让我们家长觉得更有意义。"

历经3个小时,此次红色定向越野暨成人礼活动顺利结束,张雨欣同学这样描述自己的体会,"继承和弘扬'长征精神',之前我感觉离我挺远的,但是参加了这次活动之后,我感觉其实挺近的,因为使命已在我们心头。"

"自我造血"为留守儿童带来免费足球

——江苏师大"快乐足球"公益项目探索志愿服务新模式

中国教育报

"下底要快！传中！包抄……"日前，大四女生李晴正在足球场上指导城市外来务工人员子女进行足球技战术训练。这是李晴陪这群孩子度过的第三个暑假。

2012年，李晴所在的江苏师范大学成立了"快乐足球"公益培训机构，一群退役后进入该校深造的中国女足运动员，利用开展商业足球培训所积攒的资金和装备，免费在寒暑假为农村留守儿童和城市外来务工人员子女进行足球教学，目前已经坚持了四年。整个团队从无到有、从小到大，已陆续辐射到江苏、山东、陕西、浙江四个省的27所小学，受益3000多人次，志愿服务总时长近1000小时。

这一公益培训机构不但拥有包括李晴在内的多名女足一级运动员做教练、会集了周边高校百余名志愿者，还聘请亚运会体能训练师担任技术顾问，并与数家足球职业联赛俱乐部签署合作协议，定期为他们选拔输送适龄足球苗子试训。

在不久前结束的江苏省"创青春"大学生创业大赛中，李晴作为公益创客，带领她的"快乐足球"团队以压倒性优势斩获金奖并顺利入围国赛。八月，"快乐足球"在当地民政局正式申请"民办非企业单位"，预计在未来5年，这家校园足球公益培训机构将再吸纳300名左右的足球专业人士参与到志愿活动中。

这个暑假，李晴的"快乐足球"支教团队分赴江苏南京、淮安、连云港、宿迁和江西宜春等地10余所小学开展足球支教暑期社会实践活动。"以前做志愿服务总是省吃俭用，训练时连水也不舍得给孩子们买，现在我们出去支教，'粮草'特别充足，女生还有防晒补贴呢！"李晴对记者说。

据了解，目前"快乐足球"公益培训机构的收入来源包括出售教材、青训系统、线上教学、加盟连锁等多种方式，除去部分政府支持和社会赞助外，团队自主收益占到80%，基本实现"自我造血"。

"利用可持续发展模式进行青少年足球公益推广普及，为大学生社会实践开辟了一条新路。"团中央学校部部长杜汇良在徐州调研时这样评价"快乐足球"公益项目。

中华传统文化经典诵读示范活动举行

中国青年报

2015年11月25日,由共青团中央宣传部、共青团江苏省委共同主办的"诵经典·讲礼仪·传美德"中华传统文化经典诵读示范活动在江苏师范大学隆重举行。

展示活动分为盛世豪情、尚和求同、君子之风三个章节。第一章节包含抒发治国豪情的汉代作品《大风歌》、表现人民安乐的《桃夭》、寄托青年希望的近代名篇《少年中国说》等文化经典,歌颂了富强民主文明和谐的国家蓝图;第二章节包括古典诗词《南风歌》《卿云歌》、蕴涵着朴素英雄观的乐府诗作《木兰辞》、展示人与自然相处之道的舞蹈《中华五禽操》等节目,传达了崇德向善、天下大同的社会愿景;第三章节通过带领观众重温赞美友谊与古风的《高山流水》《阳关三叠》等传统乐器经典曲目,弘扬诚信友善、修身齐家的个人理想。展示活动通过民乐演奏、诗词群诵、舞蹈、朗诵等不同形式展现了我国博大精深的文化经典魅力与传统美德精髓。

以本场展示活动为标志,"诵经典·讲礼仪·传美德"中华传统文化经典诵读活动将在全国深入开展。据悉,共青团中央主办经典诵读活动,旨在大力弘扬传统文化魅力,激发社会青少年学习热情,引导他们理解和掌握中华传统文化精髓,自觉培育和践行社会主义核心价值观。活动正在线上征集青少年自主创作的中华传统文化经典诵读音频及短视频作品,主办单位将择优给予奖励并推荐精品到团中央微博微信、Be My Guest"为你读诗"微信、中央人民广播电台"中国之声"和秒拍视频等平台集中展示。

江苏师大给毕业生发"大学账单"

扬子晚报

四年大学里,你在图书馆借过多少书,到食堂刷过多少卡,每个学期考了多少分?日前,江苏师范大学举行的毕业典礼上,一条校方为所有应届生私人订制的"我的大学"微信,触动了毕业生们的心弦。记者了解到,该则被学生戏称为"大学账单"的微信包含了几十种学生学习、生活各方面的信息,所有数据是学校一支十多人团队花费了半年多时间采集而来,不少毕业生直呼这是史上最有温度的毕业礼物。

毕业季年年有,今年的江苏师范大学算是赚足了各界眼球。前不久,该校为所有毕业生私人订制了一枚银质毕业戒指,而在该校的毕业典礼,学校再出"催泪杀招"——为所有毕业生私人订制了"我的大学"微信。

当记者打开该条微信,一下子感受到了强烈的煽情风。微信中,将江苏师大标志性的建筑一一呈现,毕业生在微信入口,输入个人信息后,就能看到一个个数据了。这些数据总共分为三大类,一类是学生的个人基本信息,比如入学时间、军训时间等;一类是个性数据,比如图书馆借了多少本书,在食堂总计消费了多少钱,每学期考试成绩;一类是母校大事记,比如校庆、学校更名等。值得一提的是,大部分数据还附上了排名信息及点评内容,比如在图书馆借书统计中,每名学生借阅量在所有毕业生中排名,低于平均数值的,微信还进行了调侃。

这条"我的大学"微信礼物刚一揭晓,就受到了毕业生们的欢迎,因访问量巨大,微信一度无法登陆。不少学生表示,毕业意味着离开,而这份礼物能让自己将大学的回忆长久保存起来,不少人戏称这份"大学账单"是史上最具温情的毕业礼物。该校学工处副处长王友建介绍,"我的大学"微信创意借鉴了淘宝十年账单做法,由该校教师、学生组成的一支志愿者团队,花费了半年时间,采集每一个学生的各项数据,再进行归纳整理,保证每个人的信息既全面又"私人订制"。王友建表示,数据采集中,最大问题是如何保证学生的个人隐私,数据采集团队与每一个信息提供源均签订了保密协议,承诺只将个人信息用于"我的大学"微信,且访问权只提供给每一个毕业生个人。

舞出手鼓交汇中的知性美

——江苏师范大学健身舞蹈协会活动侧记

腰间横挂轻巧小鼓,身着蓝白相间服装,伴着音乐翩跹起舞,动作整齐划一,微笑优雅自然,这是江苏师范大学健身舞蹈协会的16位成员,5月13至15日在张家港举办的2016年全国健身秧歌、健身腰鼓和手拍鼓大赛中比赛的场景。最终,凭借出色的舞蹈表演,她们夺得了手拍鼓B组规定套路第一名,荣获全国比赛一等奖。

此次大赛由国家体育总局主办、江苏省体育局和张家港市人民政府承办,共有来自全国各省市自治区的38支代表队483名运动员参加比赛,高手如云,竞争激烈异常,我校由女教工组成的参赛队伍在众多团队中脱颖而出,为学校争得了荣誉。

一、运动气息,人文风韵

在一个下着蒙蒙细雨的周五下午,我们见到了校健身舞蹈协会曹芳平会长,她浑身洋溢的运动气息给我们留下深刻印象:一束高扎的马尾,简洁的白衬衫搭配粉色运动裤,微笑着健步走来。回忆起那天比赛的情景,曹老师仍有些兴奋:"比赛当天,虽然我们定的时间是7点开始化妆,8点进行集体排练,10点比赛正式开始,但是大家都很兴奋,起得很早,有的队员在宾馆的房间里还在不断地重复练习舞蹈动作。我们是手拍鼓的B组,上台前大家反而平静下来,每个人都很专注,希望能够表现团队最好的一面,当然表演过程中心情特别激动!"

好成绩的取得,不仅与参赛队员紧锣密鼓的辛勤排练相关,参赛队员的自身条件也是一个重要原因。身高优势便是我校参赛队伍的一大亮点,参赛成员的平均身高接近一米七,智慧教育学院周媛媛副书记一米八二的身高更是成为比赛中一道亮丽的风景线。曹老师还自豪地表示,高校女教工自身具有知性美,这种由内而外的优雅气质很大程度上影响一个人的精神面貌,生活在文化底蕴深厚且风景宜人的大学校园中,这本身就是一种熏陶;其次,她们还从事着教书育人的工作,更让她们在举手投足间体现出人文风韵。手拍鼓与女教工的组合,擦出了别样的火花,立刻点亮了舞台,也给评委留下深刻的印象,自然会区别于其他参赛队伍,最终脱颖而出。

二、全力备战,累并快乐着

这学期开学刚一周,队员们便开始了备战工作,平均一周训练三次,利用的都是中午和晚上以及周末的空余时间,比赛前半个月的冲刺训练有时甚至会持续到晚上九点多。参赛女教工们平均年龄为40~50岁,共16人,其中6个为体院老师,其余10人则是来自机关和学院的普通管理干部和教师,她们都是我校健身舞蹈协会的成员。协会面向全校女教职工,旨在丰富我校女教职工的业余生活。平时协会的活动主要是广场舞、健美操或是健身舞蹈等,可以说她们经常和舞蹈打交道,但对于手拍鼓舞蹈还是第一次接触,同时又缺乏专业上的指导和训练,所以几乎都是从零开始。

学校对这次比赛十分重视,在各方面给予了全力支持,专门找到张惠春老师作为此次排练的专业教练。张老师带领大家精心设计表演动作,刻苦训练,一遍遍地完善与提高。说到这里曹芳平老师表示深为感动,采访间隙,她还多次表示对张老师的赞赏与敬佩。

克服了舞蹈专业方面的困难后,接下来是队员们的自身难关,女教工们在家庭中都扮演妻子和母亲的角色,而且多半年近半百,在身体和家庭方面都或多或少会碰到困难,曹芳平老师的腿曾因高强度的训练而无法动弹;有的队员甚至会在睡梦中还想着排练;李丹副书记和陈琛老师曾因训练需要,不得不将孩子带到训练场地;为了不拖团队的后腿,法政学院副书记朱媛媛老师面临出差任务时,甚至请热心同学帮忙站位,结束工作后立即加紧排练,以便跟上大家的步伐……不仅如此,在手拍鼓队伍中还有很多担任领导管理干部的队员,但她们在训练中从不摆架子,而是以普通队员的身份严格要求自己,细抠每一个动作,专注每一个细节,16名队员将爱转化成一种责任,怀揣着团队精神,奋力协作,尽力克服自身的困难来配合排练的进度,争取发挥到最好。当成绩最终揭晓的时候,她们知道,这一切的付出都是值得的,正如曹老师所说:"真的很累,但是很开心!"

校领导也一直关心着队员们,校党委岑红副书记对大家进行赛前动员,让大家卸下精神负担,极力提高大家的比赛积极性;副校级调研员孙秀华校长更是全程参与,充当临时教练的角色,并和校工会潘永亮主席作为领队和大家一起奔赴张家港参赛。这些支持与鼓励是支撑队员们走到最后的重要力量。

三、爱运动,就是年轻态

众所周知,运动不是只属于某个年龄层的阶段性活动,而应该是一种值得相伴终身的健康状态。当被问及我校教职工及学生体育锻炼的现状时,曹芳平老师不免惋惜地说:"现如今的运动呈现一种老龄态趋势,像我校周边随处可见的广场舞、广播操等很多都是中老年人在做,而我们大学生的运动更偏向于目的性和被动性,缺乏自发性意识,大都局限于网络世界的指尖运动。"曹老师从教 20 多年,在体育运动方面有自己的独特见解,她认为体育运动可以展现年轻人的朝气与活力,彰显青春魅力。除此之外,体育社交也是很重要的一点,在体育中可以强身健体,发现志同道合的运动伙伴。运动还可以作为学习的调节,以便更好地投入学习生活,一举多得。

在曹老师的眼中,校健身舞蹈协会建立初衷便是从健身的角度,使得女教职工在事业和家庭的夹缝中开辟一条通向年轻态的道路,缓解和释放自己的生活压力,找到归属感与自信,同时也可以展现我校女教职工的风采。

"体育锻炼并不是四肢发达头脑简单的代名词,真正的运动是要找到一种适合自己的锻炼方式,只有深刻挖掘才能发现其中的乐趣,就如现在学校中推行的五禽操、全运会等各种形式的活动,都是作为一种积极的方式来鼓励大家参与到运动中,感受运动所带来的美与乐,"曹老师针对我校体育运动锻炼说道,"当然,最重要的还是一种终身健身的意识。"

这就是我校健身舞蹈协会的成员们,她们爱舞蹈,爱运动;她们有优雅气质,也有团队精神;她们在运动中保持年轻态,在手鼓交汇中舞出属于高校女教工的知性美。

第六篇 06

人物榜样

美女教授和她们的任性青春

站上讲台,她们是引经据典、传道授业的知性女神;走进校园,她们是仪态万方、气质爆表的亮丽风景;回归家庭,她们是上得厅堂、下得厨房的贤妻良母……她们是江苏师范大学由50多名教授组成的"女教授联谊会"。

见过她们,你会自行撕去对女博士、女教授"黄金剩斗士""灭绝师太""面若恐龙"的固有标签。事实上,女博士、女教授的青春也任性。

关上偏见之窗,且看江苏师范大学"美女教授"们轻歌曼舞的多彩青春。

一、高知女性其实是这样的

"一所高校里能有50多名女教授,而且是正教授,在徐州的高校中,估计只有我们江苏师大有这样的阵容了。"江苏师范大学党委副书记岑红自豪地说。

在岑红眼中,让她感到骄傲的不仅是女教授们的知识渊博、学历高端,更因她们一个比一个漂亮,一个比一个有气质。

"美女教授"们到底有多美?岑红教授讲了这样一个有趣的例子。在今年江苏师范大学首届嘉年华跨年晚会上,20多位女教授集体亮相,统一的黑色长裙,红色围巾,一首女生合唱《香格里拉》艳惊四座,这事儿很长时间一直被学生们津津乐道。后来,照片被发上了网,引来不少人质疑:"女教授、女博士哪有这么靓的啊?肯定有滥竽充数的!"但事实上,这是清一色的女教授、女博士,而且还不是江师大"女教授联谊会"的全部成员。

耳听为虚,眼见为实。3月4日下午,美女教授们又一次集体活动———11名美女教授受学校工会委派,赴贾汪江苏师大附属试验学校参加"爱在春天 共话成长"主题活动,记者得以近距离接触这个经常被黑化成"妖魔"的群体。

虽然有了岑红的前言铺垫,但真见到这群美女教授时,记者还是不大不小地吃了一惊。十多位女教授或盘头、或马尾、或长发披肩,淡淡的妆容恰到好处,得体的衣着各显风采,散发着女性特有的优雅,还真有"腹有诗书气自华"的知性和端庄。这样养眼的场景,简直美得十分任性啊。

会保养、会化妆、会穿衣,女教授们还这么时尚?完全不按常理出牌啊!这场面让素面朝天的记者默默地坐到了最后一排。

一路上,说笑声、嬉闹声不断。美女教授们相互聊工作、聊时事、聊孩子、聊化妆、聊衣服、聊旅游,听着听着,记者发现,她们原来也上某宝、某东,知道静脉曲张袜,晓得哪个牌子的睫毛膏好,甚至还对很多明星八卦了如指掌。听着,也让人醉了。

到达目的地,11位女教授往台上一站,就有人啧啧称赞:"你看这气场,太强大了!"会后,记者对其中的几位"美女"进行采访,她们兴奋地描述起平日里多姿多彩的生活。江苏师大教务处副处长刘莹教授告诉记者:"女教授其实也是普通的好女人,只不过我们喜欢自己的专业,喜欢学术研究,想在专业上有所发展。我们拒绝被'妖魔化',我们也喜欢'臭美'和逛街,有空也做做面膜美容,也会和朋友们一起去唱歌放松。"

江苏师大外国语学院院长张生珍教授经常要到美国去,有时候个把月,有时候半年,再长些可能会待上一年。或许是长时间接触西方文化,张生珍的观念也更为时尚些。张教授有个正在上五年级的10岁女儿,这个年龄的孩子开始慢慢地被异性吸引,张教授发现女儿也开始有了这方面的倾向。"我想每个做家长的在孩子这个阶段都会有点担忧,有点惆怅,刚开始,我也是这样。但后来我想通了,这也是女儿有了'爱的能力'的体现,这点是需要肯定的,关键看家长们怎么引导了。"张生珍说,她告诉女儿,首先要学会爱自己,自尊自爱、健康康康、开开心心地,才能更好地去爱别人,才能让别人更爱你。而且,爱的定义是很广的,不仅是爱某个人,还要爱我们的国家,爱这里的花花草草。

二、光鲜背后是汗水和泪水的真实付出

"女教授联谊会"的50余位会员,绝大多数都是女博士。她们头上顶着耀眼的光环,可是在光鲜的背后,也有着不为人知的汗水和泪水的真实付出。

教育科学学院副院长汪颖教授说,自己考上博士之后,她的学生们很困惑,问她:"老师,没见你多用功学习啊?我们喊你出来玩,你来;喊你唱歌,你也去,怎么可能就考上博士了呢?"对于这样的疑问,汪颖有点哭笑不得,她对学生们说:"你们只看到我玩了,可你们知道我每天夜里学到几点吗?你们知道为了让孩子以为我不在家,我进家都是偷偷摸摸的,然后把门紧锁,在屋里啃书吗?我不可能在你们面前表现出苦大仇深的样子,可是这背后确实有不为人知的艰辛。"

考博辛苦,读博也难。生命科学学院院长李宗芸教授坦言,读博过程中,为选题、做论文、做调查,她曾陷入迷茫、困顿乃至沮丧,备受精神折磨。为赶论文,昼

夜连轴奋战,更是常有的事儿。"曾经因为试验做不出来,痛哭流涕地给母亲打电话,只读过一年书的母亲对我说,你选择的路、努力的方向都是对的,坚持下去!"李宗芸说,后来,她获得博士学位,并成为全校当时最年轻的女教授,恰是依托了这样的一种坚持,"所以说,在世上所有的努力都不会白费,所有的坚持都会有结果。"

江苏师大的女教授们有些是在职考博,与直读相比,这个难度更大,因为有了家庭,有了孩子。教务处副处长刘莹教授在南京读硕士期间,儿子正在读幼儿园,每次一跟儿子通电话必定会泪流满面。后来实在受不了了,她把孩子接到了南京上学。照顾孩子,是最消耗精力的一件事,即便如此,2004年,刘莹还是选择读博。

"人生嘛,无论选择什么道路都不可能没有问题,而我觉得在诸多道路中,考博大概是我最好的一种选择了。"学科建设办公室副主任娄峥嵘教授说,考博的路途辛苦而寂寞,但因为心底对学术有一种执着的追求,这让她一直坚持了下来,"考博的时候已经不像考研时那么期待,理性了很多,不会对未来有过多诗意的设想,这样反而可以静下心接受一切。"

三、任性是为了更好地做学问

江苏师范大学体育学院基础部主任房东梅从小体弱多病,四年级时因此开始练田径,高考那年已经达到了国家二级运动员的水平。这样的成绩足以进很好的体育院校,但房东梅很"任性",坚持参加高考。最终她以高出一本线28分的成绩,考入北京体育大学仅有的两个理科系中的一个———基础系,成为了江苏省体育界的"高考状元"。

"我考博的目的就是为了留在高校搞学术、做研究,所以在道路选择上基本没有过疑惑。"房东梅教授说,"都说女博士是男人、女人之外的第三类存在,这种说法,我听着觉得特恐怖。可一想到如果放弃热爱的体育事业,我就感觉比被当作'第三类人'更恐怖。"

汪颖说:"我选择读博是一种淡淡欢喜的过程,阅读与思考,带来掩卷深思与豁然开朗。同时,用自己的学识还能带给同学帮助,带给家人欣喜,带给自己快乐。这本身就是一件很幸福的事儿。"

汪颖说,小时候有一天,她看到妈妈回到家时的样子很不开心,就问妈妈怎么回事?妈妈告诉她,今天在单位批评了一个年轻女孩,女孩气不过,回了一句:看你以后能教育出什么样的孩子!这句话带给妈妈的触动和忧郁,深深地印在了汪颖的心上。那时候起,她就下决心,要让自己优秀起来。

"刚开始我是为了母亲学习,可是渐渐地,我发现我自己也可以从学习中感受到快乐了。"汪颖说,成绩好了,她常常帮助其他同学,看着他们解决难题后的轻松表情,她真真切切感受到了快乐。于是以后就更加努力地学习,而不断地学习,又给她带来新的惊喜———在做学术研究的时候,她找到了一种对生命价值的感悟。这样的良性循环让她受益至今。

"其实,女教授、女博士一点也不刻板古怪,特别是江苏师大的女教授们,她们在学校创建高水平、有品位学府的道途上,外塑形象,内增涵养,成为学校一道亮丽的风景。她们用不懈的奋斗、任性的美丽、常在的青春,诠释了高知女性的新词义。"岑红说。

四、为任性的青春点赞

在江苏师范大学校园中,您时常可以领略到这样的风景:她们行色匆匆,但自信满满;她们娓娓道来,从容讲授,但严慎高深,毋庸置疑;她们并不都很年轻,但大多气韵优雅,仪态端方,甚而风姿绰约。请不必讶异,这就是江苏师大的女教师———是支撑着学校近年跨越式发展的"半边天"。她们有的是女教授、女博士,也有女书记、女辅导员,她们用智慧、爱心、辛勤、执着,清新委婉而又坚定深刻地诠释着一个共同的称谓———当代知识女性。

曾听到有人调侃说,世界上分为三种人:男人、女人和女博士。于是学富五车的女士有时难免被想象为怪异、嚣张、不近情理的"东方不败"。但我们江苏师大的女教授、女博士们,却在培养教育学生的过程中,在科技创新、文化传承、服务社会的职场上,展示着特色鲜明、魅力独具的风采。江苏师大"崇德厚学、励志敏行"的精神积淀,女教授、女博士们肩负的使命引领,以及充满母爱和善、智慧和美的角色感召,使我们大家拥有并不断追求着美好的精神、形象和行为特质———如松似竹若兰,青翠葱郁,坚韧稳实,历久弥新,长美常青!

追求卓越,事业常青。众所周知,大学女教师、女教授作为一种职业,具有较高社会认可度、美誉度。的确,我们女教授的自我感受往往既有荣耀,也有辛苦。而且所有的荣耀背后一定有汗水和泪水的真实付出。社会对我们有很高的、立体的期待:要做好老师、好教授,也得做贤妻、良母、好女儿、好儿媳,正所谓上得讲堂下得厨房。要想在事业与家庭中取得平衡,获得完美,就得付出比常人更多的努力。但是我们无怨、无惧、无悔,时刻带着微笑出发,在教学和科研的艰苦中找到快乐,在与同学们心灵的交流中体味青春的热情和真诚,在事业的追求中感受人生的幸福和价值。因为追求卓越早已成为人生的习惯,直面和解决困难早已成为人生的常态,不计代价的辛劳付出早已成为人生的境界。于是,快乐和美好就在我们的微笑和拼搏中蓬勃延续,常青的事业建构着我们芳华和魅力的基石。

永不言弃、心态常青。我们大家都知道,生命易老,时光飞逝,青春短暂,不老难求。如果说女教授这个群体有什么特别之处,那就是我们更关注自己的内心、自己的精神境界、自己的专业素养。因为我们相信,无论我们年纪多大,无论我们在哪个年龄阶段,只要我们拥有一种进取的心态、开放的心态、学习的心态,求真、求善、求美的心态,我们就能以智慧、能力、学识、见地,从容地面对这个世界;我们就能在每一个时段都活出一分生机活力、一种蓬勃向上,活出另一种形态的青春。我们大多无暇去与时间或自然规律做对,也不屑去忧心眼角的皱纹和鬓角的银丝,我们可以在事业的成长和人生的成熟中优雅地老去,但我们仍不会放弃对梦想的执着、对青春的敬意。

内外兼修、姿态常青。作为女性共有的特质,女教授、女博士对美丽、对时尚,更多一分敏感和追求。特别是我们江苏师大把发展目标定位为建设一所高水平、有特色、有品位的大学,更明确了对提升学校文化品位的要求,也明确了我们作为学校文化的建设者、引领者、传播者的使命。所以我们的女教授,不但要品德高尚、学识高端,而且还得品位高雅!我们不但要传授给学生们知识技能,还要引领文化品位。要让一举手、一投足,成为好品位的示范,要让优美得体的形象构成审美观念的承载。我们不认为学识渊博、事业成功、工作繁忙就可以忽视对美好形象的塑造、忽视对文化品位的提升。我们拒绝做"东方不败",也不想做"恐龙",只想内外兼修,追求阳光、健康、适宜、脱俗的常青姿态。

如果说青春是人生一道洒满阳光的风景,是一首用热情和智慧唱响的赞歌,那么,请为江苏师大女教授们的三个"常青"的任性青春点赞,为当代中国知识女性点赞。

"神经语言学"领头人杨亦鸣

他是目前语言学及应用语言学第一位也是唯一一位教育部"长江学者"特聘教授。2006年,第四届中国高校人文社会科学研究优秀成果奖一等奖颁给了他,以表彰他在神经语言学研究方面的成就,当年他还不到50岁。他就是江苏师范大学语言能力协同创新中心主任杨亦鸣教授。这是中国人文社科最高奖,前三届颁给了王力、季羡林、俞敏等80岁以上的大师。

杨亦鸣开创的"透视分离法"被誉为"近代音研究的一项新方法"。然而,他的科研道路并未沿着传统语言学的方向继续发展。20世纪90年代初,杨亦鸣开始注意到国际语言学研究的转向。自此,杨亦鸣和他的创新团队将全部身心投入到这趟漫长的科研征程中。

一、一个"拼命三郎"

作为长江学者,杨亦鸣教授仍然坚持在本科生的课堂上讲授《语言学概论》。在这群大一新生眼中,他永远穿着一身熨烫平整的白衬衫、西装裤,一丝不苟,就像他对待学术的态度。

顶着一头蓬松白发走在校园里的杨亦鸣甚是惹眼,除非走近细看,否则你不能瞧见隐匿其中的几缕黑发丝。如果你对杨亦鸣的工作强度稍加了解,恐怕就不会对他那一头花白头发感到惊奇了。

据杨亦鸣的徒弟张强回忆,杨亦鸣为了"熬"一篇论文,曾经三天三夜在办公室"闭关"研究。每当需要资料时,办公室的门缝里就会递出一张小纸条,心领神会的徒弟们便将相应的文献送进这间屋子。当第四天大门敞开时,桌上只有他啃了几口的烧饼,而另外准备的盒饭仍摆在原处,一口未动。

这种"拼命三郎"的精神,正源于杨亦鸣对学科发展有着深切的责任感:"我们会踏踏实实做好学术,目标肯定是争取做到中国最好的,为中国在世界上争取自己独有的学术地位。"神经语言学是一门全新的学科,存在太多未开发的领域,没有可借鉴的经验,需要做大量探索性的工作。而杨亦鸣自己就是一个标杆,尽管他总是说:"我算不上有远见,我相信青年人会看得更远。"

二、旧理论上蔓新枝

江苏师范大学的语言学学科团队是我国神经语言学的开拓者,自20世纪90年代初起即将语言学理论知识与神经科学等相结合,设立神经语言学研究方向,招收和培养国内首批神经语言学博士和硕士人才。目前学科研究涉及阅读障碍,神经词汇学,神经句法学,神经语音学,手语、口吃以及失语症等语言障碍的神经机制等,取得了高水平研究成果。

2008年,江苏师范大学在原语言研究所语言学及应用语言学学科力量基础上,成立了我国唯一独立建制的语言科学学院,教育部副部长、时任国家语委主任郝平为学院揭牌,并指出"江苏师范大学语言科学学院的成立是中国语言学史上具有里程碑意义的大事"。

2010年1月,学院发出一封寄往荷兰的论文,4个月之后,这篇修改了5年之久的论文——《中英人群发展性阅读障碍:从不同的语言中分离出阅读障碍效应》被国际脑科学顶级期刊 Brain(《脑》)刊登,Brain 编辑部以"文章写作和构思出众,是本领域具有开创性的重要成果,作者应该为此成果而感到自豪"来评价这篇仅被改动两处标点符号的处女作。这是国内第一篇发表在 Brain 杂志上的语言学研究论文,论文发表后,2年内就被 SCI 期刊引用40多次。

文章的第一作者——该团队的博士生胡伟,那年才31岁。

在杨亦鸣看来,年轻人"早日挑大担"比什么都迫切:"青年人做科研没有劣势,只有优势,所有有成就的人都是从年轻时做起的,青年人应该知道这一点,只要做就会有优势,不做才是劣势。"

三、小团队有大力量

杨亦鸣教授的专著《语言的神经机制与语言理论研究》获得了国家教育部人文社会科学研究优秀成果奖一等奖。"十一五"之后,神经语言学研究小组又被遴选为江苏省第一批科技创新团队,"语言认知科学与文化艺术"学科获批江苏省优势学科。

神经语言学属于语言学、认知科学、脑科学、心理学、计算机科学、生物医学等相关前沿交叉科学,科研时遇到的难题往往无从借鉴。这非常考验个人及团队的创新能力。

在学科草创之初,团队里的年轻人大多是文科背景,当时经费也十分紧张,没有做实验需要的磁共振设备。他们跑遍徐州大小医院,终于在一家医院找到了合适的设备。但是他们仍需要做大量的前期工作:自学物理知识,动手做反应按键盒,在线路上包裹防磁材料,制作可以放入磁体间的反光镜、毛玻璃镜框,说服被试者参加实验。他们就是靠这样一步一个脚印的积累,从而收获了大量宝贵的基础数据,使后续研究得以前进。

2014年,神经语言学研究团队承担了由中国政府与联合国教科文组织共同举办的,以"语言能力与人类文明和社会进步"为主题的首届世界语言大会的主要筹备和策划工作。同年6月,中央电视台《焦点访谈》节目以"'多言多语'促进沟通"为题报道了由联合国教科文组织和我国合作召开的世界语言大会。杨亦鸣带领的科研团队及其研究成果在大会中展露风采。

长路漫漫,上下求索,杨亦鸣和他的创新团队以科研为信仰,以创新为灵,在新的起点上扬帆起航。

不忘初心矢志前行——记李海涛教授的绿色环保梦

12月8日7时至12月10日12时,北京市启动空气重污染红色预警措施,这也是北京市首次启动空气重污染红色级别的预警。天津、河北、山东等地的一些城市也陆续发布空气重污染预警,开始实施各项应急措施。

当媒体在报道PM2.5的危害之时,当华北上空飘荡着令人担忧的雾霾之时,当人们在担心着饮用水安全、空气污染等诸多与健康息息相关的社会问题之时,也有一群人用专业的科研技能开发新产品,用他们的智慧对抗恶化的环境现状。

来自江苏师范大学化学化工学院的李海涛教授即是其中的一员。他是剑桥大学克莱蒙教授口中那位"有卓越成就、经验丰富、才华横溢、治学严谨的科学家",他始终怀有"做科研就是为了服务社会"的初心,用所学为社会贡献着自己的力量。

苏州科技大学毕业之后,李海涛漂洋过海前往瑞典的林雪平大学这所欧洲最顶尖的学府之一攻读硕士和博士学位,后来受邀到德国多特蒙德大学物理化学系、以色列魏兹曼科学院化学物理系从事生物蛋白分子功能博士后研究。2002年接受英国皇家科学院院士剑桥大学戴维·克莱蒙教授的邀请出任首席研究员,从事现代生物医学和生物化学领域的研究,并在2005~2010年期间担任英国剑桥大学化学系生物物理化学实验室副主任。

从中国到海外,李海涛坚定而踏实地攀登科研的高峰,他在象牙塔中孜孜不倦地吸取中西学术文化的精华,提升自己,辛勤的收获也换来了丰硕的成果。十年剑桥的求学生涯,成为李海涛科研事业厚积薄发、锐意进取的重要时期,培养了他孜孜不倦、攻克难关的信心和决心。虽然在国外科研领域已经取得较高的成就,但心怀科研报国志向的李海涛在2012年底决定回到故乡徐州并就任于江苏师范大学化学化工学院。

2004年,李海涛首创研发了世界上新一代单分子超高灵敏度荧光显微镜——双激光双探头单分子荧光显微镜。同年,他在美国化学协会年会上针对此项发明的报告赢得多名学者的认可和赞扬。如今双激光双探头单分子荧光显微镜已经被应用在数以百计的实验室,成为生物学家手中从事研究工作、探寻生命奥秘的利器。

"这种重新搭建的双激光双探头单分子荧光显微镜装置,期望在国内得以迅速推广,为人们提供一种快速、有效、实时、灵敏度高、所需样品量极少的癌症早期诊断仪。"李海涛说。

此外,李海涛针对新型石墨烯纳米复合材料的开发及应用也颇受人瞩目。利用石墨烯的高吸附性、柔韧性、超薄性以及低廉绿色的优势,李海涛团队开发一种石墨烯炭分子筛。它可用于空气净化器以及汽车换气系统中滤膜的开发;针对这种石墨烯改性碳材料合成的一种复合膜还可有效去除饮用水中抗生素,为水处理特别是饮用水的净化处理提供了一种高效滤材。

目前,团队主要的科研项目是新型材料石墨烯炭分子筛的研发及其实际应用领域的探索。针对雾霾频发和饮用水安全问题,团队旨在使用石墨烯改性碳材料混合成膜制备成一种高效滤材,并开发出雾霾防护帽,这一产品可有效吸附过滤掉 PM2.5 颗粒,同时实现人体头部的全面防护,以简单、便捷、效果优越的防霾方式,保障人们的健康。另一方面,团队进行了多种抗生素滤材的研发,将不同复合成分的滤膜用于饮用水中抗生素的过滤,实现了高效净水的效应。

同时,李海涛提出制造环保型汽车的目标。"要发展绿色环保的大汽车产业,走出一条科技含量高、经济效益好、资源消耗低、环境污染少、资源优势得到充分发挥的新路来。"李海涛说。

"无论癌症早期诊断仪还是石墨烯炭分子筛新材料,项目产品都具有非常广阔的发展前景。希望尽快成立一家从事科研技术与创新技术开发与应用的公司,并将其推上市场,解决一些实际问题。"李海涛说:"对于未来,我有着远大的目标,我和我的团队正在风雨兼程地前进,无论情况如何,我们会始终贯彻自己的坚持,不忘初心,还是那句话,'做科研就是为了服务社会。'"

"故纸堆"里的守望者

——记江苏师范大学周棉教授

12月下旬的一天,彭城雪后初霁,阳光透过窗户拂照着窗前的君子兰。君子兰旁是书,3张办公桌和9个倚墙而立的书橱里是书,房间其他地方也都堆满了书籍——这是江苏师范大学周棉教授办公室的场景。笔者见到他时,他正埋首整理资料。与他打过交道的师生都说,周教授一辈子嗜书如命,特别钟情于中国留学史料的整理与研究。

一、执着:收完"玉米"收"黄豆"

2015年5月,经过8年夜以继日的潜心研究,周棉终于完成了由其主持的国家社科基金重大项目——民国时期留学史料的整理与研究。近900万字史料、20多篇论文,超过原计划两倍。专家们认为,这是中国留学史和民国史研究里程碑式的成果。该项目不仅有力推动了民国时期的留学生研究,还为当代留学生派遣和回归政策的制定提供了参照。

当很多人觉得周棉应该好好休息一段时间时,却惊讶地发现他已做好了再次冲击国家社科基金重大项目的准备。"不能拖!就像秋天到了,收完玉米就要收黄豆一样,时间不等人!"农家子弟出身的周棉这样回答。事实上,"收割"说得轻松,做起来却很艰难。"5月份完成上个项目时真有心力枯竭之感。"周棉坦言,"再次申报前有关部门表示,'目前为止还没有人两次获批国家社科基金重大项目',而这次申报要求比上次严格,我用了整整3个月的时间才完成一份81页的投标书。"

如今,捷报又一次传来,周棉再次成功申报国家社科基金重大项目"中国第一历史档案馆清代留学档案的整理与研究"。周棉没有沉湎于申报成功的喜悦,他又像以前一样每天在办公室工作14个小时,开始了又一轮书斋生活。

二、责任:"位卑未敢忘忧国"

在周棉看来,中国留学生是中国走向世界的先行者,一直以来前赴后继,为发展探路,有力推动了中国现代化进程,但多年来却少有人对此做系统研究。1989年一个偶然的机会,周棉开始把研究目光投向这个群体。"留学生群体就像一个宝藏,值得毕生挖掘。"周棉说。

研究伊始,难题便接踵而至:中国留学史料杂乱无章,极度匮乏,其中还不乏晦涩难懂的文言文和难以辨识的草书。然而,就在其他学者彷徨之际,周棉早已以知识分子与中国的前途为切入口,借助扎实的文学研究功底,以《留学生与近代以来的中国文学》一文投石问路,率先开启了漫长的研究之旅。论文刊发后,立刻引发北京大学、南京大学等高校和茅家琦、李新、谢邦宇等专家学者的关注,并得到了支持。

后来,周棉着手编纂《中国留学生大辞典》。当时既无电脑、又缺经费,周棉却凭着"对学术的执着"和"大家的信任",七易寒暑,终于完成了中国第一部留学生人物工具书。200多万字,他独自审校、增补、修改了7遍。"编纂工具书必须科学严谨,否则会误人子弟、贻害无穷。"周棉说。该书是国内第一部起讫时间最长、收录范围最广的留学生工具书,创立了国内人物类辞书编纂新体例,并荣获国家辞书奖。

三、师范:言传身教润无声

采访中几个学生敲门欲进,推开门见周棉正与客人交谈,便退了出去,周棉轻轻扬扬手,让他们去楼上资料室稍等一会。"这是我的研究生,他们几乎天天与我在一起。"周棉说。他的研究生们常说:"老师待我们如子女,我们尊老师如父亲,我们很喜欢跟着他做研究。"

2008年,周棉带着他的3个研究生到北京整理清代留学档案资料。一年之中,周棉奔波于徐州和北京之间,而3个学生天天泡在档案馆里搜索整理资料。在周棉的指导下,3个学生的良好表现受到档案馆专家的褒奖。在导师为人、学识和治学精神的感染下,他们进步很快,毕业时都考上了名牌大学的博士。"学生们能有好的发展,比我自己取得重大项目成果还要高兴。"周棉说。

论丛史出,史学研究意义重大。周棉发起成立了江苏师大留学生与近代中国研究中心,从2000年开始,他在校学报上常设"留学生与近代中国研究"专栏,江苏师大则成为中国留学生研究的"重镇"。在周棉的影响下,一批批中青年教师和学生加入周棉的研究团队,推动了留学史料的发掘和整理,为当代留学教育史研究提供了具有学术价值的借鉴和参考。

家国常在心间

——江苏师范大学教授陈延斌开展家庭家风建设研究侧记

近日,江苏师范大学以"廉洁齐家,树立良好家风"为主题的"我的家训故事"征集活动拉开序幕,活动号召全校师生将家训写下来、挂出来、记心里,分享家训故事,传承优良家风。

家庭与家风,是近年来的两个社会热词。在今年全国两会期间,全国人大代表、江苏省委常委、省委宣传部部长王燕文等多位代表联名递交了一份提案,就加强家庭与家风建设提出了一系列建议。而这份提案最初源自江苏师范大学伦理学与德育研究中心教授陈延斌的一封建议信。

一、"有温度"的家风建设建议

在江苏师范大学伦理学与德育研究中心,记者见到了陈延斌教授。"中国传统伦理思想是我研究的主要领域之一,传统家训文化是其中的重点。"面对采访,陈延斌直奔主题,"家训主要是家长、族长对子弟、家人、族众有关睦亲齐家、立身做人、修身处世的教诲训示。中国传统文化的核心是家文化,家训教化、家风陶冶关系到家庭和美、社会和谐。今天的家庭仍然是社会的细胞和人生的学校,所以加强家庭和家风建设仍是要着力做好的重要工作。"

作为一名哲学社会科学研究工作者,几十年来,陈延斌一直致力于通过自己的研究服务于国家和地方的社会文化建设。陈延斌向记者简要介绍了他目前主持的国家社科重大招标项目"中国家训文献资料整理与优秀家风研究"的有关情况。他说:"该项目主要有两大任务,一是编纂《中华家训文献集成》,二是完成'培育时代优秀家风对策报告'。要是每一个家庭都能注重家教家风,我们的社会风尚就会变得更好了。"陈延斌还将自己的思考写成了《关于加强家庭建设的若干建议》,刊登于《人民日报内参》。

2月25日,在参加中宣部、全国妇联举办的全国"最美家庭讲好家训"经验交流会上,陈延斌就建立江苏省家庭家风建设研究机构、整理编辑江苏历代名人家训、制定江苏家庭建设实施意见等写成了建议,并提交给王燕文部长。当天,王燕文逐条作了批示。此后,她建议陈延斌将部分内容修改为会议提案,于是关于制定《家庭法》、加强家庭建设的两个提案被带到了人大会议上,并引起了强烈反响,被誉为"有温度的建议"。

二、带领学生实践出真知

"人文科学研究不应囿于书斋,更应该走向生活。"这是陈延斌始终秉持的理念。近年来他一直在为贯彻社会主义核心价值观和推动家风建设出谋划策。徐州市未成年人道德养成实验和"最美家庭讲好家训"活动、沛县的"好人建设"主题教育、海门市核心价值观基层实践、洪泽县"传承好家训,培育好家风"系列活动等,都凝聚着陈延斌及其团队的心血与汗水。

谈起这些活动,陈延斌如数家珍。"与沛县县委、县政府合作开展的社会主义核心价值观建设主题教育,取得了很好的社会效果。《光明日报》《人民日报》都曾专题报道这一活动,省委书记罗志军也曾作出推广批示。"陈延斌告诉记者,活动开展之后,沛县涌现出了一批又一批好人善举,短短3年间就有9位国家级好人、112位县级以上好人受到表彰。这背后离不开陈延斌及其团队的辛勤付出:实地调研撰写报告、组织编写《沛县好人故事》乡土教材、参与修订"好人沛县"建设考核指标体系、策划活动方案、举办研讨会等。

"一部分学术研究要在书斋里完成,而一部分则要在社会生活中完成。"谈及做这些项目的原因时,陈延斌如是说。"养子弟如养芝兰,既积学以培养之,又累善以滋养之。"为人师者的陈教授用脚踏实地、兢兢业业的治学精神影响着他的学生们。陈延斌的一名学生告诉记者:"跟着陈老师开展家风建设活动,让我走出了相对闭塞的书斋研究环境,实践出真知,我看到了我们做研究的现实意义,更相信自己所做的研究是对社会有用的。"

三、引导大学生践行社会主义核心价值观

这些天,江苏师范大学开展的家训征文热潮如盛开的百花、美好而热烈。"利用征文活动寻找精神力量,引导学生们认识和思考时代家风家训尤为重要。"据该校一名负责家训征文活动的教师介绍,通过"我的家训故事"活动,学生之间可以分享家风家训的故事,让大家共同受到教育,同时也借此感念父母的养育教诲之恩。这是增强与父母感情的一个很好的方法,也是推进大学生自觉践行社会主义核心价值观的有力举措。"每个家庭都有自己的家训,有的是有形的,有的是无形的;有的是有文字传承的,有的是父母以身示范的,但无论哪种方式,这些家训都能对人的成长起到积极的作用。"在治学道路上,学者陈延斌矢志不渝,始终保存着一份家国的责任和浓郁的情怀。他说,"大学生们要认真研究我们民族优秀的家训文化,这是中国人特有的家庭教科书,是我们的先人们留下的宝贵的文化遗产。"

弘扬中华优秀家训文化,让社会主义核心价值观在人们心中落地生根,陈延斌带领团队探索的脚步从未停止。近期,陈延斌正积极推动由江苏师范大学、省文明办和省妇联共同组建"江苏省家庭家教家风研究院",以此汇聚学者智慧,让论文变成文件,使课题研究更好地服务于社会、融入火热的现实生活。

把党员丰碑树在人心

——江苏师范大学已故教师费承铿的追求

有这样一位老党员、老教授,去世三年后,他的学生和弟子从全国各地赶来,自发筹措资金为他塑了一座雕像。这件事在江苏师范大学引起巨大反响,"我们纪念费老,就是弘扬属于我们的师德文化,就是要在教师党员中树起一面旗帜,让费老的精神激励后辈教师和年轻党员奋发图强。"费承铿的学生、年过五旬的蒋国胜说。

"1980年毕业后,我被分配到一所农村中学任教。那时,我每完成一篇作品,都要寄给老师评阅,老师总是第一时间回复,圈圈点点十分认真。"知名作曲家丁先红是费承铿最得意的学生之一,他说,费承铿的鼓励是自己厚积薄发的动力,老师的品格也影响自己不论何时都保持初心。

"费老2000年就退休了,可他就是放不下。"音乐学院院长苗雨告诉记者,退休后的费承铿也没有丢下本科的教学任务。"退休后的一年,费老师参与制定的省音乐新课程标准开始在徐州市推行。为了检验该文本的准确性,他主动申请无偿到我们学校任教一年。"徐州市青年路小学实验班原教师白景棣说。

"直到生命的最后一刻,费承铿最放不下的还是他的学生。"2013年4月23日,费承铿遭遇车祸,多处骨折,体内大量出血。"那天我接到电话。"苗雨说,他怎么也忘不了费承铿用微弱的声音留下的最后一句话:"我出了点问题,现在要去医院,参加不了我那几个学生的毕业答辩了,你把他们安排好。"

在费承铿曾经的办公室里,"党员先锋岗"的标志依然摆在最显眼的位置。一个普通党员的精神追求是什么?费承铿用一生作出了回答:人的精力是有限的,而精神是无限的,身为党员,家国情怀与人生价值的统一就是立足岗位作贡献。

"魔法校长"

——记江苏师范大学附属实验学校校长周慰

什么样的校长是学生心目中的理想校长？面对这个问题，或许很多学生的脑海中会浮现出电影《哈利·波特》中魔法校长邓布利多的形象，他用自己的智慧和人格魅力照亮了学生的成长之路。在江苏师范大学附属实验学校师生的眼里，他们的校长周慰就是这样一位"邓布利多式"的校长。"他就像一名智者，引领着你，给你指出前进的方向。"该校高三学生高爽霆这样评价道。周慰用自己独特的人格魅力感染、改变着学校里的每一个人，在把教育理念付诸实践的同时，也收获了师生们的尊敬和认可。

一、做有梦想的教育人

2013年3月，周慰放弃镇江市国际学校主管校长的岗位，来到新建不久的江苏师范大学附属实验学校担任校长。"这次选择彻底改变了我的人生轨迹。"周慰回忆道，"不过，即使羁绊一生，我也甘之如饴。"

作为一所覆盖了幼儿园、小学、初中、高中及国际部的"十五年一贯制"学校，江苏师大附校在成立之初面临着比一般学校更多的难题。更何况，建校3年多来，学校每年以1000多名学生和100多名教师的发展速度增长。这种"爆炸式"的增长，更是给周慰带来了前所未有的压力。

在短暂的调适后，他耐下心来将自己的想法和教育理念渗透给教师，并确保他们把这些想法落实在教育教学的日常细节中。每天，他走进教室听课，走进办公室与教师沟通，巡查校园里的每一个角落，深入到学校的各个年级、班级和部门去帮助解决困难。

"做教育的人是有梦想的。但是有梦想的人有时也会很纠结、很孤独。我也无数次地想过放弃，但就是不甘心。"当面对错综复杂的问题时，周慰的解压方式是听课。看到教师们敬业奉献的身影，看到孩子们一张张求知若渴的面孔，他感到自己的每一分付出都有了价值。"也许，我们的一点努力就能改变一个孩子的成长轨迹。"周慰说道。

二、让"精细"成为一种习惯

"我不是纠结于细节的人,但在教育上,我坚持'精细',希望把方方面面的细节都做好。教育无'小事',不能因为我们的粗心大意,造成教育的遗憾。"例如,他要求教师对学生的学科知识短板的了解细化到每一个知识点,并给予针对性的辅导。在他看来:"高效始于有效,有效始于针对,针对始于了解,了解始于沟通。"

在对教师提要求时,他也总是细化到每一个路径、方法。作为曾经在一线教学38年的老教师,周慰将教师课上的每一个细节关注到底,总能一针见血地给教师们提出建设性的意见。这份坦诚让教师们"又爱又怕",但同时也赢得了他们的理解、信任和支持。建校之初就从东北调入学校工作的教师刘丽霞这样说道:"最令我可心的地方是,这里有来自全国各地的优秀教师,周慰更是一位优秀的校长,与优秀的人同行,我能变得更优秀。"

在坚持教育教学细节的同时,周慰更加注重对学生的鼓励和个性化的教育。他提出对学生的评价方式进行改革,"将对学生的谈话变成对学生发展的策划"就是其中之一,其目的是让学生在老师的智慧指引下健康成长,让学生在赞扬和鼓励中得到自信。他说:"对学生要做几个'多一点'——上课给孩子自主表达观点的机会多一点;平时给予孩子公开的肯定多一点;挖掘孩子身上的亮点多一点;批改作业时面批多一点;走廊相遇时微笑多一点。因为关爱始于关心、关心始于关注,对孩子多一点关爱,再放大孩子的优点,孩子身上的缺点一定会同步减少。"

在学生们的眼中,周慰是一个和蔼可亲、没有架子的校长。"我们周慰有时间就会在学校里巡查,而且他经常笑,对我们没有那种师生之间的距离感。"该校高一(4)班的闫海龙这样描述自己眼中的周慰,"我们觉得他特别亲切可爱,所以我们困惑的时候都会找他聊天,他总能给予我们及时的点拨和指导。"

三、创新实践的探索者

漫步在江苏师大附校的校园里,花坛四周飘扬着各班学生原创设计的班旗,教学楼玻璃栏板上展示着学生们有关中国传统文化的手绘作品,班级"图书角""爱的家园"主题办公室……无一不体现着学校独特的校园文化。

正是因为一点一滴"走心"的努力,短短3年的时间,在生源质量不高的情况下,江苏师大附校取得的教学成绩让人刮目相看:2014年首届初中毕业生中考均分位列徐州市第一,首届高中学生在"小高考"中以4A率32.8%和人均2.85A的成绩位列全市第三,2015年继续保持良好势头……学校以春笋破土之势,赢得了老百姓的口碑。

  这些年来,学校的品牌活动做得有声有色。每年10月,一场全校规模的学生远足活动都会定期开展。其中,非毕业班学生的活动主题为"成长,从行走开始",毕业班学生的主题为"成功,从攀登开始"。在海拔361米的徐州最高峰大洞山上,勇攀高峰的信念在每一位学生的心中生根、发芽。周慰还亲自带领高中部全体学生参观清华大学、北京大学、复旦大学、上海交通大学等知名学府,这场以"成才,从体验开始"为主题的活动,打开了学生的眼界,也引领他们走进更高的人生境界。

  不久前,中国科技大学天文系博士生导师袁业飞教授为江苏师大附校的学生们作了一场关于"引力波"的学术讲座。在与学生的互动中,学生们精彩的提问和表现给袁业飞留下了深刻的印象。他感慨道:"我惊异于学生们的阳光自信和宽广的知识面,同时我也惊讶于他们提出的问题深入而专业,以及他们身上展现出来对科学的浓厚兴趣。"

  2016年2月,周慰校长作为中方代表团20名中国知名校长中的一员,参加了在巴黎联合国教科文总部举办的"中欧知名高中校长论坛"。在专题演讲中,他将"十五年一贯制创新人才培养"的办学理念、阶段特点、发展概况、能力培养、素养提升等情况向与会专家作了汇报。其精彩的演讲与广阔的教育视野得到了与会专家的广泛关注,发出了江苏师范大学附属实验学校在中国基础教育领域积极探索的时代强音。

  正如电影《哈利·波特》中霍格沃茨魔法学校那位鼓舞人心和受人爱戴的老校长一样,周慰正是江苏师大附校的"邓布利多",他和蔼可亲、严肃认真,更拥有智慧的目光和实践。即便他没有魔法棒,却依然是师生心中最有"魔力"的好校长。

"守望家园"杯徐州生态卫士冯照军老师

冯照军同志1983年毕业于南京师范学院生物系,同年分配到徐州师范学院生物系工作至今,现为江苏师范大学生命科学学院教师,生物学、生态学和学科教育硕士研究生导师。主要承担动物学、动物生物学、动物行为学、普通生物学、环境毒理学、食品毒理学等本科课程和动物生物学进展、动物生态学等硕士生课程的教学任务。主要从事动物生态领域的科学研究,先后主持或承担国家级、省市级各类科研课题多项;在《动物学报》《水生生物学报》《动物学研究》《动物学杂志》《四川动物》《江苏农业科学》《湖北农业科学》等核心刊物上发表多篇学术论文。现为中国动物学会动物行为学专业委员会理事,中国濒危物种科学委员会专家库成员,中国动物学会两爬动物学会会员;江苏省高考生物组命题专家,江苏省动物学会理事,江苏省野生动物保护学会会员;徐州市地震观测宏观异常专家咨询委员(动物组组长),徐州市生物学会副理事长,徐州市野生动物保护协会副理事长。

近年来,作为徐州市地震观测宏观异常专家咨询委员(动物组组长)、徐州市生物学会副理事长、徐州市野生动物保护协会副理事长,先后承担徐州观音机场鸟情生态调研工作,为飞行安全、乘客生命安全及国家财产保障做贡献;多次就徐州园林景区建设及管理方面存在的问题,通过市长信箱渠道建言献策,为本市创建国家生态文明城市做贡献;协助徐州市环保、科技部门组织中小学师生开展生态和环境科技活动,其中的《生态瓶》课题获得省一等奖。积极参与珍惜野生动物保护和救助活动,配合相关部门打击非法捕猎、贩卖野生动物行为,积极投身徐州动植物调查活动。带领大学生在泉山森林公园、云龙湖等地开展科学研究,撰写系列论文。借助各种媒体,向市民进行动物、生态等知识宣传教育,提升市民环境意识。指导群众开展生态健康种养殖,发展特色种养殖业。作为本市咨询委员,配合地震局在第一时间掌握野生动物异常情况,帮助确定是否属于动物震前预兆,及时排解市民恐慌心理。

作为徐州地区一名普通的生态学工作者,冯照军同志在缺少研究经费的条件下,能够长期坚持就当地的生态及环境问题开展力所能及的科学研究,既积累了丰富的科学资料,又为当地的经济建设和社会发展贡献一份微薄的力量。

近五年科研、教学和服务徐州生态文明工作情况:

1. 就"鸟击"这一维系人类生命及国家财产的重大问题,承担了徐州观音机场鸟情生态调研工作,为机场航空飞行安全和人类生命保障做贡献。

2. 鉴于泉山森林公园等景区建设及管理方面存在的问题,通过本市的市长信箱渠道建言献策,并得到相关职能部门的及时回复,为本市创建国家生态文明城市做贡献。

3. 2010年被徐州市环保局评为市十佳环保人物。

4. 通过辅导,带动本市中、小学师生开展生态环境领域的科技活动,其中鼓楼小学的《生态瓶》活动项目(课题)获得了江苏省青少年(少儿组)科技活动一等奖。

5. 经常接受本市彭祖动物园、泉山森林公园、徐州市、新沂市和铜山区林业站的专业咨询。(相关事项可向彭祖动物园李永勋、泉山森林公园朱玉、市林业站周虹、新沂市林业站王光标、铜山区林业站钱桂芝等同志咨询)。

6. 多次现场指导本地群众开展生态健康种养殖,指导地方特色种养殖业的发展。

7. 结合大学生暑期三下乡等社会实践活动,带领大学生调研地方开展动物生态健康养殖状况,为养殖户提供专业信息。

8. 积极参与本地珍惜野生动物保护和救助活动,为野生动物保护做贡献。

9. 积极配合徐州市、新沂市的林业及森林公安部门,打击非法捕猎贩卖野生动物行为,为本地生态文明建设提供科学依据。

10. 作为市应急专家成员(动物组组长),力所能及地多次在第一时间配合市地震局掌握野生动物异常情况,应用专业知识帮助确定是否属于动物震前预兆,为相关部门及时向市民解释提供科学依据(部分内容可能涉密,需要的话可向市地震局张学阳局长、肖蕊秘书咨询),并在有关场所讲解相关知识。

11. 经常指导大学生和中学生物教师开展生态类课外兴趣小组活动。

12. 科学引导群众善待野生动物,避免与动物发生冲突及伤害事件的发生。

13. 积极联系并促成本市的标本制作专家李荣钊先生向江苏师范大学赠送珍贵动物标本事宜。

14. 抓住各种机会,常年积极开展本地区的生态科学研究,为了解和掌握当地生态信息积累资料。

15. 积极借助各种媒体(电视、广播、报纸、QQ等),向广大市民进行生态环境及动物科普知识的宣传教育,指导市民科学观察野生动物,为提高本市市民环境意识水平做出了一定的贡献。

16. 以指导大学生毕业论文为主要形式,在泉山森林公园、云龙湖等地带开展生态科学研究,并在国家核心期刊发表研究论文,为掌握本地生态状况及动态积累科学资料。

掼蛋达人宿舍　8名女生成功考研

扬子晚报

女神、理工牛人、学霸……当这样的标签集中贴给一个宿舍的时候,引发网友关注就不奇怪了。

毕业季里,江苏师范大学敬文书院的一个"学霸宿舍"在网上走红。原因是今年考研季,该宿舍里8个理工类女孩全部上榜,分别考取中国科学院大学、同济大学等院校,其中2人进入"211"大学,6人考上了"985"高校。

一、说好的,一起携手出线

宿舍8个女孩,全上了名校研究生

这段时间,如果在江苏师范大学提及20号楼的504宿舍,肯定会有不少学生竖起大拇指。在考研成绩出炉后,这个原本不起眼的8人宿舍,一下子变成了人人羡慕的"学霸宿舍"。

8名女生都是敬文书院物理专业学生,分别考取中国科学院大学、同济大学(2人)、武汉理工大学、华东师范大学(2人)、南京师范大学、北京航空航天大学。其中,2人为保送,6人成功考取。

虽然顶着"学霸宿舍"的光环,504的8名女生却觉得"上榜"是自然而然的事情。"说好的,一起携手出线",郭倩颖是504舍长,她被保送到北京航空航天大学,研究生专业方向为粒子物理专业。郭倩颖介绍,很多人也好奇地问"学霸宿舍"是怎么炼成的,"其实也没有什么秘诀,因为大家住到一起后,就已经定下了升学的目标,剩下的就是按部就班地坚持。"

8名女生虽然来自不同城市,但有一个共同特点:爱好理工科。考取武汉理工大学材料科学与工程专业研究生的刘慧表示,很多人认为工科男生更擅长,其实理工女也毫不逊色,"我觉得女生比男生更沉得下心。"

在历次考试中,8人总体成绩名列前茅,但是彼此之间的差距却不大,"我们可从来没挂过科哦。"

理工女，就一定很刻板？

二、唱歌全被淘汰，掼蛋进全校六强

在网络上，除了学霸、理工牛人的标签，还有网友直呼 8 人是"女神级学霸"。敬文书院党总支秘书丁力告诉记者，可能在网友心中，江苏师范大学因为男女生比例为 3∶7，"是一所出女神的高校"。丁力也认为，至少 504 的这 8 名女孩身上，没有给别人留下"刻板的理工女"这样的印象。

陈孟琪考取的是南京师范大学物理学科教学专业，渴望从事教学工作的她，私下里却是一名钟情"吹拉弹唱"的女生。弹吉他、拉二胡、书法、绘画玩得有模有样。2012 年，她还获得了校级十佳歌手称号。

"我们并没有什么特别，就是特别抱团，彼此之间互相影响。"郭倩颖戏称她们是"8 人理工女团"，除了学习，她们连玩耍都抱团在一起，在陈孟琪试水十佳歌手比赛后，第二年，8 人居然集体报名参赛，当然结果是齐刷刷落败。在宿舍中，有一名女生喜欢打"掼蛋"，结果几年下来，打牌也成了她们重要的休闲活动，在一次学校组织的"掼蛋"比赛中，两人杀进了全校 6 强。

彼此协作的方式贯穿了 8 名女生的 4 年学习生活。在校期间，8 人都参与过重要的科研项目，每人都交叉协作，发表过 SCI 科研论文。

三、女神，请接受网友膜拜

"一句话，这又是别人家的宿舍"

在徐州多个高校论坛，504 宿舍的故事被不少网友转发，"学霸女神宿舍"让不少网友打出"膜拜"的字眼。有网友留言："明明可以靠脸，偏偏靠才华，一句话，这又是别人家的宿舍"。还有网友评价，"8 名志趣相投的女生聚在一起，缘分让她们收获了丰厚的回报，她们的成绩不再是孤军奋斗的艰辛，而是携手共进的快乐，祝福她们。"

对于未来，8 名女生都早已有了各自的打算，不过她们大多表示"没学够"，希望能在求学路上走得更久。而对于江苏师范大学来说，504 宿舍已经是一段"传奇"。敬文书院常任导师欧阳文珍教授说，今年敬文书院涌现了多个宿舍出现多人考取研究生的情况，以 504 为代表的"学霸宿舍"取得的成绩，也是书院在创新人才培养机制方面取得的初步成果。

丽人亭亭,有女如萍

——中国青少年科技创新奖获得者傅丽萍

傅丽萍,江苏师范大学2010级制药工程专业学生。进入大学以来,自立自强、乐观向上的她取得过多项荣誉。2011年以第一发明人的身份获得国家专利一项,并成功结题;2012年在省和校级"挑战杯"赛上均荣获一等奖;2012年,主持学院江苏省优秀毕业论文课题一项;2013年,荣获第八届中国青少年科技创新奖,也是江苏省唯一获此殊荣的本科在校学生。在校多次获得奖学金和校三好学生称号。

海德格尔曾说,思是人类最简单也最费力气的一项手艺活,那么,傅丽萍应该算是个孜孜以求的手艺人。第一次见到傅丽萍,就被她的阳光和朝气所感染,简单的T恤配上充满校园气息的校服,不施粉黛,却有独到的清爽。

在校园的长廊里坐下来谈话,她双手交叉放在膝头,上身很合分寸地前倾,侧坐,双腿微微合拢,一切都看似漫不经心,一丝一毫却又很合礼。她谈吐生动,思考认真,伴随着单纯的笑声和轻柔的目光,她流畅而细碎的娓娓道来,给人感觉轻松而不失严谨。如果将语言比做一个家,那么傅丽萍的家主题鲜明,而且小饰品还很多。

一、象牙塔里的学人

傅丽萍出生在美丽的水乡浙江绍兴,绍兴多水,多桥,一叶乌篷,漂过2500年的沧桑;黄酒社戏,演绎着寻常巷陌的风俗百态。傅丽萍高中毕业于柯桥中学,是一所重点中学。在她的讲述中,可以感受到她生活在一个幸福的家庭,家里有疼她爱她的父母。在她看来,她的高中和大部分人都一样,每天三点一线,宿舍、教室、食堂,学习生活非常辛苦,可她并没有畏惧眼前的困难,并且也取得了优秀的成绩,由于最喜欢化学与英语,所以在填报志愿时,她选择了制药工程这一专业,并被顺利录取。

当被问及当初为何会报考江苏师大,她说,本来有机会可以进入绍兴附近的大学,但她还是希望走出家乡,培养独立生活的能力,还能使自己获得自由。但是谈到未来工作,她表示还是想回到家乡,因为她觉得,父母日趋年迈,需要子女更多的陪伴,"他们陪我们长大成人,我更要陪他们安享晚年",赤子之心明净可见。

二、有关大学

谈到大学里什么影响最深,傅丽萍毫不犹豫地说:读书。问及对她影响最深的书,她告诉我们是《读大学,究竟该读什么》。她说,这本书让她感悟到,读大学,不只是在大学里面读书,不是读教学楼、宿舍、操场。读大学,首先应该读大师;读大学,其次是要读图书馆;读大学,还要学会"读同学"。

很多大学新生都会觉得迷茫,那是由于对未来的不确定而造成的困惑,而傅丽萍觉得,自己从没有迷茫过。给自己定一个个小小的计划,让自己的生活变得充实起来。她不喜欢闲,因为她觉得闲人容易产生惰性,当人闲下来,时间不会因你的无所事事而静止;她也不喜欢杂乱无章的忙碌,因为她知道只有有计划有目标的努力,才能事半功倍。在对傅丽萍进行采访时,她说了一句很有意思的话:天道酬勤,天道不一定酬一切勤,但是天道绝对只酬勤!在我看来,这句话也完美诠释了她大学四年不懈的努力和付出。

三、回望

青春是旋转的木马,每一圈都在追逐希望。追忆起刚进入大学的自己,她说,自己对于参加各项活动都很积极,在班级里竞选上了团支书,并且顺利进入了院学生会外联部。

在大一的时候,她觉得生活还是很清闲的,周末的时候常跟随学长学姐到市中心拉赞助。拉赞助很锻炼人的社交能力,它不仅需要良好的口才,更需要实践和经验。来回奔波很不容易,但她却表示,虽然辛苦,但是从中收获颇多。

周末,她也总会抽出很大一部分时间,用来温习一周的功课,记牢所没记住的知识点。整个大一上学期,她都坚持早读和晚自习。她习惯早晨七点起床,然后与几个舍友一起上早自习,背背单词看看书,在她看来,功在平时,所以从没有过在考前通宵复习的经历。她喜欢让自己的生活规律化,制定好每天的计划,否则生活就会变得如碎屑般杂乱无章,做事情也就没有了目标性。

到了大一下学期,她觉得很多琐事可以放下,不必这么劳累,而这时,辅导员也给她介绍了一位负责学生科研发明的老教授。老教授已步入花甲之年,临近退休,如今谈起傅丽萍仍是饱含赞赏。傅丽萍跟随老教授学习,负责一个课题,直到大二上学期才完成了课题,并且获得了一项国家专利。到了大二下学期,她开始学习有机化学,在课题组老师的建议下,抱着试一试的态度,她参加了"挑战杯",后来幸运的获得了省与校里的奖项。现在,她仍是一有空就泡在实验室,写报告、做实验,乐此不疲。

四、以你之眼看身边之"萍"

不管在老师眼中还是在学生的心目中,傅丽萍都是一个严于律己的好学生、好榜样。最值得称赞的,莫过于她的科研能力。一个科研项目的成功,光靠一个人的努力是不行的,傅丽萍善于组织,她能够调动起集体中每个同学的力量和智慧,她和队友分工合作,共同努力,获得了多项荣誉和成果。2013年5月26日,她获得了省级"挑战杯"大学生课外学术科技竞赛一等奖,并将代表江苏省参加国家比赛,这无疑是一项极高的荣誉。不仅如此,在三年的学习生涯中,她多次在省级期刊发表学术论文,在"挑战杯"比赛中的论文成绩甚至超过了硕士毕业生。更值得人称赞的是,她在大二主持学校科研立项一项,并以第一发明人身份获国家专利一项,成功结题。一项专利的产生,需要无数次的实验,正是她在实验室无数个日夜的努力,才能取得如此骄人的成就。

在生活中,傅丽萍与同学的关系非常融洽,这大概与她乐观开朗的个性有关。品学兼优这四个字用来形容她,当之无愧。谈到未来,化工学院王书记对她寄予厚望,希望她能够在科研的道路上继续前行,逐渐提升自己,能够出国深造或在更高的学府、岗位锻炼自己。相信她会更加努力,更加严格的要求自己,在科研上取得更多成就,为社会作出更多贡献。

谈到未来,傅丽萍的目标依然坚定明确,那就是考研。在问及她理想的学校时,她很谨慎,不愿意多说,她说一旦失败,豪言就会变成笑谈。在我看来,这个在外人眼中柔弱温和的小女孩,身体里蕴含着无限的正能量,她的努力、认真、勤奋、严谨和坚持,一定会带领她走进自己理想学府的校门,在这里让我们衷心的祝福她,希望她能够取得成功!

海燕独飞　傲视群雄

——十佳自立自强大学生吴巧艳

看吧,它飞舞着,像一个精灵,高傲的、黑色的暴风雨的精灵,它在大笑,它又在号叫……它笑那些乌云,它因为欢乐而号叫!她,一个普普通通的女孩,不倾国、不倾城,可谁说女子不如男,她用自己的亲身经历诠释了什么是真正的巾帼不让须眉,就像大海上空那直面暴风雨的海燕,虽力量微薄,也一定坚持到最后!

见到我们这次的采访对象十佳自立自强大学生吴巧艳后,我的脑海中总是不停闪现出莎翁这么一句话:玫瑰不叫玫瑰,亦无损其芬芳。这是一个开朗健谈的女孩,像所有朝气蓬勃的大学生一样浑身散发着阳光的气息,如果不是她淡笑着浅浅诉来的艰难往事,你难以想象在这个看着与一般大学生无异的女生,竟然经历了在我们看来只会在小说中出现的种种奇遇。

一、命运予我不公,我却还以微笑

第一次见到巧艳的人,很难想象得到她背后会延伸出那么一段故事。这个满面阳光,笑靥如花的女孩,谁又会想到她在出生的第二天就被抛弃,而后又被廉价卖掉?谁又会想到,就是这个女孩子,顶着全村人的眼光,披麻戴孝,为至亲送终?

命运到底对巧艳是有一丝怜悯的,它剥夺了她的亲生父母,却又补偿给了她慈祥的爸爸。他给了巧艳粗犷的、淳朴的爱,弥补了巧艳对于亲情的缺失。她就这样跌跌碰碰却又坚定的成长。

巧艳全身上下,最不能撒谎的就是她的一双手,那双手实在不能称之为漂亮,指关节略粗,掌心一层薄薄的茧子,满掌都是小小的伤痕。的确,对于一个从六七岁就开始干农活的巧艳来说,这实在算不了什么。无论是家里的活还是地里的活,小小的她就成了一把好手。

"八岁的时候吧,爸早晨五点多喊我去摘棉花,那时已经深秋了,天冷下来了,七点多的时候我要回来做饭,然后呢去上学,回到家的时候,手冻得僵了,拿不住钥匙,连门都打不开……最后让隔壁家奶奶给我开的。"

"当然委屈,哭了不知道多少次,有时候还会怨他们。"巧艳笑着说。

"但是,也只是一会儿,很快就会好,也从来没有想过要跟他们闹脾气。很小时候我就明白,他们是我最亲的人,他们是我的家。特别是现在大了,我真的谢谢我爸,教会我这么多,我能比一般人更独立、更坚强。"巧艳眼底有泪光,但却笑得更灿烂。

对于上学,巧艳有一股执念。爸爸对于他的身世,从来都不曾隐瞒,那时,小小的她,就在心底发誓,我一定要上大学,我一定要比他们过得好!

二、心有多大,舞台就有多大

学费对于这个拮据的家来说是块巨石,但巧艳爸最后赊账让巧艳上学,他就说了三个字:"好好上。"巧艳也是憋足了一口气,通常都是在学校写完作业,这样回家就可以帮着家里干点活。初中时,她更是把自己安排得没有一丝闲暇,为了省伙食费,她周日在家就会烙上一大叠煎饼,带点咸菜,就着学校免费的稀粥,一周的三餐就可以对付过去。每天除了睡觉,她就没有离开过座位,永远就是看书。

但进入高中之后,学习思维的改变,多科目的混杂,曾让巧艳陷入纠结,也一度想过要放弃。但是爸爸的鼓励让她重拾信心,想起他,就总会有无穷的热情和坚定的信念:我要上大学!

三、走自己的路,凡事勿愧于心

巧艳学的是计算机专业,由于是理工科,对于女生而言总归会遇到那么些困难,而这时巧艳的解决办法就是通过做大量的题目来帮助自己了解掌握知识。这不禁让笔者想到高中隔壁班的一句励志格言:我不去想是否能够成功,既然选择了远方,便只顾风雨兼程;我不去想,身后是不是会袭来寒风冷雨,既然目标是地平线,留给世界的只能是背影。

这个世界本没有绝对的对与错,这件事如果让你离目标更近了就是对的,如果让你走远了,就是错的。巧艳知道计划永远赶不上变化,所以现在的她并不喜欢制定太长远的计划,她喜欢一步一步慢慢来,把能做的事情先做完,否则执着于制定的步调,那么可能反而一事也完成不了。小时候的她曾因为上台替老师给同学们讲解过一道题,后来就彻底爱上了教师这份职业,也是这份热爱支撑着她一直不停地努力学习,直到考取江苏师大计算机专业,但是现在她的择业第一选择确是银行金融业,所以,很多事情你料到了开头却料不到结尾,只要按着自己的心而活,凡是无愧于心就好,如巧艳所说:路是自己的,别人说什么都与自己无关,走好自己的路才是最重要的。

张晓风在她的《只因为年轻啊》里曾说过:青春太好,好到你无论怎么过都觉得浪掷,回头一看,都要生悔。所以巧艳给一些对大学生活仍旧迷惘的同学提出了一些忠告:大学的确是比高中更轻松些,虽然不用每日扑在课本上,但这也并不意味着你就可以虚掷这大好时光来打游戏、睡觉看视频,更有甚者,有的同学主次不分,消遣太过头而把主业忘掉,却在课堂上呼呼大睡,这实在是要不得的行为,如果上课睡觉难道还指望着下课看书补课?

　　巧艳,就是一只海燕,这个敏感的精灵,它从雷声的震怒里,早就听出了困乏,它深信,乌云遮不住太阳。是的,遮不住的!

　　这是勇敢的海燕,在怒吼的大海上,在闪电中间,高傲地飞翔。

用一种简单的态度去赢得世界

——全国大学生数学竞赛数学专业类一等奖获得者钱欣洁

一阵清风可以吹皱一池湖水,但于湖心无碍;一抹月色可以镀染一片山冈,但于山体无碍。钱欣洁,一位明眸善睐的女子,不倾国、不倾城,她仿佛从那湖中缓缓走来,像一位柔美的仙子,又好似从那山林里欢悦而出,极似一个精灵。

钱欣洁,女,江苏师范大学教师教育学院2010级数学与应用数学一班学生,曾5次获得数学类省级以上大奖,其中包括第四届全国大学生数学竞赛数学专业类一等奖,现在她已顺利成为北京大学推荐免试研究生。

当记者看到这样一段介绍,第一反应是一位学霸性的人物。而当记者抛出这个问题,她很是淡然的一笑,说:"不熟悉的人叫我学霸,熟悉的人叫我伪学霸,其实学霸这个词挺不符合我的。"在日常生活中,她和其他同学没什么很明显的区别,一样会对学习任务感到压力,一样会在上课的时候感到精力难以集中。虽然钱欣洁非常谦虚,但是我们也了解到她有着一种坚韧的性格和对学习认真的态度,并且有着自己的学习方法。在课堂上,当自己难以集中精力去听课时,她选择自己去看书,一方面快速舒缓疲劳情绪,另一方面保证不会因为一时的懈怠造成学业的生疏。尽管相对于老师的讲解,这种方法的效果是有差距的,但是也是一种自我调节的方式。

正是凭着一股韧劲,钱欣洁取得了优异的成绩。学习上,她严格要求自己,凭着对个人目标和知识的强烈追求,刻苦钻研,一丝不苟。由于长期对数学具有浓厚的兴趣,她经常向老师请教各类问题。通过刻苦努力,大一、大二时她都取得了班级第一的好成绩,并多次获得培爱奖学金、专业一等奖学金、国家励志奖学金、校三好学生、校三好学生标兵、优秀团员,还获得校优秀女大学生、校十佳女大学生、省三好学生等荣誉。除了本专业方向的学习外,钱欣洁还积极参加学科竞赛,并且取得了一系列的荣誉。2012年11月,她获得全国数学建模竞赛二等奖。在她还是大二时,就报名参加了全国大学生数学竞赛,并于2011年10月获得第三届全国大学生数学竞赛江苏赛区一等奖,之后于2012年3月成为江苏赛区参加决赛的5名成员的一名,代表江苏赛区到上海同济大学参加决赛,但由于准备不足,仅获得全国大学生数学竞赛决赛三等奖。但是她并没有气馁,之后于2012年10月又参加了第四届全国大学生数学竞赛,并顺利获得江苏赛区一等奖。于2013年3月在成都电子科技大学举行的第四届全国大学生数学竞赛决赛中获一等奖。当记者问她是如何做到如此优秀的,钱欣洁很是狡黠说:"可能是我运气好吧。"

成功自然不能归功于运气,通过她对学习的态度我们可以窥一斑而见全貌,钱欣洁对于工作始终保持积极向上的心态,以高标准要求自己的同时,尽力妥善处理好学习、工作和活动之间的关系,努力做到全面发展。在担任班级生活委员后,她积极主动为同学服务,每一次集体活动前她都会参与设计方案,努力为班级做贡献。在社团活动中,她作为社团通讯员,积极参加各项活动,服从组织安排,并且在2010-2011学年获得社团积极分子、优秀青年志愿者等荣誉称号。

当问及这么多的荣誉里,哪个最让她记忆深刻,她说:"应该是全国大学生数学竞赛决赛吧,因为比赛结束后,有个北大的老师给了我一张推免研究生的面试通知,让我有机会去北大求学,能见识不同的世界。"

大学对于某些人来说是学习的象牙塔,对于钱欣洁来说也是锻炼自己的十字街头,在她看来学习成绩不是衡量当代大学生的唯一标准,面对这些荣誉她只是淡淡的一带而过,从不把这些当回事。学习之余,钱欣洁还积极参加社会实践,即使在大四这样一个面临多方面选择的时刻,她依然积极参加志愿者团队组织的活动,不同于其他同学在与敬老院的老人沟通存在障碍,她表示她十分喜欢跟随团队去敬老院与老人交流,她认为这些老人,就像自己的亲人,与他们交流有一种家的亲切感,听他们絮絮叨叨地说一些生活的往事,能让自己快速恢复平静。

当聊起兴趣爱好,钱欣洁对动漫展现了极大的热情,她说她很多空闲时间都会窝在宿舍看动漫,偶尔当当宅女。令记者感到新奇的是,她这样一位给人清风拂面之感的女子,也会喜欢热血型的漫画,她和记者热心聊起了《海贼王》,她说动漫有的时候确实会影响到自己的学习,但是影响不会很大,她一直在看,直到现在很多动漫画的不好了,才逐渐退了热情。她表示无论是动漫还是其他的兴趣爱好,都是生活的调味品,虽然耗费了一些时间精力,但有时候也可以提高自己的工作效率,调整自己的心态。

现在钱欣洁已经获得了北京大学数学科学学院研究生的推免资格。当问到作为学姐,对学弟学妹们有什么寄语时,她说:"希望大家都能够发现自己的兴趣,把大学生活过的开心一点、充实一点。"

在整个采访过程中,记者感受最深的是她的淡泊从容,在这个浮躁的年代,她像是一汪深潭,荣誉、玩乐是潭面偶尔也会泛起的波澜,但是平静水面之下,是一个澎湃激荡的世界。

衷心的希望钱欣洁能够保持这样一种平静而简单的心态,在新的舞台上展现自己的风采!

生活因努力而精彩

——校十佳大学生朱敬娜

多才多艺,认真负责,乐观开朗,这些是她的关键词。校优秀共产党员、校优秀学生干部标兵、校三好学生、校优秀女大学生,这些也是她的关键词。她,就是音乐学院09级13班的十佳大学生——朱敬娜。今天,让我们一起走近这个即将毕业的女孩,走近这个优秀女孩的丰富大学生活。

"你觉得自己能够当选十佳大学生的优势是什么?"面对眼前这个青春靓丽的女孩我不禁提出了自己的第一个问题。她只是淡淡一笑,莞尔地说,"其实,我完全没有想到自己能够当选。其他学院也有很多更优秀的人,再加上面临毕业准备的真有些仓促。"从她的叙述中,笔者感受到了她对每一件事认真负责的态度。也难怪,学生会的工作中,从普通一员到文娱部部长、外联部部长,再到副主席,一步步走来,没有她的踏实认真显然是不可能的。

艺术生的学习并不轻松。朱敬娜主修的声乐专业除了要学习声乐、钢琴,还必须再辅修一种乐器。尽管有大量的社会工作和演出活动,但是朱敬娜从来没有耽误过专业学习,她曾多次获得校二等奖学金、三等奖学金,在大二获评校级科研立项《从歌剧图兰朵中分析普契尼歌剧对东方元素的应用》,并如期完成课题研究。在谈及能成功结题的经验时,朱敬娜说就是要多找资料多与老师沟通,老师的帮助是很重要的,对此她非常感谢她的专业老师刘双在科研立项上对她的帮助,同时她坚信有努力就有收获。

朱敬娜从大一开始就担任班级里的团支书并加入院学生会;大二的时候在音乐学院学生会担任外联部部长兼任文娱部长,以及江苏师范大学大学生艺术团舞蹈部部长;大三时,担任院学生会副主席兼文娱部部长,以及江苏师范大学大学生艺术团团长。几乎每学期都获得"优秀学生干部""优秀社团干部""优秀学生会干部""优秀共青团干部""优秀共产党员"等荣誉称号,这些荣誉称号代表着老师和同学们对她的一致认可。

提起自己的学干工作和社团工作,朱敬娜非常自信地说她曾多次组织策划各类活动,从策划到节目筛选再到节目编排,主要都由她来负责,从这些工作收获到的是她大学生活重要的一部分。她说"与同伴们一起从开始组织活动,到布置设计,直到节目完成之后的成功感,都是我们成长中的收获。大学生彼此之间会有一些距离感,而在这些活动中大家相互交流,增进了感情,增强了凝聚力。并且这些活动锻炼了我的能力,对我的专业学习起到了促进作用。"她还着重提到了自己担任班级团支书的工作,她曾带领全班同学去福利院看望孩子们,给福利院的孩子们带去相册,希望他们能像普通的孩子一样记录下自己快乐的童年。因为孩子们有排外心理,很难与他们多做交流,全班同学便将福利院打扫的干干净净,希望以实际行动来表达爱心。

朱敬娜非常诚恳地说:"我自己本身的声乐专业在同学之中并不是很突出,但是我的舞蹈在同学之中算是比较优秀的。"在校期间她多次参加了院级元旦汇演、校级十佳比赛演出、院校组织的关怀贫困地区儿童活动演出、慰问部队演出以及建校60周年庆祝晚会演出。自2009年到2013年连续四年跟随音乐学院鲍军梅老师参加徐州市春节联欢晚会,以及徐州连续三届的慈善晚会和感动徐州十大人物评选活动的演出。

朱敬娜还参加了很多比赛,并且都取得了优异的成绩,校第四届舞林大赛特等奖、徐州市第四届声乐大赛大学生组通俗唱法二等奖、2012全国亿万职工全健排舞大赛全国第一等。然而,在她记忆中最深刻的不是这些荣誉,而是一件在比赛中发生的事。那是与校外的舞蹈团队一起在北京参加的全健排舞大赛。大赛分为两个环节,在第一个环节规定曲目的表演中,他们用近乎完美的演出赢得了第一名。在第二个环节自选曲目的表演中,她出了点小差错,这个环节他们以微弱的差距屈居第二名。但他们却因两个环节的综合分数赢得了全国第一名的好成绩。下了舞台之后,虽然团队里有成员表示自己也有失误,但朱敬娜还是抑制不住蹲在地上号啕大哭,觉得是自己的问题拖累了大家。采访中,说到这些的时候,她的脸上还是露出了愧疚的神态。这让笔者不禁对她那份追求完美的态度充满敬佩。

在采访中朱敬娜不断地提到自己的老师们对她的帮助,她的班主任李卉卉老师,专业指导老师刘双老师,音乐学院团委姜莉老师,音乐学院的舞蹈老师鲍军梅以及院里的各位领导。她认为是这些老师给了她启蒙,给了她机会,并一直在帮助她,才让她一步步走到了今天。她也非常感谢家人一直全力支持着她,她认为家庭对一个人的成长至关重要,是幸福的家庭帮助她成为一个全面发展、乐观向上的人。朱敬娜认为做人要学会感恩,作为一个大学生一个成年人,应该有自力更生的能力,并用自己的能力帮助那些需要帮助的人。她从大二下学期开始,就不再向家里要钱,而是自己挣取生活费。利用课余时间,她和同伴们一起承接校外的演出来赚取演出费。她还考取了北京舞蹈学院的教师资格证,利用双休日去大庙镇的舞蹈学校进行实习教学。朱敬娜回忆,教孩子们练舞的日子非常辛苦,周末两天都要待在舞蹈学校,从早上八点开始到晚上六点结束,期间除了短暂的午休,都要一直不停地讲解和舞动,确实非常疲惫。她也曾想过偷懒,但是这样的想法每次都是一闪而过,只要想起教学中那些孩子们渴望的眼神,就又激发了她的无比热情。她觉得孩子们就像一张张白纸,她要用认真负责的态度来帮助孩子们填补色调,开启人生的美丽画卷。

辅导员李卉卉老师非常赞赏朱敬娜的领导与管理能力,她说班级工作基本上都由朱敬娜一人完成,年级里的很多工作也都是由她主持完成。李老师还提到,在四年前朱敬娜刚刚进校,还在军训的时候,她的表现就很突出,个人能力就已经显露出来了。四年里,她的工作也得到了同学老师的一致好评。在同学李璐璐眼中,朱敬娜同学是一个精干、对工作非常认真仔细的人,因为朱敬娜的家离学校不远,有些同学学期初提早到校或是学期末推迟离校时住宿就成了大问题,朱敬娜总是很热情招待她们住在自己的家里。

"四年的大学生活有什么遗憾的吗?"面对这个基本上堪称完美的女孩,我决定以这个问题结束今天采访。"人生总是有得有失,未来不是靠后悔才会精彩的"她自信满满地说。这就是朱敬娜,开朗纯真的她,怀着坚定的信念,以积极乐观的心态迎接人生下一个精彩的篇章!

用九年时间成为三胞集团最年轻高级副总裁

——我校校友岳雷的故事

扬子晚报

岳雷,男,34岁,民革党员,三胞集团有限公司高级副总裁、工会主席、第十二届全国青联委员、江苏省慈善总会荣誉会长、南京公共外交协会副会长。2006年从江苏师范大学毕业后,岳雷经过多轮选拔、考核进入三胞集团,成为董事长秘书。如今34岁的他是三胞集团迄今为止最年轻的高级副总裁。他说,想和年轻学子分享这样一句职场经验:"用平常心处世,用不平常的努力做事。"

岳雷说:大学毕业生踏入社会以后,关键是要沉下心来,继续保持学生的心态和姿态,持续去学习,不能吃老本。很多大学生走上工作岗位以后,学习的积极性就下降了,认为找到工作就可以松一松、歇一歇,三五年后就能看到差距。如果要对我这段职业旅程做出总结或者分享,我认为首先用平常心处世,有了平常心,就会让你不会太在意得失,碰到挫折和困难或者不如意的时候就不会纠结痛苦。同时你要付出不平常的努力,并追求成为一流的专家。

江苏师范大学作为江苏省人民政府和教育部共建高校,扎根苏北,办学65年来,秉承"崇德厚学、励志敏行"的校训,艰苦创业,逐步发展,先后为国家输送了大批优秀人才,广大毕业生在工作岗位上严谨求实、兢兢业业,积淀出师大人为人朴实、基础扎实、作风务实的"三实精神"。学校特别注重学生综合能力培养,探索开展多样化第二课堂,实现育人全覆盖,有效提升学生综合素养和核心竞争力。岳雷校友就是其中优秀代表。

岳雷1983年出生于江苏省徐州市睢宁县的一个普通家庭,五岁起习武。岳雷说,武术给他最大的影响,就是赋予了他强健的体魄和吃苦耐劳的意志。对于初学武术,首先是练习基本功。踢腿、压腿、扎马步,每天不停的重复,很枯燥。特别是看到师兄们潇洒娴熟的二起脚、半空翻等动作,总想一步跨入新动作的学习阶段。

岳雷回忆说,有一天,他哀求小师兄给他"开小灶",教他练习五步拳。时隔几日,在训练课休息期间,岳雷比画着五步拳,引来围观喝彩。这时,师傅怒气冲冲跑过来,一记鞭腿踢在他的大腿上,并怒吼:"谁教你这套拳法?"原本沾沾自喜的岳雷,一下子愣住了。"那天晚上,我被师傅叫到办公室谈心,他说练武就好比家里盖房子,基础还没打好,你就开始买建材起一楼了,这种房子,你敢住吗?"

这段经历,让岳雷明白一个道理:做任何事情,都不能抱有"捷径"心理,如果有"捷径",那也是一步一个脚印走出来的。

在大学四年里,岳雷说他最大的收获就是四年的班长经历,"教会了我如何去和一群人相处,并保证尽可能达到共同目标,这是团队建设与协作的能力。就像现在带领一个团队,如何表现出强大的战斗力和凝聚力。"其中很重要的一条,就是做"班长"要以身作则,要求大家说到做到的,首先自己做到;要求大家不做的,首先自己不做。

2006年大学毕业后,岳雷经过多轮选拔考核进入三胞集团,成为董事长秘书。作为大型民营企业董事长的秘书,他意识到,作为体育专业学生,文化知识薄弱是短板,因此他在处理好本职工作后,全身心投入,进行各个领域的补课,广泛涉猎企业管理、经济学等领域。他先后获得集团"优秀员工""先进个人""优秀管理者"等荣誉称号,同时也获得多次晋升,2015年2月起担任三胞集团有限公司全球高级副总裁、工会主席,成为三胞集团迄今为止最年轻的高级副总裁。

对于公益事业,岳雷不仅是参与者更是推动者。在他的带领下,三胞集团开展了一系列活动:慰问孤寡老人、关怀空巢老人;走进启智学校,与智障儿童互动;援助开展救护知识、垃圾分类的培训和闲置衣物再利用、节能环保等活动;支持边疆教师教学条件的改善;慰问外来工子弟学校学生等。岳雷也积极推动和实践公益国际化的理念,他于2016年3月被野生动物联盟UfW主席威廉王子任命为UfW形象大使,他也是第一位获此殊荣的华人。

"个人的精力、能力和努力都是有限的,所谓'众人拾柴火焰高'。我希望通过自己的一些努力,先去影响周围的人,鼓励大家一起参与行动,从而再慢慢地影响更多的人!"

第七篇 07
制度建设

江苏师范大学校园文化建设"十三五"专项规划

文化是大学的软实力,校园文化建设对于增强学校核心竞争力和影响力具有战略意义。"十三五"时期是学校立足省部共建平台、加快推进高水平大学建设的关键阶段,在向"国际有影响、国内有名气的高水平大学"目标奋进的过程中,校园文化建设将紧紧围绕立德树人这一根本任务,牢固树立文化引领、文化育人、文化铸魂的理念,传承中华民族优秀传统文化,培育和践行社会主义核心价值观,构建现代大学文化体系,打造文化精品工程,激发师生文化自觉和文化自信,努力建设与学校发展战略相适应、体现时代新要求的师大校园文化。

一、指导思想

高举中国特色社会主义伟大旗帜,以邓小平理论、"三个代表"重要思想、科学发展观为指导,深入贯彻落实党的十八大和十八届三中、四中、五中全会精神,全面贯彻习近平总书记系列重要讲话精神,紧紧围绕学校战略布局和中心工作,坚持中国特色社会主义文化发展道路,以培育和践行社会主义核心价值观为先导,以全面深化校园综合改革为动力,以服务于高素质人才培养为出发点,以打造文化精品工程为落脚点,重视文化载体建设,突出思想引领、全员参与、融合发展,激发师生的文化自觉和文化自信,不断增强学校"文化软实力",为学校发展提供强大的精神动力和思想保证。

二、中长期愿景及"十三五"目标

在巩固现有文化建设成果基础上,加快步伐把学校建设成为省级精神文明建设示范区和辐射源,成为宣传实践中国特色社会主义的主阵地,成为继承和发扬中华优秀传统文化的主力军。到2020年,力争形成与高水平大学相适应的现代大学文化体系,学校办学理念、校训、校园精神得到师生高度认同、社会广泛认可,建设高标准校史馆、学校发展陈列馆、网上校史馆,"师大故事"系列宣传纪录片制作完成并广泛推广;社会主义核心价值观建设成果丰硕,师生文明素质显著提高,高标准开展全国文明单位、省文明单位、徐州市文明单位创建工作；科学理论武装更加有力，中国梦深入人心，涌现出一批学理论、讲理论先进人物和理论权威，评选出一批广受师生和社会认可的模范人物；文化载体建设明显提速，文化精品不断涌现，力争每年完成2~3个文化精品工程建设，基本完成覆盖所有校区的校园文化景观建设；文化体制更加完善，队伍建设卓有成效，组建运行精干高效的校园文化建设工作队伍；媒介融合更加深入，高端媒体战略联盟完全形成，全媒体宣传体系运转有效，对外宣传格局逐步形成。

三、主要任务、核心指标、发展举措

1. 深入推进思想理论武装和舆论引导

着力加强党的理论创新成果的学习宣传和研究阐释，进一步推动校党建与思想政治教育工作理论研讨会建设，设立研究专项鼓励师生开展理论创新研究，培育校内宣讲员队伍，建设理论学习实践基地，把中国特色社会主义和中国梦宣传教育引向深入。贯彻落实党中央、江苏省委和学校党委各项部署，切实把学习理解贯彻习近平总书记系列重要讲话精神放在核心地位，创新中心组学习制度，邀请地方党政领导来校上党课，鼓励中心组成员深入基层单位开展理论学习宣讲，引导师生坚定中国特色社会主义道路自信、理论自信、制度自信和文化自信，切实增强政治意识、大局意识、核心意识、看齐意识。积极参与马克思主义理论研究和建设工程，深入研究新媒体发展对思想理论课教学模式的变革，形成一批教学研究成果，建设高校思想理论课网络和手机学习平台。建立师生思想动态研判机制，加强意识形态领域引导和管理，进一步完善哲学社会科学报告会、讲座论坛等阵地管理措施。积极参与中国特色新型智库建设，增强师生理论学习和研究能力。

2. 培育和践行社会主义核心价值观

策划开展贴近生活、符合时代特征的主题教育活动，并充分运用各类文艺作品和文艺活动编辑、创作系列通俗读物和微媒体产品，生动活泼地传播核心价值观，凝聚实现中国梦的共同理想，深化对社会主义核心价值观的解读阐释。大力实施大学生"文明修身工程"，强化文明养成、选树先进典型，深化道德层面突出问题治理，持续开展道德模范和先进典型学习活动，保持良好校风学风；深入开展志愿服务行动，大力开展普法教育，强化劳动意识、准则意识、律己意识，构建多层次示范群体和实践平台。加强对校园非主流文化、反主流文化的调查和研究，用好用活校园所处区域丰富的红色文化资源，加强对淮海战役等重大革命事件的研究、家风家训研究、核心价值观凝练研究，为培育和践行社会主义核心价值观提供丰厚营养。

3. 注重加强文化特质的凝练和对外文化宣传

瞄准学校中长期发展目标和远景规划,回顾60多年办学历史,融汇厚重的文化积淀,认真总结凝练学校的文化特质、文化血脉,进一步明晰办学理念、办学定位,促使学校校训、校园精神、校歌等文化符号得到师生高度认同、社会广泛认可,提高学校社会美誉度和影响力。加强学校整体对外文化形象的策划和推广,加强对外宣传,建立定期新闻发布会制度,与国内高端媒体结成战略联盟,保持良好的社会公共关系,扩大学校社会知名度,树立和拓展学校良好形象。加快推动学校形象识别系统全面应用,加大校园标识相关文化产品开发力度,精心制作反映学校特色的系列文化用品、纪念品,建设校园文化产品线上线下售卖平台,满足广大师生、校友和家长的需求,提升学校品牌价值。建设一支专兼结合的校史研究队伍,形成以校史为"经"、以人物为"纬"的学校发展过程和规律研究思路,深入挖掘在学校工作过的老校长、老教授资料,整理在师大校史上的"老掌故""老传说""老景观",总结回顾学校历史上的重大变革、重大事件,编撰、出版、制作一批史料丛书、校志、教授文集、记录影像和专题电视片,塑造学校的历史灵魂。完善校史馆内涵建设,深度搜集历史资料,增加学校老照片分展馆和优秀校友分展馆,为学校的历史建筑撰写简介,实现建筑景观和校史实物陈列的二维码实时解读,加大学校历史的呈现力度,发挥校史无形的教育力量,把师生的精神校园建设好。

4. 切实提升校园文体活动品位和层次

制定繁荣发展校园文化活动的实施办法,加强校园文化活动规划引导,按年度制定校园文化活动总体安排,充实大学生艺术文化活动专业指导团队,建立文艺创作题材库,重点抓好以中国梦为主题的重点文学剧本创作、舞台精品创作、微电影创作、美术创作等精品工程,以高水平文化艺术讲座、高雅艺术展演、人文艺术交流活动等多种途径拓展校园文化活动内涵。把握师生员工的兴趣点和关注度,借鉴国内外高校和青年团体新颖健康的活动方式,创新校园文化活动的组织形式,赋予文化活动教育意义和导向功能,认真组织开展好元旦嘉年华活动、校庆日系列活动、实践类真人秀活动等。积极支持开展各类体育赛事和群众性健身活动,加大中华五禽操的普及和推广力度,充分发挥体育的育人功能和文化传递功能。

5. 加强环境文化建设

按照学校总体建设规划布局和校区功能定位,制定校园雕塑建设方案,筹备建设雕塑文化广场;统筹规划校园植物种植规模和布局,建设白玉兰种植园、玉泉河风光带;保护各校区早期建筑物和文化景观,制定学校各个历史时期损毁拆除标志性建筑物复原建设方案,使其成为文化传承的载体。丰富学生文化生活,在学生宿舍建设图书室、文化活动室。进一步加大对电子大屏、海报栏、书报亭、党建文化专栏的建设和维护力度,推动校园"文化角"建设,鼓励具有文化特长的师生利用文化角开展文艺教学和传播活动。加快学校网站中、英文主页建设,提升二级网站建设水平,推出一批文化特色专题网站,积极建设网上"校史馆";有针对性地扶持一批人文社团,鼓励建立群众性文娱、体育等兴趣团体,建设好社团活动基地。

6. 重视文化引领能力建设

立足校情,依靠学科,深入挖掘运用学校文化资源,建立对外文化交流常态机制。积极申报创建、全国、省、市文明单位。推动孟子学院海外分院、"一带一路"研究院、中巴中心建设,推动艺术类学院、艺术社团、艺术特长学生开展经常性海外文化交流;积极推动师大文化艺术精品走出校园,吸引国外高校文化艺术团体来校交流,增强学校文化的影响力。提升新媒体格局下的文化引导力,推动校内传统媒体与新兴媒体深度融合,把校报、广播台、电视台、新媒体中心和各类校内微媒体平台建设好,进一步推动党员团员上网发声,培育唱响主流声音的意见领袖,有效集聚和传播正能量。积极参与《江苏文库》出版和江苏历史文化研究基地建设工作,主导汉文化研究工程、解读工程、保护工程、展示工程。加强对留学生文化活动的支持,发挥留学生在国际化文化建设中的作用。

7. 发展学院特色文化

制定学院文化发展规划,按照与学校文化协调发展、各具特色的原则,充分发挥各学院、学科专业的积极性,发展学院特色文化,构建良好的大学文化生态。做好学院文化发展的顶层设计和组织实施,明确学院定位、使命、特色,注重院史、学科发展史、校友资料的挖掘、整理、宣传,注重学院教学、办公环境的文化形象,形成各具特色的学院文化格局。

8. 进一步提升校友联络能力,优化校友服务,凝聚校友共识

构建点线面结合的校友工作体系,巩固并拓展组织、信息、网络平台建设,增强校友返校、校友联谊、校友捐赠等重大活动影响。不断完善校友信息管理系统的数据采集,充分利用微信公众号、校友网、校友刊物等线上线下媒介,汇编宣传各级各届校友先进事迹,形成全方位多层次多频率的宣传矩阵,努力传播师大好声音,扩大学校知名度与影响力。

四、条件保障

1. 组织保障

健全学校文化建设领导体制,成立江苏师范大学大学文化建设领导小组,加强对学校文化建设工作的组织领导、规划实施。成立大学文化建设工作专家咨询委员会,聘请校内外专家学者组成,为学校文化建设提供智力支持。各学院和职能部门要明确文化建设工作负责人,认真做好相关工作,形成统一领导、齐抓共管、共同参与的文化建设格局。

2. 制度保障

建立并完善大学文化建设的规划、计划、执行及检查评估等制度,形成文化建设制度保障体系。加强对文化建设工作的检查评估,将各学院和职能部处文化建设工作列入年度工作考核,确保完成文化建设各项任务。

3. 队伍保障

培育建设专兼职结合的大学文化建设工作和管理队伍,热心校园文化、经验丰富的顾问团队,热爱校园文化活动的学生骨干团队,广泛发动全校师生员工参与大学文化建设,发挥工会、校友会、共青团、老同志文艺社团、学生会等组织的积极作用,努力营造人人参与、人人共享的良好氛围。

4. 经费保障

学校将大学文化建设纳入整体建设发展规划,强化文化发展的长期性、全局性和计划性,按照项目化运作方式,每年推出重点建设的文化项目,学校年度财务预算设立专项建设经费和日常运行保障经费。此外,学校还通过与政府和社会资源结合,吸收校友捐赠,多种途径为大学文化建设筹措经费。

江苏师范大学校内出版物管理办法(试行)

第一章 总则

第一条 为加强对我校内部出版物的规范管理,落实《意识形态工作责任制实施细则》,引导和鼓励内部出版物的健康发展,充分发挥其在学校精神文明建设和校园文化建设中的积极作用,根据国家新闻出版广电总局《内部资料性出版物管理办法》等有关法律法规,结合我校实际情况,制定本办法。

第二条 本办法所指内部出版物是指在遵守国家有关法律法规的基础上,由我校各单位师生自行管理、编印、发行,用于指导工作、交流经验、传递信息的所有资料性的、非正式出版的、非卖性的单本成册、连续性折页或散页印刷品、报刊、杂志等,不包括机关公文性的简报等信息资料。

第三条 内部出版物是我校师生贯彻党的教育方针、宣传党的政策,开展社会主义核心价值观教育的阵地,也是关心国家和社会事务,热情参与学校建设和发展,交流思想、传递信息、反映建议的重要渠道、重要载体。

第四条 内部出版物必须坚持以马克思列宁主义、毛泽东思想、邓小平理论、"三个代表"重要思想和科学发展观为指导,认真贯彻习近平总书记系列重要讲话精神,坚持为学校事业发展、为师生服务的宗旨,宣传党的方针政策,宣传学校各领域发展成就,传播科学文化知识,丰富师生精神生活,繁荣校园文化。

第五条 内部出版物不得包含以下内容:

(一)反对宪法确定的基本原则的;

(二)危害国家统一、主权和领土完整的;

(三)泄露国家秘密、危害国家安全或者损害国家荣誉和利益的;

(四)煽动民族仇恨、民族歧视,破坏民族团结,或者侵害少数民族风俗、习惯的;

(五)宣扬邪教、迷信的;

(六)扰乱社会秩序,破坏社会稳定的;

(七)宣扬淫秽、赌博、暴力或者教唆犯罪的;

（八）侮辱或诽谤他人，侵害他人合法权益的；

（九）危害社会公德或民族优秀文化传统的；

（十）法律、行政法规和国家规定禁止的其他内容的。

第六条　内部出版物的创办和编印，要注重资源整合，提高出版物的可读性、有效性和实践性，避免出现重复。

第二章　审批

第七条　内部出版物的创办和印刷需履行审批程序。连续性折页或散页印刷品由编印单位负责审批，并对其内容负责。教务部门委托编印的内部课程教材由教务处依据本办法审批。其它单本成册的内部资料、报刊、杂志需经党委宣传部批准同意后，方可创办、编印、发放。

第八条　内部资料、报刊、杂志的审批程序

（一）主办单位向党委宣传部提交申请，填写《内部资料、报刊、杂志创办申请表》，内容包括：创办刊物的宗旨和缘由、主办单位、指导教师、主编人员基本情况、联系方式、经费来源、刊期、印数、开版大小、发放范围及发放方式等；

（二）党委宣传部组织专门人员对《申请表》内容进行审核、论证；

（三）通过审核后，填写《江苏师范大学内部出版物登记备案表》（一式两份），由党委宣传部和主办单位各留存一份；

（四）内部资料、报刊、杂志主管单位做好日常管理工作，每期出版物要向党委宣传部提交两份成品备查。

第九条　内部出版物类别一般有综合类、思政类、教学类、学术类、娱乐类、新闻类、工作简讯类等。内部出版物的经费分为学校经费资助、社会资助、学校和社会共同资助等。

第十条　内部出版物经审批同意创办编印之后，不得擅自改变其创办宗旨和内容范围。

第十一条　内部出版物实行年度备案审批制，审批同意后半年内不出版的，注销申请登记。如要继续出版，须重新申请和审批。

第十二条　内部出版物停办，应由其主办单位提前30天向党委宣传部提交书面报告，办理停办手续。

第十三条　经批准后的内部出版物，若要改变名称、主办单位、内容范围、合并或分立等，需重新申请审批。

第三章　编印和出版

第十四条　内部报刊、杂志、单本连印资料等应在每期固定位置标明出版日期、期号、主管单位等信息。

第十五条　内部出版物为内部资料，属非卖品，不得刊登广告和刊出定价，不得公开出售，不准有偿发行或进行任何经营性活动。

第十六条　内部出版物不编入"国内统一刊号"，不得设立记者站或其他类似机构，不得公开征订、发行，不得在学校以外的公共场所发放。

第十七条　内部出版物若有特殊需要，经主办单位同意，并经党委宣传部批准后，可限量对外进行工作交流。

第十八条　内部出版物若需临时出版增刊、增期、"号外"，临时变更刊期、开版和发行范围，更换负责人等，须经主办单位同意，并报党委宣传部备案后方可出版。

第十九条　内部出版物建设新媒体平台需经主办单位同意后，严格按照《江苏师范大学新媒体管理办法（试行）》运行。

第二十条　内部出版物发行量一般不得超过1500份，部门、单位用于日常工作交流、受众面较小的出版物一般不得超过500份，班级、党团支部内部出版物一般不得超过200份。

第二十一条　内部出版物必须遵守国家有关规定，使用规范汉字，禁止使用不规范汉字，不得使用网络新闻报道禁用语。

第四章　管理方式

第二十二条　内部出版物管理实施"谁主办谁负责"的管理机制，党委宣传部是学校归口管理部门，进行宏观工作指导。

第二十三条　党委宣传部将对各单位内部出版物的管理情况进行不定期抽查，并组织评比活动，对优秀出版物给予一定形式的表彰奖励。

第二十四条　内部出版物的主办单位和指导教师应当认真按照国家有关法律法规，切实加强对所办出版物的领导、监督和管理，并承担相应的责任。

第二十五条　内部出版物的主办单位要注意把握出版物的政治方向、思想倾向和言论导向，特别是不转载、不刊登境内外失实、片面、歪曲的报道和从互联网上下载的有关不实信息。

第二十六条　内部出版物必须维护学校声誉，对改革发展中出现的问题以及不利于学校工作的其他问题，不要随意公开发表或报道。对校外情况的报道要做到客观、公正，一般不做负面报道。

第二十七条　内部出版物编印发放前,必须经主办单位负责人和指导教师审查,履行签字手续,经同意后方可付印出版。

第二十八条　违反本办法的校内出版物,视情节轻重给予警告、没收或销毁违法出版物、停刊整顿、责令停办等处理措施。追究主办单位、指导教师、主编等人员的责任,给予相应处罚。

第二十九条　内部出版物因违反本办法或国家有关法律法规而被撤销登记或责令停办的,不得再继续进行任何活动,其后续相关事宜由主办单位妥善处理,并向党委宣传部报告备案。

第五章　附则

第三十条　本办法适用于我校所有内部出版物。本办法自公布之日起施行。

第三十一条　凡在本办法公布前已出版发行的内部出版物,由党委宣传部统一办理登记备案手续,未参加备案登记的出版物不准编印发行。

第三十二条　本办法由党委宣传部负责解释。

江苏师范大学新媒体管理办法(试行)

第一章　总则

第一条　为贯彻落实习近平总书记在网络安全和信息化工作座谈会上的讲话精神,把党管媒体原则落实到全媒体领域,进一步规范校园新媒体的建设和管理,充分发挥校园新媒体在传播学校形象、发布新闻资讯、服务教学科研、服务师生员工等方面的积极作用,促进校园新媒体健康有序发展,根据教育部、国家互联网信息办公室《关于进一步加强高等学校网络建设和管理工作的意见》等有关文件精神,结合学校实际,制定本办法。

第二条　新媒体的建设与管理要按照"正面导向、积极利用、适应需求、科学发展、确保安全"的原则,遵循新媒体发展规律,树立正确导向,注重内容建设,营造文明健康、积极向上的育人环境,维护网络意识形态安全。

第三条　本办法所指的校园新媒体,是以单位(学校或校内各单位)和师生员工个人名义建设、认证并作为单位信息平台运行的新媒体平台,包括网站、微博、微信、人人、各类媒体性APP移动客户端等。

第二章　管理机制

第四条　新媒体建设管理必须严格遵守国家各项法律法规,遵守学校各项相关规章制度,按照"谁主办,谁负责"的原则进行管理。新媒体建设管理单位必须建立完善的管理制度和运行机制,包括建立工作规程、责任体系、应急机制、发布审核机制等。

第五条　党委宣传部是学校新媒体归口管理部门,其职责是协调校内相关部门共同制定新媒体发展规划,研究制定管理政策,监督检查与考评新媒体运营状况等。

第六条　学校对校园新媒体实行登记备案制度。需要开通新媒体平台的单位和个人,事先须向党委宣传部提出申请,新媒体平台创建成功后一周内,须向党委宣传部备案,填写《江苏师范大学校园新媒体备案登记表》,所在单位负责人签字并加盖单位公章。新媒体账号名、后台管理人员或维护方式发生变更,须在一周内以书面形式报党委宣传部备案。

第七条 学校对校园新媒体实行分级管理制度。学校官方微博、微信为一级平台,由党委宣传部直接管理,信息网络中心协助管理。校属各二级单位官方微博、微信和其他新媒体平台为二级平台,由各单位负责建设和管理。校属各二级单位管理的科研学术机构、校级主要学生组织、各学院团学组织、各学生社团、各班级创建的新媒体平台为三级平台,归口由所在单位管理。按照《中共江苏师范大学委员会意识形态责任制实施细则》的有关规定,基层党委(党总支)书记为本单位新媒体建设和管理第一责任人,机关和直属事业单位主要负责人、各基层党委(党总支)副书记是直接责任人。

第八条 学校对一级、二级、三级校园新媒体平台实行年审制度,未通过年审的平台不得继续运行。

第九条 以师生员工个人名义建立,主要用于工作交流、传播内容主要涉及学校事务的各类新媒体平台,如QQ群、微信群、聊天室等,实行管理员负责制,纳入创建人所在单位管理。除此以外,以个人名义创建的新媒体平台,一般不得以"江苏师范大学＊＊＊""江苏师大＊＊＊""江师大＊＊＊""苏师大＊＊＊"等名义运营,且本人对所发信息负全部法律责任。

第三章 工作机制

第十条 校园各新媒体平台应有明确的定位和服务对象,注重个性发展,提高文化内涵,避免重复建设。

第十一条 建立新媒体社团联盟。支持学生网络社团建设,搭建学生网络创新创业平台,举办网络文化节,促进学生创新实践能力培育。主动融入高校校园网站联盟,加强官方微博联盟建设,整合网络宣传内容,增强与兄弟高校间主流网络舆论的互联互动,拓宽正面声音传播途径。

第十二条 建立新媒体内容供给机制。认真贯彻中央《关于进一步加强和改进新形势下高校宣传思想工作的意见》,把精品视频公开课、数字图书馆、虚拟仿真实验室、网络思想政治理论课、中央省委市委主要新闻平台等资源进行科学整合,主动制作适合新媒体传播的网络应用和优秀文化作品,增强校园新媒体的吸引力。

第十三条 建立新媒体内容发布联动机制。在涉及学校重大事项或突发事件危机应对时,各新媒体平台应按照学校官方微博、微信的发布信息进行转发,未经允许严禁私自发布相关信息。

第十四条 建立新媒体内容发布审查机制。新媒体平台建设管理单位及相关责任人对所发布内容的真实性负责,严格执行"先审后发"制度,严禁发布不实、虚假和错误信息。

第十五条 建立信息纠错机制。新媒体各平台对已发布的不当信息要及时处理,切实维护意识形态安全。如有损国家、社会、学校声誉等的不良信息,须及时向党委宣传部报告。给学校声誉造成严重不良影响的新媒体,学校将严肃处理,追究有关负责人责任。

第十六条 建立保密管理责任制。严格遵守江苏师范大学保密管理相关规定,凡涉及党和国家秘密等相关资料及文件、学校内部办公信息或暂不宜公开的事项,严格把关,避免泄密事件发生。

第四章 信息安全

第十七条 新媒体各平台管理单位必须切实加强账号管理和内容监管,确保网络安全和信息安全,对出现违规内容的新媒体平台,情节严重并造成不良后果的,将按照有关规定追究第一责任人和直接责任人的责任。

第十八条 新媒体各平台涉及校内数据服务的,服务器必须设置在校内,并按学校服务器管理有关规定报信息网络中心审批。

第五章 附则

第十九条 本办法适用于全校所有新媒体平台,校属各单位可根据本办法,结合实际制定本单位新媒体管理具体实施细则。

第二十条 本办法自发布之日起实施,解释权归党委宣传部。学校原有文件中与本办法不一致的内容,以本办法为准。

江苏师范大学新闻宣传工作规程

第一章 总则

第一条 为进一步加强学校新闻宣传工作,大力推进新闻宣传工作的制度化和规范化建设,根据中央、省、市和教育部、省教育厅关于新闻宣传工作的要求,结合我校工作实际,制定本规程。

第二条 新闻宣传工作要牢牢把握正确的舆论导向,始终坚持团结稳定鼓劲、正面宣传为主的方针,紧紧围绕学校中心工作,弘扬主旋律,打好主动仗,为学校各项事业的改革发展营造良好舆论氛围,提供强大精神动力。

第三条 新闻宣传工作要严格执行信息公开和保密工作的相关规定,严防失实报道和泄密事件发生。

第二章 组织领导

第四条 学校成立新闻宣传领导小组,组长由校主要负责同志担任,副组长由校分管负责同志担任,成员由相关处室、直属业务单位主要负责人担任。领导小组全面统筹全校新闻宣传工作,研究制定新闻宣传工作的总体规划,统筹指导学校重大政策、重点工作、先进典型的宣传报道和舆论引导工作。

第五条 建立新闻发言人制度。新闻发言人在校党委和校新闻宣传领导小组的领导下,统筹指导学校新闻发布工作,审定学校新闻发布工作计划,向媒体发布重要新闻。新闻助理负责协助新闻发言人做好新闻发布工作。

第六条 学校设立新闻中心,挂靠校党委宣传部,具体负责学校新闻宣传的管理、协调和服务工作,主要职责如下:

(一)负责研究、制定和落实学校年度及重点工作的新闻宣传计划,策划、组织重要教育工作的新闻宣传报道。

(二)负责做好学校重大决策、重要政策、重大活动的新闻发布工作,包括召开新闻发布会(新闻通气会)、发布新闻通稿、组织媒体集中采访等。

(三)负责做好学校政务微博的建设、维护和管理工作。

（四）负责做好学校各种宣传品的审核、编印、摄制和发行工作。

（五）负责做好舆情的收集和分析工作，并协同相关部门做好舆情处置工作。

（六）负责协调、指导各学院（部）、部门、直属业务单位做好新闻宣传工作。

（七）负责做好其他新闻宣传工作。

第七条　各学院（部）、部门、直属业务单位应高度重视新闻宣传工作，在安排业务工作的同时一并安排宣传工作，应有一名负责人负责分管新闻宣传工作，明确一名工作人员具体负责新闻宣传工作。各学院（部）、部门、直属业务单位新闻宣传工作主要职责如下。

（一）负责提出本单位新闻发布工作规划和工作计划。

（二）负责提出本单位新闻宣传工作选题和发布重点。

（三）负责提供新闻宣传素材和答问口径。

（四）负责审核新闻宣传材料中与本单位相关的内容。

（五）负责本部门业务会议和具体业务工作的宣传。

第三章　采访安排

第八条　各学院（部）、部门、直属业务单位要切实增强主动宣传意识，尊重媒体记者采访权利，积极支持媒体记者做好新闻采访工作。

第九条　媒体记者对学校负责同志的采访，由党办、校办和宣传部负责协调，报经被采访的负责同志同意后，采访内容属于综合性的由党办、校办负责准备材料，属于单项性的由有关学院、处室、直属业务单位负责准备材料。

第十条　媒体记者就一般性问题提出采访学院、处室、直属业务单位负责人，由新闻中心会商有关学院、处室、直属业务部门同意后，由各学院、处室、直属业务部门指定专人接受媒体记者采访。

第十一条　媒体记者对突发事件、敏感问题的采访，由新闻中心向学校主要负责同志、分管负责同志汇报后，指定专人接受媒体记者采访。

第四章　会议及活动报道

第十二条　学校召开的重要会议或开展的重大活动，由承办单位提前三个工作日告知新闻中心关于会议或活动的具体时间、地点、议程、领导出席情况和报道要求，新闻中心负责报道或邀请相关媒体参与报道。

第十三条　承办会议或活动的单位需要提前一个工作日向新闻中心提供会议或活动的新闻通稿及有关材料（特殊情况也可于会议或活动当日提供）。

第十四条　会议或活动当日，新闻中心负责做好媒体记者新闻通稿及相关材料的登记发放工作,并做好现场的联系、协调和服务工作。会议或活动结束后,新闻中心负责做好宣传报道和媒体报道收集工作。

第五章 新闻发布

第十五条 涉及全校教育改革发展的重要决策部署、重大方针政策以及其他需要公开的重要教育信息,原则上要通过新闻发布会等形式对外发布,具体包括以下内容。

(一)以学校党政名义印发的教育政策文件。

(二)以学校党政或相关部门名义印发或公布的重要政策、重大项目、重点工程,以及全校阶段性重点工作。

(三)其他需要以新闻发布会形式发布的内容。

第十六条 新闻发布会一般每学期召开1~2次,特殊情况可临时召开。召开新闻发布会前,由有关学院(部)、部门、直属业务单位将新闻发布会计划告知新闻中心办公室,新闻中心商请有关单位制定具体实施方案(包括新闻发布会主题、时间、地点、内容、出席人员和拟邀请媒体等)后,报新闻发言人审定。

第十七条 各学院(部)、部门、直属业务单位于新闻发布会召开前三个工作日向新闻中心办公室提供新闻发布内容(原则上需经校分管负责同志审定)及相关材料(主要包括媒体有可能涉及问题的答复口径、相关背景材料等)。办公室负责新闻发布稿的统一印制,并负责做好新闻发布会场地安排、媒体邀请等工作。

第十八条 新闻发布会的程序包括介绍新闻发布议题、进行新闻发布、回答记者提问。一般由新闻发言人进行综合发布,有关学院、部门、直属业务单位负责人负责回答记者提问。

第十九条 新闻中心负责新闻发布会现场的组织、协调和服务,并负责做好参会媒体报道情况的收集汇总及分析工作。

第二十条 除新闻发布会外,还可根据不同情况以新闻通气会、媒体记者见面会、情况说明会、邀请记者现场采访或向新闻媒体发送新闻通稿等形式开展新闻发布工作。

第六章 政务微博

第二十一条 学校在新浪网、腾讯网两个平台上开设的官方微博"江苏师范大学"以及在腾讯网开设的政务微博体系"江苏师范大学微博圈",是学校发布学校信息、推进政务公开、服务广大师生、促进各部门互动的重要平台,与学校师生工作学习生活相关的单位也要积极开通微博并加入学校的政务微博体系。各单位可以根据需要及我校官方微博栏目设置情况,及时向官方微博提供内容原创、真实准确、图文并茂的微博内容,并对微博内容的真实性、可靠性和合规性严格把关。

第二十二条　学校官方微博信息审核发布实行"分类管理、分级审核"。一般博文由宣传部网络科审定;重大政策、重要信息由宣传部领导审定;突发事件、敏感信息由分管校领导审定。

第二十三条　师生或网民通过我校官方微博提出的咨询、投诉等,由宣传部网络科通过电话、分办单等方式交有关单位办理,各有关单位原则上要在两个工作日内向网络科提供反馈结果。情况复杂的,可适当延长办理时间。

第二十四条　学校官方微博值守工作主要由宣传部网络科负责。各单位信息宣传员兼任学校官方微博联络员和网评员,工作中要积极关注参与、及时跟踪、分析与我校相关的网络舆情,并做好网民咨询答复等工作。

第七章　在线访谈

第二十五条　网络在线访谈是校领导及各单位负责人在学校新闻网、官方微博、论坛及其他网络平台就我校相关工作的重要部署和工作重点,以及师生关注的热点问题与师生开展在线交流互动的重要方式。

第二十六条　在线访谈一般每学期安排1~2次,如因工作需要可另行安排。每次在线访谈设定一个主题,采用问答的形式,由嘉宾与师生进行在线互动交流。嘉宾一般为校领导、有关单位负责人或特邀专家学者。

第二十七条　需要进行在线访谈的单位须在月初提出在线访谈计划并告知宣传部,宣传部网络科负责做好在线访谈的计划立项、日程安排等工作。

第二十八条　有关单位应提前三个工作日将在线访谈提纲及填写完毕的《在线访谈申请表》报分管校领导同意后发送宣传部。宣传部根据在线访谈时间、主题、内容、嘉宾等,做好提前预告,同时邀请有关媒体做好宣传报道。

第八章　突发事件新闻处置

第二十九条　突发事件主要包括与我校有关的自然灾害、事故灾难、突发公共事件、突发社会安全事件等。

第三十条　突发事件发生后,根据工作需要,经校主要负责同志、分管负责同志同意,及时向上级主管单位报告,并在上级部门指导和帮助下做好突发事件新闻处置工作。

第三十一条　有关学院(部)、部门、直属业务单位要及时了解事件的进展情况（包括事件起因、性质、过程），对事件发展趋势作出初步估计和分析，并第一时间向校主要负责同志、分管负责同志汇报，会同新闻中心制订新闻处置方案。

第三十二条　报经校主要负责同志同意后，适时以新闻发布会、新闻通气会、接受媒体记者采访、发布新闻通稿等方式通报突发事件情况（包括事件的起因、过程、处理措施以及下一步工作计划等）。同时，积极发挥校内媒体和校官方微博、微信的联动作用，同步发布、即时更新、解疑释惑、化解矛盾、引导舆论。

第三十三条　新闻中心全面收集各类媒体报道和舆情动向，及时报送校负责同志和有关学院、部门、直属业务单位。

第三十四条　对隐瞒事实真相、蓄意封锁消息而导致突发事件报道和舆论引导有误，造成重大消极影响和严重后果的，要严肃追究相关人员的责任。

第三十五条　突发事件处置结束后，新闻中心会同有关学院、部门、直属业务单位对新闻媒体的报道进行全面总结和评估，并及时上报校主要负责同志、分管负责同志和上级相关部门。

第九章　舆情收集与应对

第三十六条　各单位要对来访、来信、来电情况及时记录备案，并采用召开座谈会、深入基层调研等方式向师生广泛征集有关学校及单位发展的意见和建议，拓宽舆情收集渠道。

第三十七条　新闻中心安排专人每日对纸质媒体、广播电视媒体、网络媒体及微博、微信等新媒体中涉及我校的舆情信息进行收集和分析。

第三十八条　涉及负面舆情，由新闻中心及时编印《舆情告知单》，按照"谁主管谁负责"的原则，将舆情内容分转交办。有关单位会同新闻中心对负面舆情的紧急程度、影响力度、发展趋势进行实时分析、评估影响，做好分级、分类应对引导。

（一）对一般负面舆情，由有关单位核实舆情反映的问题，查找舆情产生的根源，有针对性地提出解决措施，并将核查情况和处理结果在官方微博发布。

（二）对重大负面舆情，由有关单位核实舆情反映的问题，并会同新闻中心及时研究制订应对方案，第一时间公开真相，防止不实信息传播。

第十章　考评与培训

第三十九条　每学期由新闻中心对各学院（部）、部门、直属业务单位的新闻宣传情况进行统计，并予以公布。

第四十条　每年年底由新闻中心对新闻宣传工作先进处室、单位进行表彰和奖励，考评结果同时作为和谐学院（处室）、年终考核评比的重要依据。

第四十一条　新闻中心定期通过工作研讨、业务交流、专题培训等形式，对各学院（部）、部门、直属业务单位信息宣传院进行业务培训，努力提升新闻宣传员的业务素质和实践能力。

第十一章　其他

第四十二条　境外新闻机构采访申请，由国际合作交流处按外事宣传规定要求协调有关学院（部）、部门、直属业务单位作出安排。涉及突发事件或敏感问题的宣传和采访，须报校负责同志批准。

第四十三条　本工作规程由党委宣传部负责解释。

第四十四条　本工作规程自发布之日起施行。

第八篇 08

育人环境

校名校训碑

校名校训碑位于泉山校区东大门，九九广场的东侧，整体呈梯形，表面镶嵌大理石砖，风格朴素庄重，几十年来，见证着学校的发展和变迁。

校名校训碑的正面镌刻"江苏师范大学"，六字苍劲有力，由前全国政协副主席、中国科学院院长郭沫若先生于1978年为我校题写的"徐州师范学院"校名演变而来。

碑的反面为我校校训："崇德厚学　励志敏行"，系著名书法家尉天池先生题写。八个字的校训，内涵丰富。崇德是一种得道境界的追求，厚学是一种学术价值的追求，励志是一种对意志品质的磨炼，敏行是一种勇于创新，能够坚持不懈做下去的精神追求，这4个词分别对应大学生应该在德行上的修养、在学业上的修养、在意志品质上的锻炼，以及创新精神的拓展。

师大的校训历经三次变迁，从最早的"勤奋　求实　团结　奉献"到后来的"崇德厚学　励志敦行"再到现在的"崇德厚学　励志敏行"，师大校训不仅一脉相承、薪火相传，而且与时俱进、理念常新，成为激励无数师大人不忘初心、继续前进的不竭精神动力。

守正传承 以文化人 >>>

钟　楼

钟楼位于泉山校区东大门，九九广场西侧，于1990年建成，是泉山校区历史最悠久的一栋建筑。2015年重新粉刷修葺后，红白相间的钟楼更显古朴大气，美丽庄重。钟楼设计高度61.8米，共9层，其中1~8层高32米，9层为小型会议室。顶层为两面巨大的蓝面石英钟，这个钟每天敲三次，早上八点、中午十二点、晚上七点分别打钟报时，悠悠钟声陪伴了无数师大学子的大学时光，也见证了泉山校区的一天天发展壮大。

钟楼的外形极具特色，最初时的设计思路是书的形状，象征"读万卷书"。而对于今天的师大学生而言，钟楼更像是一个大大的变形金刚，方头方脑，十分可爱，第一眼见到就勾起了童年的回忆，分外亲切。无论是像什么，钟楼都已经成为师大的象征和全体师大人的精神坐标。

敬文图书馆

　　敬文图书馆位于泉山校区东门口,是一栋极具特色的建筑,于1999年由香港朱敬文基金会与省教委、学校共同出资兴建,时为江苏省高校单体面积最大的图书馆,成为学校标志性文化景观之一。

　　从高处看,敬文图书馆外观像是许许多多本书组合而成,象征着漫漫书海和知识殿堂。图书馆的外墙由淡粉色瓷砖拼贴装饰,正面大厅外墙用墨绿色钢化玻璃点缀,整体风格稳重大气。

　　沿着台阶而上,映入眼帘的是图书馆正面的馆名:敬文图书馆,系著名书法家欧阳中石先生为我校题写,五个鎏金大字俊朗飘逸,彰显师大深厚文化底蕴。图书馆整体层高四层,局部五层,建筑面积2.6万平方米,共有各类阅览室9个,密集书库2个、综合报告厅1个以及其他特藏文献中心,总藏书量为279万册。

守正传承 以文化人 >>>

"启"雕塑

"启"雕塑位于静远楼和物电学院之间、8号教学楼东侧,建于2012年,是江苏师大60周年校庆的纪念雕塑,现已成为师大的文化标志之一。

"启"雕塑整体为不锈材质,不锈钢象征不朽之意,也象征新的气象。雕塑坐落于两层黑色大理石台座上,台座正面镌刻一个大大的"启"字,采用米芾的字体,风格飘逸超迈。雕塑整体高度为15米,呈书卷形,象征"读书万卷",书卷中间还有红色的飘带,雕塑主体是"江苏师范大学"校名。雕塑整体上极具时代感,同时内涵深厚,体现了师大的文化底蕴。

"启"这个名字的选用也别具匠心,首先"启"出自《论语·述而》中的名句:"不愤不启,不悱不发",这里的"启"是启发教育的意思,符合师大的师范院校特色。同时,"启"作为学校更名和60周年校庆的纪念雕塑,"启"字也象征着承上启下、开启新的征程之意。

静远楼

静远楼位于钟楼楼群和玉泉河之间,是一栋高大的白色建筑。作为目前泉山校区最高的建筑物,静远楼于2004年建成,是师大新高度的彰显。

静远楼的名字取自《淮南子》中的名句:"故非澹泊(同:淡泊)无以明德,非宁静无以致远",诸葛亮在《诫子书》中也有引用。可以说"宁静致远"四个字充分体现了师大人的精神特质和价值追求。

其实更多的同学都叫它"21世纪大楼",因为静远楼的定位是信息科技大楼。地上建筑共21层,象征着21世纪,也是邓小平同志"教育要面向现代化、面向世界、面向未来"指示精神的体现,这样看"21世纪大楼"的名字也是很合适的。

站在静远楼上极目远眺,玉泉河、牛山、田径场、教学楼、宿舍楼……尽收眼底,泉山校区一览无余,分外美丽。

教育名言石刻园

教育名言石刻园位于16号教学楼和静远楼之间,志远路北侧,在原"文心园"的基础上建设,于2014年9月建成。

教育名言石刻园的设计理念追求"隐""融"二字,打破传统的完全集中封闭的展示方式,化整为零,将镌刻有书法家  撰写的教育名言的几十块造型各异、适合雕刻的自然石分散掩映在校园建筑和草木间,使人文精神和自然风光融汇交融,让同学们在徜徉美景中收获知识和感悟。

在众多名言石刻中,最著名的当属著名书法家启功先生于1995年为我校的题词"学高人之师,身正人之范",这个题词充分体现了"师范"二字的深刻内涵,也对同学们提出了很高的要求。这些教育名言成为激励师大师生不断前进的动力。

孔子像

孔子像位于文科楼群中心位置,17号教学楼北侧,孔子像于2003年3月22日正式落成,系雕塑大家吴为山先生设计创作。吴为山教授,现任中国美术家协会副主席,中国著名雕塑家,其作品以人物雕像为主,具有"内蕴深厚,风骨超群,扑朔迷离,意象万千"的独特风格,他被誉为"为时代塑像者""为精神雕塑者"。

吴为山教授通过了解孔子的思想性格、政治主张和孔子的教育风范,对孔子进行整体把握,并从当代儒学大师的长相中寻找痕迹,如冯友兰的眼睛、匡亚明的额头等等,他们都是当代著名儒学大师。

塑像采用半身像是为了突出头部和胸像,意喻孔子是大思想家教育家并具有博大的胸怀,半圆形的身体喻示传统的底蕴和儒家的中和。整个雕塑创作体现出融会中西、浑然一体。雕塑基座上是著名国学大师匡亚明教授的题词:"孔子"。

孔子像成为师大校园里的一道著名人文景观,许多同学喜欢去那里晨读,看书。一到毕业季,孔子像必定是大家首选的毕业照拍摄地,这尊塑像早已融入师大人的精神世界。

玉泉河风光带

玉泉河位于泉山校区中部，自南向北流过师大，同时也是校园的东西分界线，玉泉河以东为教学区，以西为生活区。自泉山校区建立之初算起，30多年来，玉泉河已经陪伴了无数师大学子，"玉泉河畔"成为师大人的精神坐标之一。

许多高校有湖，这并不稀罕，而有河的校园并不多见，玉泉河流淌过的师大就是其中一个。玉泉河长约一公里，两岸遍植垂柳、松树、水杉、日本晚樱、碧桃、迎春等植物，水中则有睡莲和许多碧绿的水草，一年四季都有别样的风景。

河上共有两座桥，分别为志远桥和行远桥，志远桥在志远路上，年代更久，桥的两侧分别有两盏路灯，夜里远远望去，灯光桥影倒影水中，十分美丽。行远桥位于行远路上，建的时间晚一些，桥的栏杆上有很多雕刻图案，也别有一种特色。走在桥上，微风拂面，河岸风光尽收眼底，令人心旷神怡。

艺术楼群

　　艺术楼群位于玉泉河东侧,由音乐学院和美术学院所属的教学楼组成。艺术楼群于2003年建成,包括22号教学楼、李可染艺术馆、23号教学楼、音乐学院琴楼、马可音乐厅等多个建筑,已成为泉山校区的标志建筑之一。

　　美术学院是一幢白色的大楼,整体形状为汉字的"回"型,教室和工作室都分布在四周,中间是个美丽精致的小花园,每层楼都可以通过旋转楼梯到达花园,充满了人文和自然之美。

　　音乐学院的楼就更加独特,东边的琴楼呈英文字母"M",代表了音乐这个单词——Music,西边则为三个小的教学楼,它们之间都通过走廊相互连接,楼与楼之间遍植绿树和青草,构成一个个小的花园广场,在中间的广场上,有我国著名音乐教育家、我校音乐教育的奠基人——费承铿教授的半身塑像。

　　站在玉泉河畔西望,艺术楼群造型独特、优雅大气,令人难忘。

<<< 第八篇 育人环境

文科楼群

文科楼群位于泉山校区北侧，玉泉河东侧，由文科办公楼、外语楼、文科教学楼三幢建筑组成，文科教学楼也叫培贤楼，意喻培养贤才。

文科楼群建成于2001年，是当时泉山校区建设的重点工程，这里云集了师大的大部分人文社科类学院，可谓大师云集，因此这里也成为师大文化底蕴最丰厚的地方。三幢建筑主体都为白色，象征人民教师的高尚品格。在青松、乌桕、香樟、水杉等树木的掩映下，文科楼群显得更加朴素优雅。

在楼群的中央，是吴为山教授创作的孔子像，雕塑名字由著名国学大师匡亚明教授题写。每天清晨，都会有同学来到孔子像旁晨读、看书，十多年来，孔子像也送走了一届又一届师大学子。

田家炳工学院

　　田家炳工学院，也叫工科教学实验大楼，始建于2002年。由香港田家炳基金会和师大共同出资建设。现在机电工程学院、地理测绘与城乡规划学院、电气工程及自动化学院都在这座大楼里。

　　田家炳工学院十分雄伟，从空中看，整座大楼像一个异形的汉字"工"，这与大楼的学科定位十分贴切。在大楼的正面，有一块巨大的花岗岩浮雕，浮雕上共有两个人物，一个男生、一个女生，中间是一个齿轮，齿轮中间为"工"字，象征了工程学为人类带来的巨大进步。

　　现在的田家炳工学院汇集了许多大型实验室和先进技术研究所，为师大的工科建设做出巨大贡献。

牡丹园

牡丹园，原位于师大云龙校区，在1号教学楼南侧花园里，当时花园里还有假山和教育碑廊。2013年，为了配合语言科学与艺术学院语言能力协同创新大楼的建设，牡丹园被整体迁移到泉山校区，现位于  泉山校区敬文图书馆后边，现代教育技术中心以南。

　　牡丹园迁建后，校后勤集团的花木师傅精心养护，保证了牡丹植株的恢复与生长，来到泉山后的牡丹园美丽依旧。园中的牡丹品种主要为红、白、粉三色，每年春天，牡丹园内繁花似锦，引来蜂蝶飞舞，许多同学来到这里拍照留念，不少校外的居民也慕名而至。牡丹园也成为师大胜景之一。

科文楼群

科文楼群位于泉山校区西南部,牛山脚下,由建设在山坡地上的一组建筑组成。包括教学主楼、图书自习室、实验楼、体育馆、综合办公楼等,基本在2001年—2002年建设完毕,是科文学院之前的教学主体。现在由科文学院部分系与商学院共用。

科文楼群依山取势,注重与自然的融合。几个主体建筑都环绕着中心广场,整体的绿化布局也是依据这个中心,这样的布局更有力量感,也更突出了建筑群的特点。楼的外墙主要为白色,局部用红色石砖和蓝色玻璃点缀,十分精致,更具现代气息。

苦战石

苦战石位于泉山校区行远路南侧、田径场以西的小花园里,是一块天然形成的石头。石上刻有"苦战"二字,苍劲有力,极具风骨,被同学们称为"苦战石"。

"苦战石"于 2008 年设立,师大文学院 1977 届同学为纪念毕业 30 周年所立。1977 年是中国"文革"后恢复高考的元年,那年,440 位同学通过考试来到师大学习,其中不少为"老三届",他们在校争分夺秒刻苦学习,最终都为社会作出巨大贡献。"苦战"两字背后还有不少渊源,那年高考江苏用的语文作文题目是:"我在这战斗的一年里"。对此许多 77 届同学仍记忆犹新。"苦战"两字出自叶剑英元帅的诗"攻城不怕坚,攻书莫畏难。科学有险阻,苦战能过关。"充分象征了艰苦奋斗、永攀高峰的精神,那个年代的许多年轻人都把这首诗当作座右铭来勉励自己。

在今天,"苦战"仍是当代大学生要学习和体会的,苦战石依然在激励着一代又一代师大人。

云龙校区大门

云龙校区大门,也称师大北门,是目前学校历史最悠久的门,在建校之初就已存在,60多年来,云龙校区大门多次翻新改造,最近的一次是在2015年,为配合和平路拓宽改造工程,大门向南移了不少,新建的大门本着修旧如旧的原则,基本和老门风格一致,古朴大气,成为和平路上一道亮丽的风景。

云龙校区大门左右对称,造型独特,从各个方位看都有不同的理解,像是旗帜也似船帆,象征了师大举起苏北基础教育发展的大旗、学校发展如扬帆之船一日千里。门柱的表面由石砖砌成,青灰色更显庄重沉稳,古色古香。云龙校门见证着师大的进步,也展现出徐州这座城市的变迁。

紫藤长廊

紫藤长廊位于云龙校区体育场东侧,长约100米,是云龙校区同学每天上课、放学最喜欢走的路。

紫藤长廊摒弃了以往取直的造型,而是采用曲折蜿蜒的设计。长廊的柱和梁都是水泥材质,外面为白色粉刷,柱子之间设计了长凳,同学们可以坐在上面读书聊天。中间的柱子上还装有复古的壁灯,夜里的时候更增添一分浪漫和诗意。

紫藤长廊在不同的季节都有不同的风景,尤其是初夏开花的时候,紫色花朵就像紫色的瀑布从长廊顶上倾泻下来,微微的花香令人沉醉,引来许多校外游客来此拍照留念。

读书雕塑

读书雕塑位于云龙校区教学楼区和生活区间的花园里,紫藤长廊西侧。雕塑由白色的石头雕刻而成,是两个女生背靠背读书的主题。这两个女生一个身着短袖和牛仔裤、留马尾辫,手握着一卷书,望着远方若有所思;一个身穿长连衣裙、留披肩长发,正捧着一本书认真阅读,他们背靠着背,坐在校园中……这个雕像十分传神,令每个路过的人都印象深刻,不禁驻足观赏。

在云龙校区,"读书雕塑"是为数不多的雕塑之一,几乎每位同学都认识它,春夏秋冬,寒来暑往,它一直陪伴着同学们。每到毕业季,许多同学来到这里拍毕业照,最后依依不舍与"读书雕塑"惜别。"读书雕塑"已经深深存在于师大人的脑海中。

大学科技园

江苏师范大学科技园,是江苏省第一家以发展文化创意产业为主题的大学科技园。园区于 2010 年 7 月启动筹建,2016 年基本建成。科技园位于江苏师范大学云龙校区,由文峰大厦和文远大厦组成,文峰大厦是双子楼的设计,充满现代化气息,象征师大新高度,文远大厦的设计则很复古,古色古香、充满韵味。园区北临徐州博物馆和戏马台,西靠云龙山和云龙湖,南望淮海烈士纪念塔和东坡广场,东近沃尔玛超市和故黄河风光带,是徐州的文化中心和商业附中心。

园区先后被认定为市级大学生创业园、省级大学科技园、国家高校学生科技创业实习基地、国家级科技企业孵化器、江苏省重点培育小企业创业基地;目前正在申报国家级大学科技园。

贾汪校区红楼

红楼位于贾汪校区,进入大门后,走过两侧是梧桐树的大道,红楼就在眼前了。红楼其实是同学们自己的叫法,因为它由红砖红瓦建成,红色的楼房在绿树掩映中格外醒目。红楼的历史悠久,本名是教三楼,建成于1960年,一直作为办公楼来使用。

红楼中间部分高四层,两边部分高三层,最两侧是大的阶梯教室。2013年至2015年,先后有11个学院的大一新生在贾汪学习生活一年时间,对于他们而言,古朴的红楼陪伴了他们最初的大学生活,留下了许多难忘的记忆。红楼成为他们心中的大学地标之一。

桃李报春雕塑

桃李报春雕塑位于贾汪校区教一楼和教二楼之间,是一座巨大的石制雕塑。贾汪校区始建于20世纪50年代,1999年并入师大前叫徐州工业学校,桃李报春雕塑是徐州工业学校校友设立的,以表达对母校的深情。

桃李报春雕塑坐落在一个大理石砌成的台座上,台座上书"桃李报春",桃李是中国传统的叫法,用桃花和李花来比喻栽培的后代或所教的学生,这里"桃李报春"意喻母校培养出的人才奔赴祖国各地,为国家发展做出贡献。在台座上,是四个抽象的人在托起地球,人物造型粗犷,极具力量感,凸显出工科特色。

"桃李报春"雕塑已成为贾汪校区的标志之一。